ALEMÃO

VOCABULÁRIO

PALAVRAS MAIS ÚTEIS

PORTUGUÊS
ALEMÃO

Para alargar o seu léxico e apurar
as suas competências linguísticas

9000 palavras

Vocabulário Português-Alemão - 9000 palavras

Por Andrey Taranov

Os vocabulários da T&P Books destinam-se a ajudar a aprender, a memorizar, e a rever palavras estrangeiras. O dicionário é dividido em temas, cobrindo todas as principais esferas de atividades quotidianas, negócios, ciência, cultura, etc.

O processo de aprendizagem, utilizando os dicionários baseados em temáticas da T&P Books dá-lhe as seguintes vantagens:

- Informação de origem corretamente agrupada predetermina o sucesso em fases subsequentes da memorização de palavras
- Disponibilização de palavras derivadas da mesma raiz, o que permite a memorização de unidades de texto (em vez de palavras separadas)
- Pequenas unidades de palavras facilitam o processo de estabelecimento de vínculos associativos necessários para a consolidação do vocabulário
- O nível de conhecimento da língua pode ser estimado pelo número de palavras aprendidas

T&P Books Publishing
www.tpbooks.com

ISBN: 978-1-78400-859-8

Este livro também está disponível em formato E-book.
Por favor visite www.tpbooks.com ou as principais livrarias on-line.

VOCABULÁRIO ALEMÃO
palavras mais úteis

Os vocabulários da T&P Books destinam-se a ajudar a aprender, a memorizar, e a rever palavras estrangeiras. O vocabulário contém mais de 9000 palavras de uso comum organizadas tematicamente.

O vocabulário contém as palavras mais comummente usadas
Recomendado como adicional para qualquer curso de línguas
Satisfaz as necessidades dos iniciados e dos alunos avançados de línguas estrangeiras
Conveniente para o uso diário, sessões de revisão e atividades de auto-teste
Permite avaliar o seu vocabulário

Características especias do vocabulário

- As palavras estão organizadas de acordo com o seu significado, e não por ordem alfabética
- As palavras são apresentadas em três colunas para facilitar os processos de revisão e auto-teste
- As palavras compostas são divididas em pequenos blocos para facilitar o processo de aprendizagem
- O vocabulário oferece uma transcrição simples e adequada de cada palavra estrangeira

O vocabulário contém 256 tópicos incluindo:

Conceitos básicos, Números, Cores, Meses, Estações do ano, Unidades de medida, Roupas & Acessórios, Alimentos & Nutrição, Restaurante, Membros da Família, Parentes, Caráter, Sentimentos, Emoções, Doenças, Cidade, Passeios, Compras, Dinheiro, Casa, Lar, Escritório, Trabalho no Escritório, Importação & Exportação, Marketing, Pesquisa de Emprego, Desportos, Educação, Computador, Internet, Ferramentas, Natureza, Países, Nacionalidades e muito mais ...

TABELA DE CONTEÚDOS

Guia de pronunciação   11
Abreviaturas   13

CONCEITOS BÁSICOS   15
Conceitos básicos. Parte 1   15

1. Pronomes   15
2. Cumprimentos. Saudações. Despedidas   15
3. Como se dirigir a alguém   16
4. Números cardinais. Parte 1   16
5. Números cardinais. Parte 2   17
6. Números ordinais   18
7. Números. Frações   18
8. Números. Operações básicas   18
9. Números. Diversos   18
10. Os verbos mais importantes. Parte 1   19
11. Os verbos mais importantes. Parte 2   20
12. Os verbos mais importantes. Parte 3   21
13. Os verbos mais importantes. Parte 4   22
14. Cores   23
15. Questões   23
16. Preposições   24
17. Palavras funcionais. Advérbios. Parte 1   24
18. Palavras funcionais. Advérbios. Parte 2   26

Conceitos básicos. Parte 2   28

19. Opostos   28
20. Dias da semana   30
21. Horas. Dia e noite   30
22. Meses. Estações   31
23. Tempo. Diversos   32
24. Linhas e formas   33
25. Unidades de medida   34
26. Recipientes   35
27. Materiais   36
28. Metais   37

O SER HUMANO   38
O ser humano. O corpo   38

29. Humanos. Conceitos básicos   38
30. Anatomia humana   38

31. Cabeça 39
32. Corpo humano 40

Vestuário & Acessórios 41

33. Roupa exterior. Casacos 41
34. Vestuário de homem & mulher 41
35. Vestuário. Roupa interior 42
36. Adereços de cabeça 42
37. Calçado 42
38. Têxtil. Tecidos 43
39. Acessórios pessoais 43
40. Vestuário. Diversos 44
41. Cuidados pessoais. Cosméticos 44
42. Joalheria 45
43. Relógios de pulso. Relógios 46

Alimentação. Nutrição 47

44. Comida 47
45. Bebidas 48
46. Vegetais 49
47. Frutos. Nozes 50
48. Pão. Bolaria 51
49. Pratos cozinhados 51
50. Especiarias 52
51. Refeições 53
52. Por a mesa 54
53. Restaurante 54

Família, parentes e amigos 55

54. Informação pessoal. Formulários 55
55. Membros da família. Parentes 55
56. Amigos. Colegas de trabalho 56
57. Homem. Mulher 57
58. Idade 57
59. Crianças 58
60. Casais. Vida de família 58

Caráter. Sentimentos. Emoções 60

61. Sentimentos. Emoções 60
62. Caráter. Personalidade 61
63. O sono. Sonhos 62
64. Humor. Riso. Alegria 63
65. Discussão, conversação. Parte 1 63
66. Discussão, conversação. Parte 2 64
67. Discussão, conversação. Parte 3 66
68. Acordo. Recusa 66
69. Sucesso. Boa sorte. Insucesso 67
70. Conflitos. Emoções negativas 68

Medicina 70

71. Doenças 70
72. Sintomas. Tratamentos. Parte 1 71
73. Sintomas. Tratamentos. Parte 2 72
74. Sintomas. Tratamentos. Parte 3 73
75. Médicos 74
76. Medicina. Drogas. Acessórios 74
77. Fumar. Produtos tabágicos 75

HABITAT HUMANO 76
Cidade 76

78. Cidade. Vida na cidade 76
79. Instituições urbanas 77
80. Sinais 78
81. Transportes urbanos 79
82. Turismo 80
83. Compras 81
84. Dinheiro 82
85. Correios. Serviço postal 83

Moradia. Casa. Lar 84

86. Casa. Habitação 84
87. Casa. Entrada. Elevador 85
88. Casa. Eletricidade 85
89. Casa. Portas. Fechaduras 85
90. Casa de campo 86
91. Moradia. Mansão 86
92. Castelo. Palácio 87
93. Apartamento 87
94. Apartamento. Limpeza 88
95. Mobiliário. Interior 88
96. Quarto de dormir 89
97. Cozinha 89
98. Casa de banho 90
99. Eletrodomésticos 91
100. Reparações. Renovação 91
101. Canalizações 92
102. Fogo. Deflagração 92

ATIVIDADES HUMANAS 94
Emprego. Negócios. Parte 1 94

103. Escritório. O trabalho no escritório 94
104. Processos negociais. Parte 1 95
105. Processos negociais. Parte 2 96
106. Produção. Trabalhos 97
107. Contrato. Acordo 98
108. Importação & Exportação 99

109. Finanças 99
110. Marketing 100
111. Publicidade 101
112. Banca 101
113. Telefone. Conversação telefónica 102
114. Telefone móvel 103
115. Estacionário 103
116. Vários tipos de documentos 104
117. Tipos de negócios 105

Emprego. Negócios. Parte 2 107

118. Espetáculo. Feira 107
119. Media 108
120. Agricultura 109
121. Construção. Processo de construção 110
122. Ciência. Investigação. Cientistas 111

Profissões e ocupações 112

123. Procura de emprego. Demissão 112
124. Gente de negócios 112
125. Profissões de serviços 113
126. Profissões militares e postos 114
127. Oficiais. Padres 115
128. Profissões agrícolas 115
129. Profissões artísticas 116
130. Várias profissões 116
131. Ocupações. Estatuto social 118

Desportos 119

132. Tipos de desportos. Desportistas 119
133. Tipos de desportos. Diversos 120
134. Ginásio 120
135. Hóquei 121
136. Futebol 121
137. Esqui alpino 123
138. Ténis. Golfe 123
139. Xadrez 124
140. Boxe 124
141. Desportos. Diversos 125

Educação 127

142. Escola 127
143. Colégio. Universidade 128
144. Ciências. Disciplinas 129
145. Sistema de escrita. Ortografia 129
146. Línguas estrangeiras 130

147. Personagens de contos de fadas   131
148. Signos do Zodíaco   132

Artes   133

149. Teatro   133
150. Cinema   134
151. Pintura   135
152. Literatura & Poesia   136
153. Circo   136
154. Música. Música popular   137

Descanso. Entretenimento. Viagens   139

155. Viagens   139
156. Hotel   139
157. Livros. Leitura   140
158. Caça. Pesca   142
159. Jogos. Bilhar   143
160. Jogos. Jogar cartas   143
161. Casino. Roleta   143
162. Descanso. Jogos. Diversos   144
163. Fotografia   144
164. Praia. Natação   145

EQUIPAMENTO TÉCNICO. TRANSPORTES   147
Equipamento técnico. Transportes   147

165. Computador   147
166. Internet. E-mail   148
167. Eletricidade   149
168. Ferramentas   149

Transportes   152

169. Avião   152
170. Comboio   153
171. Barco   154
172. Aeroporto   155
173. Bicicleta. Motocicleta   156

Carros   157

174. Tipos de carros   157
175. Carros. Carroçaria   157
176. Carros. Habitáculo   158
177. Carros. Motor   159
178. Carros. Batidas. Reparação   160
179. Carros. Estrada   161
180. Sinais de trânsito   162

PESSOAS. EVENTOS 163
Eventos 163

181. Férias. Evento 163
182. Funerais. Enterro 164
183. Guerra. Soldados 164
184. Guerra. Ações militares. Parte 1 166
185. Guerra. Ações militares. Parte 2 167
186. Armas 168
187. Povos da antiguidade 170
188. Idade média 171
189. Líder. Chefe. Autoridades 172
190. Estrada. Caminho. Direções 173
191. Viloação da lei. Criminosos. Parte 1 174
192. Viloação da lei. Criminosos. Parte 2 175
193. Polícia. Lei. Parte 1 176
194. Polícia. Lei. Parte 2 177

NATUREZA 179
A Terra. Parte 1 179

195. Espaço sideral 179
196. A Terra 180
197. Pontos cardeais 181
198. Mar. Oceano 181
199. Nomes de Mares e Oceanos 182
200. Montanhas 183
201. Nomes de montanhas 184
202. Rios 184
203. Nomes de rios 185
204. Floresta 185
205. Recursos naturais 186

A Terra. Parte 2 188

206. Tempo 188
207. Tempo extremo. Catástrofes naturais 189
208. Ruídos. Sons 189
209. Inverno 190

Fauna 192

210. Mamíferos. Predadores 192
211. Animais selvagens 192
212. Animais domésticos 193
213. Cães. Raças de cães 194
214. Sons produzidos pelos animais 195
215. Animais jovens 195
216. Pássaros 196
217. Pássaros. Canto e sons 197
218. Peixes. Animais marinhos 197
219. Amfíbios. Répteis 198

220.	Insetos	199
221.	Animais. Partes do corpo	199
222.	Ações dos animais	200
223.	Animais. Habitats	201
224.	Cuidados com os animais	201
225.	Animais. Diversos	202
226.	Cavalos	202

Flora 204

227.	Árvores	204
228.	Arbustos	204
229.	Cogumelos	205
230.	Frutos. Bagas	205
231.	Flores. Plantas	206
232.	Cereais, grãos	207
233.	Vegetais. Verduras	208

GEOGRAFIA REGIONAL 209
Países. Nacionalidades 209

234.	Europa Ocidental	209
235.	Europa Central e de Leste	211
236.	Países da ex-URSS	212
237.	Asia	213
238.	América do Norte	215
239.	América Central do Sul	215
240.	Africa	216
241.	Austrália. Oceania	217
242.	Cidades	217
243.	Política. Governo. Parte 1	218
244.	Política. Governo. Parte 2	220
245.	Países. Diversos	221
246.	Grupos religiosos mais importantes. Confissões	221
247.	Religiões. Padres	223
248.	Fé. Cristianismo. Islão	223

TEMAS DIVERSOS 226

249.	Várias palavras úteis	226
250.	Modificadores. Adjetivos. Parte 1	227
251.	Modificadores. Adjetivos. Parte 2	229

500 VERBOS PRINCIPAIS 232

252.	Verbos A-B	232
253.	Verbos C-D	233
254.	Verbos E-J	236
255.	Verbos L-P	238
256.	Verbos Q-Z	240

GUIA DE PRONUNCIAÇÃO

Alfabeto fonético T&P	Exemplo Alemão	Exemplo Português

Vogais

[a]	Blatt	chamar
[ɐ]	Meister	amar
[e]	Melodie	metal
[ɛ]	Herbst	mesquita
[ə]	Leuchte	milagre
[ɔ]	Knopf	emboço
[o]	Operette	lobo
[œ]	Förster	orgulhoso
[ø]	nötig	orgulhoso
[æ]	Los Angeles	semana
[i]	Spiel	sinónimo
[ɪ]	Absicht	sinónimo
[ʊ]	Skulptur	bonita
[u]	Student	bonita
[y]	Pyramide	questionar
[ʏ]	Eukalyptus	questionar

Consoantes

[b]	Bibel	barril
[d]	Dorf	dentista
[f]	Elefant	safári
[ʒ]	Ingenieur	talvez
[dʒ]	Jeans	adjetivo
[j]	Interview	géiser
[g]	August	gosto
[h]	Haare	[h] aspirada
[ç]	glücklich	caixa
[x]	Kochtopf	fricativa uvular surda
[k]	Kaiser	kiwi
[l]	Verlag	libra
[m]	Messer	magnólia
[n]	Norden	natureza
[ŋ]	Onkel	alcançar
[p]	Gespräch	presente

Alfabeto fonético T&P	Exemplo Alemão	Exemplo Português
[r]	Force majeure	riscar
[ʁ]	Kirche	[r] vibrante
[ʀ]	fragen	[r] vibrante
[s]	Fenster	sanita
[t]	Foto	tulipa
[ʦ]	Gesetz	tsé-tsé
[ʃ]	Anschlag	mês
[ʧ]	Deutsche	Tchau!
[w]	Sweater	página web
[v]	Antwort	fava
[z]	langsam	sésamo

Ditongos

[aɪ]	Speicher	cereais
[ɪa]	Miniatur	Himalaias
[ɪo]	Radio	ioga
[jo]	Illustration	ioga
[ɔɪ]	feucht	moita
[ɪe]	Karriere	folheto

Símbolos adicionais

[']	['aːbə]	acento principal
[ˌ]	['dɛŋkˌmaːl]	acento secundário
[ʔ]	[oˈliːvənˌʔøːl]	oclusiva glotal
[ː]	['myːlə]	som de longa duração
[·]	['ʀaɪzə·byˌʀoː]	ponto mediano

ABREVIATURAS
usadas no vocabulário

Abreviaturas do Português

adj	-	adjetivo
adv	-	advérbio
anim.	-	animado
conj.	-	conjunção
desp.	-	desporto
etc.	-	etecetra
ex.	-	por exemplo
f	-	nome feminino
f pl	-	feminino plural
fem.	-	feminino
inanim.	-	inanimado
m	-	nome masculino
m pl	-	masculino plural
m, f	-	masculino, feminino
masc.	-	masculino
mat.	-	matemática
mil.	-	militar
pl	-	plural
prep.	-	preposição
pron.	-	pronome
sb.	-	sobre
sing.	-	singular
v aux	-	verbo auxiliar
vi	-	verbo intransitivo
vi, vt	-	verbo intransitivo, transitivo
vr	-	verbo reflexivo
vt	-	verbo transitivo

Abreviaturas do Alemão

f	-	nome feminino
f pl	-	feminino plural
f, n	-	feminino, neutro
m	-	nome masculino
m pl	-	masculino plural
m, f	-	masculino, feminino
m, n	-	masculino, neutro
n	-	neutro

n pl	-	neutro plural
pl	-	plural
v mod	-	verbo modal
vi	-	verbo intransitivo
vi, vt	-	verbo intransitivo, transitivo
vt	-	verbo transitivo

CONCEITOS BÁSICOS

Conceitos básicos. Parte 1

1. Pronomes

eu	ich	[ıç]
tu	du	[duː]
ele	er	[eːɐ]
ela	sie	[ziː]
ele, ela (neutro)	es	[ɛs]
nós	wir	[viːɐ]
vocês	ihr	[iːɐ]
você (sing.)	Sie	[ziː]
você (pl)	Sie	[ziː]
eles, elas	sie	[ziː]

2. Cumprimentos. Saudações. Despedidas

Olá!	Hallo!	[haˈloː]
Bom dia! (formal)	Hallo!	[haˈloː]
Bom dia! (de manhã)	Guten Morgen!	[ˈguːtən ˈmɔʁgən]
Boa tarde!	Guten Tag!	[ˈguːtən ˈtaːk]
Boa noite!	Guten Abend!	[ˈguːtən ˈaːbənt]
cumprimentar (vt)	grüßen (vi, vt)	[ˈgʁyːsən]
Olá!	Hallo!	[haˈloː]
saudação (f)	Gruß (m)	[gʁuːs]
saudar (vt)	begrüßen (vt)	[bəˈgʁyːsən]
Como vai?	Wie geht's?	[ˌviː ˈgeːts]
O que há de novo?	Was gibt es Neues?	[vas giːpt ɛs ˈnɔɪəs]
Até à vista!	Auf Wiedersehen!	[aʊf ˈviːdɐˌzeːən]
Até breve!	Bis bald!	[bɪs balt]
Adeus! (sing.)	Lebe wohl!	[ˈleːbə voːl]
Adeus! (pl)	Leben Sie wohl!	[ˈleːbən ziː voːl]
despedir-se (vr)	sich verabschieden	[zɪç fɛɐˈapʃiːdən]
Até logo!	Tschüs!	[tʃyːs]
Obrigado! -a!	Danke!	[ˈdaŋkə]
Muito obrigado! -a!	Dankeschön!	[ˈdaŋkəʃøːn]
De nada	Bitte!	[ˈbɪtə]
Não tem de quê	Keine Ursache!	[ˈkaɪnə ˈuːɐˌzaxə]
De nada	Nichts zu danken!	[nɪçts tsu ˈdaŋkən]
Desculpa!	Entschuldige!	[ɛntˈʃʊldɪgə]

Desculpe!	Entschuldigung!	[ɛntˈʃʊldɪɡʊŋ]
desculpar (vt)	entschuldigen (vt)	[ɛntˈʃʊldɪɡən]

desculpar-se (vr)	sich entschuldigen	[zɪç ɛntˈʃʊldɪɡən]
As minhas desculpas	Verzeihung!	[fɛɐ̯ˈtsaɪʊn]
Desculpe!	Entschuldigung!	[ɛntˈʃʊldɪɡʊŋ]
perdoar (vt)	verzeihen (vt)	[fɛɐ̯ˈtsaɪən]
Não faz mal	Das macht nichts!	[das maχt nɪçts]
por favor	bitte	[ˈbɪtə]

Não se esqueça!	Nicht vergessen!	[nɪçt fɛɐ̯ˈɡɛsən]
Certamente! Claro!	Natürlich!	[naˈtyːɐ̯lɪç]
Claro que não!	Natürlich nicht!	[naˈtyːɐ̯lɪç ˈnɪçt]
Está bem! De acordo!	Gut! Okay!	[guːt], [oˈkeː]
Basta!	Es ist genug!	[ɛs ist ɡəˈnuːk]

3. Como se dirigir a alguém

senhor	Herr	[hɛʁ]
senhora	Frau	[fʁaʊ]
rapariga	Frau	[fʁaʊ]
rapaz	Junger Mann	[ˈjʏŋɐ man]
menino	Junge	[ˈjʊŋə]
menina	Mädchen	[ˈmɛːtçən]

4. Números cardinais. Parte 1

zero	null	[nʊl]
um	eins	[aɪns]
dois	zwei	[tsvaɪ]
três	drei	[dʁaɪ]
quatro	vier	[fiːɐ̯]

cinco	fünf	[fʏnf]
seis	sechs	[zɛks]
sete	sieben	[ˈziːbən]
oito	acht	[aχt]
nove	neun	[nɔɪn]

dez	zehn	[tseːn]
onze	elf	[ɛlf]
doze	zwölf	[tsvœlf]
treze	dreizehn	[ˈdʁaɪtseːn]
catorze	vierzehn	[ˈfɪʁtseːn]

quinze	fünfzehn	[ˈfʏnftseːn]
dezasseis	sechzehn	[ˈzɛçtseːn]
dezassete	siebzehn	[ˈziːptseːn]
dezoito	achtzehn	[ˈaχtseːn]
dezanove	neunzehn	[ˈnɔɪntseːn]
vinte	zwanzig	[ˈtsvantsɪç]
vinte e um	einundzwanzig	[ˈaɪn·ʊnt·ˈtsvantsɪç]

| vinte e dois | zweiundzwanzig | ['tsvaɪ·ʊnt·'tsvantsɪç] |
| vinte e três | dreiundzwanzig | ['dʀaɪ·ʊnt·'tsvantsɪç] |

trinta	dreißig	['dʀaɪsɪç]
trinta e um	einunddreißig	['aɪn·ʊnt·'dʀaɪsɪç]
trinta e dois	zweiunddreißig	['tsvaɪ·ʊnt·'dʀaɪsɪç]
trinta e três	dreiunddreißig	['dʀaɪ·ʊnt·'dʀaɪsɪç]

quarenta	vierzig	['fɪʁtsɪç]
quarenta e um	einundvierzig	['aɪn·ʊnt·'fɪʁtsɪç]
quarenta e dois	zweiundvierzig	['tsvaɪ·ʊnt·'fɪʁtsɪç]
quarenta e três	dreiundvierzig	['dʀaɪ·ʊnt·'fɪʁtsɪç]

cinquenta	fünfzig	['fʏnftsɪç]
cinquenta e um	einundfünfzig	['aɪn·ʊnt·'fʏnftsɪç]
cinquenta e dois	zweiundfünfzig	['tsvaɪ·ʊnt·'fʏnftsɪç]
cinquenta e três	dreiundfünfzig	['dʀaɪ·ʊnt·'fʏnftsɪç]

sessenta	sechzig	['zɛçtsɪç]
sessenta e um	einundsechzig	['aɪn·ʊnt·'zɛçtsɪç]
sessenta e dois	zweiundsechzig	['tsvaɪ·ʊnt·'zɛçtsɪç]
sessenta e três	dreiundsechzig	['dʀaɪ·ʊnt·'zɛçtsɪç]

setenta	siebzig	['zi:ptsɪç]
setenta e um	einundsiebzig	['aɪn·ʊnt·'zi:ptsɪç]
setenta e dois	zweiundsiebzig	['tsvaɪ·ʊnt·'zi:ptsɪç]
setenta e três	dreiundsiebzig	['dʀaɪ·ʊnt·'zi:ptsɪç]

oitenta	achtzig	['aχtsɪç]
oitenta e um	einundachtzig	['aɪn·ʊnt·'aχtsɪç]
oitenta e dois	zweiundachtzig	['tsvaɪ·ʊnt·'aχtsɪç]
oitenta e três	dreiundachtzig	['dʀaɪ·ʊnt·'aχtsɪç]

noventa	neunzig	['nɔɪntsɪç]
noventa e um	einundneunzig	['aɪn·ʊnt·'nɔɪntsɪç]
noventa e dois	zweiundneunzig	['tsvaɪ·ʊnt·'nɔɪntsɪç]
noventa e três	dreiundneunzig	['dʀaɪ·ʊnt·'nɔɪntsɪç]

5. Números cardinais. Parte 2

cem	einhundert	['aɪn‚hʊndɐt]
duzentos	zweihundert	['tsvaɪ‚hʊndɐt]
trezentos	dreihundert	['dʀaɪ‚hʊndɐt]
quatrocentos	vierhundert	['fi:ɐ‚hʊndɐt]
quinhentos	fünfhundert	['fʏnf‚hʊndɐt]

seiscentos	sechshundert	[zɛks‚hʊndɐt]
setecentos	siebenhundert	['zi:bən‚hʊndɐt]
oitocentos	achthundert	['aχt‚hʊndɐt]
novecentos	neunhundert	['nɔɪn‚hʊndɐt]

mil	eintausend	['aɪn‚taʊzənt]
dois mil	zweitausend	['tsvaɪ‚taʊzənt]
De quem são ...?	dreitausend	['dʀaɪ‚taʊzənt]

dez mil	**zehntausend**	['tsen͜tauzənt]
cem mil	**hunderttausend**	['hʊndet͜tauzənt]
um milhão	**Million** (f)	[mɪ'ljoːn]
mil milhões	**Milliarde** (f)	[mɪ'lɪaʁdə]

6. Números ordinais

primeiro	**der erste**	[deːɐ 'ɛʁstə]
segundo	**der zweite**	[deːɐ 'tsvaɪtə]
terceiro	**der dritte**	[deːɐ 'dʁɪtə]
quarto	**der vierte**	[deːɐ 'fiːɐtə]
quinto	**der fünfte**	[deːɐ 'fʏnftə]
sexto	**der sechste**	[deːɐ 'zɛkstə]
sétimo	**der siebte**	[deːɐ 'ziːptə]
oitavo	**der achte**	[deːɐ 'aχtə]
nono	**der neunte**	[deːɐ 'nɔɪntə]
décimo	**der zehnte**	[deːɐ tseːntə]

7. Números. Frações

fração (f)	**Bruch** (m)	[bʁʊχ]
um meio	**Hälfte** (f)	['hɛlftə]
um terço	**Drittel** (n)	['dʁɪtəl]
um quarto	**Viertel** (n)	['fɪʁtəl]
um oitavo	**Achtel** (m, n)	['aχtəl]
um décimo	**Zehntel** (m, n)	['tseːntəl]
dois terços	**zwei Drittel**	[tsvaɪ 'dʁɪtəl]
três quartos	**drei Viertel**	[dʁaɪ 'fɪʁtəl]

8. Números. Operações básicas

subtração (f)	**Subtraktion** (f)	[zʊptʁak'tsjoːn]
subtrair (vi, vt)	**subtrahieren** (vt)	[zʊptʁa'hiːʁən]
divisão (f)	**Division** (f)	[divi'zjoːn]
dividir (vt)	**dividieren** (vt)	[divi'diːʁən]
adição (f)	**Addition** (f)	[adi'tsjoːn]
somar (vt)	**addieren** (vt)	[a'diːʁən]
adicionar (vt)	**hinzufügen** (vt)	[hɪn'tsuː͜fyːgən]
multiplicação (f)	**Multiplikation** (f)	[mʊltiplika'tsjoːn]
multiplicar (vt)	**multiplizieren** (vt)	[mʊltipli'tsiːʁən]

9. Números. Diversos

algarismo, dígito (m)	**Ziffer** (f)	['tsɪfe]
número (m)	**Zahl** (f)	[tsaːl]

numeral (m)	Zahlwort (n)	['tsa:l̩ˌvɔʁt]
menos (m)	Minus (n)	['mi:nʊs]
mais (m)	Plus (n)	[plʊs]
fórmula (f)	Formel (f)	['fɔʁməl]

cálculo (m)	Berechnung (f)	[bə'ʁɛçnʊŋ]
contar (vt)	zählen (vt)	['tsɛ:lən]
calcular (vt)	berechnen (vt)	[bə'ʁɛçnən]
comparar (vt)	vergleichen (vt)	[fɛɐ'glaɪçən]

| Quanto? | Wie viel? | ['vi: fi:l] |
| Quantos? -as? | Wie viele? | [vi: 'fi:lə] |

soma (f)	Summe (f)	['zʊmə]
resultado (m)	Ergebnis (n)	[ɛɐ'ge:pnɪs]
resto (m)	Rest (m)	[ʁɛst]

alguns, algumas ...	einige	['aɪnɪgə]
um pouco de ...	wenig ...	['ve:nɪç]
resto (m)	Übrige (n)	['y:bʁɪgə]
um e meio	anderthalb	['andɛt'halp]
dúzia (f)	Dutzend (n)	['dʊtsənt]

ao meio	entzwei	[ɛn'tsvaɪ]
em partes iguais	zu gleichen Teilen	[tsu 'glaɪçən 'taɪlən]
metade (f)	Hälfte (f)	['hɛlftə]
vez (f)	Mal (n)	[ma:l]

10. Os verbos mais importantes. Parte 1

abrir (vt)	öffnen (vt)	['œfnən]
acabar, terminar (vt)	beenden (vt)	[bə'ʔɛndən]
aconselhar (vt)	raten (vt)	['ʁa:tən]
adivinhar (vt)	richtig raten (vt)	['ʁɪçtɪç 'ʁa:tən]
advertir (vt)	warnen (vt)	['vaʁnən]

ajudar (vt)	helfen (vi)	['hɛlfən]
almoçar (vi)	zu Mittag essen	[tsu 'mɪta:k 'ɛsən]
alugar (~ um apartamento)	mieten (vt)	['mi:tən]
amar (vt)	lieben (vt)	['li:bən]
ameaçar (vt)	drohen (vi)	['dʁo:ən]

anotar (escrever)	aufschreiben (vt)	['aʊfʃʁaɪbən]
apanhar (vt)	fangen (vt)	['faŋən]
apressar-se (vr)	sich beeilen	[zɪç bə'ʔaɪlən]
arrepender-se (vr)	bedauern (vt)	[bə'daʊən]
assinar (vt)	unterschreiben (vt)	[ˌʊntɐ'ʃʁaɪbən]

atirar, disparar (vi)	schießen (vi)	['ʃi:sən]
brincar (vi)	Witz machen	[vɪts 'maxən]
brincar, jogar (crianças)	spielen (vi, vt)	['ʃpi:lən]
buscar (vt)	suchen (vt)	['zu:xən]
caçar (vi)	jagen (vi)	['jagən]
cair (vi)	fallen (vi)	['falən]

cavar (vt)	graben (vt)	['gʁaːbən]
cessar (vt)	einstellen (vt)	['aɪnˌʃtɛlən]
chamar (~ por socorro)	rufen (vi)	['ʁuːfən]
chegar (vi)	ankommen (vi)	['anˌkɔmən]
chorar (vi)	weinen (vi)	['vaɪnən]

começar (vt)	beginnen (vt)	[bə'gɪnən]
comparar (vt)	vergleichen (vt)	[fɛɐ'glaɪçən]
compreender (vt)	verstehen (vt)	[fɛɐ'ʃteːən]
concordar (vi)	zustimmen (vi)	['tsuːˌʃtɪmən]
confiar (vt)	vertrauen (vi)	[fɛɐ'tʁaʊən]

confundir (equivocar-se)	verwechseln (vt)	[fɛɐ'vɛksəln]
conhecer (vt)	kennen (vt)	['kɛnən]
contar (fazer contas)	rechnen (vt)	['ʁɛçnən]
contar com (esperar)	auf ... zählen	[aʊf ... 'tsɛːlən]
continuar (vt)	fortsetzen (vt)	['fɔʁtˌzɛtsən]

convidar (vt)	einladen (vt)	['aɪnˌlaːdən]
correr (vi)	laufen (vi)	['laʊfən]
criar (vt)	schaffen (vt)	['ʃafən]
custar (vt)	kosten (vt)	['kɔstən]

11. Os verbos mais importantes. Parte 2

dar (vt)	geben (vt)	['geːbən]
dar uma dica	andeuten (vt)	['anˌdɔɪtən]
decorar (enfeitar)	schmücken (vt)	['ʃmʏkən]
defender (vt)	verteidigen (vt)	[fɛɐ'taɪdɪgən]
deixar cair (vt)	fallen lassen	['falən 'lasən]

descer (para baixo)	herabsteigen (vi)	[hɛ'ʁapˌʃtaɪgən]
desculpar-se (vr)	sich entschuldigen	[zɪç ɛnt'ʃʊldɪgən]
dirigir (~ uma empresa)	leiten (vt)	['laɪtən]
discutir (notícias, etc.)	besprechen (vt)	[bə'ʃpʁɛçən]
dizer (vt)	sagen (vt)	['zaːgən]

duvidar (vt)	zweifeln (vi)	['tsvaɪfəln]
encontrar (achar)	finden (vt)	['fɪndən]
enganar (vt)	täuschen (vt)	['tɔɪʃən]
entrar (na sala, etc.)	hereinkommen (vi)	[hɛ'ʁaɪnˌkɔmən]
enviar (uma carta)	abschicken (vt)	['apˌʃɪkən]

errar (equivocar-se)	sich irren	[zɪç 'ɪʁən]
escolher (vt)	wählen (vt)	['vɛːlən]
esconder (vt)	verstecken (vt)	[fɛɐ'ʃtɛkən]
escrever (vt)	schreiben (vi, vt)	['ʃʁaɪbən]
esperar (o autocarro, etc.)	warten (vi)	['vaʁtən]

esperar (ter esperança)	hoffen (vi)	['hɔfən]
esquecer (vt)	vergessen (vt)	[fɛɐ'gɛsən]
estudar (vt)	lernen (vt)	['lɛʁnən]
exigir (vt)	verlangen (vt)	[fɛɐ'laŋən]
existir (vi)	existieren (vi)	[ˌɛksɪs'tiːʁən]

explicar (vt)	erklären (vt)	[ɛɐ'klɛ:ʀən]
falar (vi)	sprechen (vi)	['ʃpʀɛçən]
faltar (clases, etc.)	versäumen (vt)	[fɛɐ'zɔɪmən]
fazer (vt)	machen (vt)	['maxən]
ficar em silêncio	schweigen (vi)	['ʃvaɪɡən]
gabar-se, jactar-se (vr)	prahlen (vi)	['pʀa:lən]

gostar (apreciar)	gefallen (vi)	[ɡə'falən]
gritar (vi)	schreien (vi)	['ʃʀaɪən]
guardar (cartas, etc.)	aufbewahren (vt)	['aʊfbə‚va:ʀən]
informar (vt)	informieren (vt)	[ɪnfɔʁ'mi:ʀən]
insistir (vi)	bestehen auf	[bə'ʃte:ən aʊf]

insultar (vt)	kränken (vt)	['kʀɛŋkən]
interessar-se (vr)	sich interessieren	[zɪç ɪntəʀɛ'si:ʀən]
ir (a pé)	gehen (vi)	['ge:ən]
ir nadar	schwimmen gehen	['ʃvɪmən 'ge:ən]
jantar (vi)	zu Abend essen	[tsu 'a:bənt 'ɛsən]

12. Os verbos mais importantes. Parte 3

ler (vt)	lesen (vi, vt)	['le:zən]
libertar (cidade, etc.)	befreien (vt)	[bə'fʀaɪən]
matar (vt)	ermorden (vt)	[ɛɐ'mɔʁdən]
mencionar (vt)	erwähnen (vt)	[ɛɐ'vɛ:nən]
mostrar (vt)	zeigen (vt)	['tsaɪɡən]

mudar (modificar)	ändern (vt)	['ɛndɛn]
nadar (vi)	schwimmen (vi)	['ʃvɪmən]
negar-se a ...	sich weigern	[zɪç 'vaɪɡɐn]
objetar (vt)	einwenden (vt)	['aɪn‚vɛndən]

observar (vt)	beobachten (vt)	[bə'ʔo:baxtən]
ordenar (mil.)	befehlen (vt)	[‚bə'fe:lən]
ouvir (vt)	hören (vt)	['hø:ʀən]
pagar (vt)	zahlen (vt)	['tsa:lən]
parar (vi)	stoppen (vt)	['ʃtɔpən]

participar (vi)	teilnehmen (vi)	['taɪl‚ne:mən]
pedir (comida)	bestellen (vt)	[bə'ʃtɛlən]
pedir (um favor, etc.)	bitten (vt)	['bɪtən]
pegar (tomar)	nehmen (vt)	['ne:mən]
pensar (vt)	denken (vi, vt)	['dɛŋkən]

perceber (ver)	bemerken (vt)	[bə'mɛʁkən]
perdoar (vt)	verzeihen (vt)	[fɛɐ'tsaɪən]
perguntar (vt)	fragen (vt)	['fʀa:ɡən]
permitir (vt)	erlauben (vt)	[ɛɐ'laʊbən]
pertencer a ...	gehören (vi)	[ɡə'hø:ʀən]

planear (vt)	planen (vt)	['pla:nən]
poder (vi)	können (v mod)	['kœnən]
possuir (vt)	besitzen (vt)	[bə'zɪtsən]
preferir (vt)	vorziehen (vt)	['foɐ‚tsi:ən]

preparar (vt)	zubereiten (vt)	['tsu:bəˌʀaɪtən]
prever (vt)	voraussehen (vt)	[fo'ʀaʊsˌze:ən]
prometer (vt)	versprechen (vt)	[fɛɐ'ʃpʀɛçən]
pronunciar (vt)	aussprechen (vt)	['aʊsʃpʀɛçən]
propor (vt)	vorschlagen (vt)	['fo:ɐˌʃla:gən]
punir (castigar)	bestrafen (vt)	[bə'ʃtʀa:fən]

13. Os verbos mais importantes. Parte 4

quebrar (vt)	brechen (vt)	['bʀɛçən]
queixar-se (vr)	klagen (vi)	['kla:gən]
querer (desejar)	wollen (vt)	['vɔlən]
recomendar (vt)	empfehlen (vt)	[ɛm'pfe:lən]
repetir (dizer outra vez)	noch einmal sagen	[nɔx 'aɪnma:l 'za:gən]

repreender (vt)	schelten (vt)	['ʃɛltən]
reservar (~ um quarto)	reservieren (vt)	[ʀɛzɛɐ'vi:ʀən]
responder (vt)	antworten (vi)	['antˌvɔʁtən]
rezar, orar (vi)	beten (vi)	['be:tən]
rir (vi)	lachen (vi)	['laxən]

saber (vt)	wissen (vt)	['vɪsən]
sair (~ de casa)	ausgehen (vi)	['aʊsˌge:ən]
salvar (vt)	retten (vt)	['ʀɛtən]
seguir ...	folgen (vi)	['fɔlgən]

sentar-se (vr)	sich setzen	[zɪç 'zɛtsən]
ser necessário	nötig sein	['nø:tɪç zaɪn]
ser, estar	sein (vi)	[zaɪn]
significar (vt)	bedeuten (vt)	[bə'dɔɪtən]

| sorrir (vi) | lächeln (vi) | ['lɛçəln] |
| subestimar (vt) | unterschätzen (vt) | [ˌʊntɐ'ʃɛtsən] |

| surpreender-se (vr) | staunen (vi) | ['ʃtaunən] |
| tentar (vt) | versuchen (vt) | [fɛɐ'zu:xən] |

| ter (vt) | haben (vt) | [ha:bən] |
| ter fome | hungrig sein | ['hʊŋʀɪç zaɪn] |

| ter medo | Angst haben | ['aŋst 'ha:bən] |
| ter sede | Durst haben | ['dʊʁst 'ha:bən] |

tocar (com as mãos)	berühren (vt)	[bə'ʀy:ʀən]
tomar o pequeno-almoço	frühstücken (vi)	['fʀy:ʃtʏkən]
trabalhar (vi)	arbeiten (vi)	['aʁbaɪtən]

| traduzir (vt) | übersetzen (vt) | [ˌy:bɐ'zɛtsən] |
| unir (vt) | vereinigen (vt) | [fɛɐ'ʔaɪnɪgən] |

vender (vt)	verkaufen (vt)	[fɛɐ'kaʊfən]
ver (vt)	sehen (vi, vt)	['ze:ən]
virar (ex. ~ à direita)	abbiegen (vi)	['apˌbi:gən]
voar (vi)	fliegen (vi)	['fli:gən]

14. Cores

cor (f)	Farbe (f)	['faʁbə]
matiz (m)	Schattierung (f)	[ʃa'ti:ʁʊŋ]
tom (m)	Farbton (m)	['faʁpˌto:n]
arco-íris (m)	Regenbogen (m)	['ʁe:gənˌbo:gən]

branco	weiß	[vaɪs]
preto	schwarz	[ʃvaʁts]
cinzento	grau	[gʁaʊ]

verde	grün	[gʁy:n]
amarelo	gelb	[gɛlp]
vermelho	rot	[ʁo:t]

azul	blau	[blaʊ]
azul claro	hellblau	['hɛlˌblaʊ]
rosa	rosa	['ʁo:za]
laranja	orange	[o'ʁaŋʃ]
violeta	violett	[vɪo'lɛt]
castanho	braun	[bʁaʊn]

dourado	golden	['gɔldən]
prateado	silbrig	['zɪlbʁɪç]

bege	beige	[be:ʃ]
creme	cremefarben	['kʁɛ:mˌfaʁbən]
turquesa	türkis	[tʏʁ'ki:s]
vermelho cereja	kirschrot	['kɪʁʃʁo:t]
lilás	lila	['li:la]
carmesim	himbeerrot	['hɪmbe:ɐˌʁo:t]

claro	hell	[hɛl]
escuro	dunkel	['dʊŋkəl]
vivo	grell	[gʁɛl]

de cor	Farb-	['faʁp]
a cores	Farb-	['faʁp]
preto e branco	schwarz-weiß	['ʃvaʁtsˌvaɪs]
unicolor	einfarbig	['aɪnˌfaʁbɪç]
multicor	bunt	[bʊnt]

15. Questões

Quem?	Wer?	[ve:ɐ]
Que?	Was?	[vas]
Onde?	Wo?	[vo:]
Para onde?	Wohin?	[vo'hɪn]
De onde?	Woher?	[vo'he:ɐ]
Quando?	Wann?	[van]
Para quê?	Wozu?	[vo'tsu:]
Porquê?	Warum?	[va'ʁʊm]
Para quê?	Wofür?	[vo'fy:ɐ]

Como?	Wie?	[vi:]
Qual?	Welcher?	['vɛlçɐ]
Qual? (entre dois ou mais)	Welcher?	['vɛlçɐ]

A quem?	Wem?	[ve:m]
Sobre quem?	Über wen?	['y:bɐ ve:n]
Do quê?	Wovon?	[vo:'fɔn]
Com quem?	Mit wem?	[mɪt ve:m]

Quantos? -as?	Wie viele?	[vi: 'fi:lə]
Quanto?	Wie viel?	['vi: fi:l]
De quem? (masc.)	Wessen?	['vɛsən]

16. Preposições

com (prep.)	mit	[mɪt]
sem (prep.)	ohne	['o:nə]
a, para (exprime lugar)	nach	[na:χ]
sobre (ex. falar ~)	über	['y:bɐ]
antes de ...	vor	[fo:ɐ]
diante de ...	vor	[fo:ɐ]

sob (debaixo de)	unter	['ʊntɐ]
sobre (em cima de)	über	['y:bɐ]
sobre (~ a mesa)	auf	[aʊf]
de (vir ~ Lisboa)	aus	['aʊs]
de (feito ~ pedra)	aus, von	['aʊs], [fɔn]

| dentro de (~ dez minutos) | in | [ɪn] |
| por cima de ... | über | ['y:bɐ] |

17. Palavras funcionais. Advérbios. Parte 1

Onde?	Wo?	[vo:]
aqui	hier	[hi:ɐ]
lá, ali	dort	[dɔʁt]

| em algum lugar | irgendwo | ['ɪʁgənt'vo:] |
| em lugar nenhum | nirgends | ['nɪʁgənts] |

| ao pé de ... | an | [an] |
| ao pé da janela | am Fenster | [am 'fɛnstɐ] |

Para onde?	Wohin?	[vo'hɪn]
para cá	hierher	['hi:ɐ'he:ɐ]
para lá	dahin	[da'hɪn]
daqui	von hier	[fɔn hi:ɐ]
de lá, dali	von da	[fɔn da:]

perto	nah	[na:]
longe	weit	[vaɪt]
perto de ...	in der Nähe von ...	[ɪn de:ɐ 'nɛ:ə fɔn]

| ao lado de | in der Nähe | [ɪn deːɐ 'nɛːə] |
| perto, não fica longe | unweit | ['ʊnvaɪt] |

esquerdo	link	[lɪŋk]
à esquerda	links	[lɪŋks]
para esquerda	nach links	[naːχ lɪŋks]

direito	recht	[ʀɛçt]
à direita	rechts	[ʀɛçts]
para direita	nach rechts	[naːχ ʀɛçts]

à frente	vorne	['fɔʁnə]
da frente	Vorder-	['fɔʁdɐ]
em frente (para a frente)	vorwärts	['foːɐvɛʁts]

atrás de ...	hinten	['hɪntən]
por detrás (vir ~)	von hinten	[fɔn 'hɪntən]
para trás	rückwärts	['ʀʏkˌvɛʁts]

| meio (m), metade (f) | Mitte (f) | ['mɪtə] |
| no meio | in der Mitte | [ɪn deːɐ 'mɪtə] |

de lado	seitlich	['zaɪtlɪç]
em todo lugar	überall	[yːbɐ'ʔal]
ao redor (olhar ~)	ringsherum	[ˌʀɪŋshɛ'ʀʊm]

de dentro	von innen	[fɔn 'ɪnən]
para algum lugar	irgendwohin	['ɪʁgənt·vo'hɪn]
diretamente	geradeaus	[gəʀaː·də'ʔaʊs]
de volta	zurück	[tsu'ʀʏk]

| de algum lugar | irgendwoher | ['ɪʁgənt·vo'heːɐ] |
| de um lugar | von irgendwo | [fɔn ˌɪʁgənt'vo:] |

em primeiro lugar	erstens	['eːɐstəns]
em segundo lugar	zweitens	['tsvaɪtəns]
em terceiro lugar	drittens	['dʀɪtəns]

de repente	plötzlich	['plœtslɪç]
no início	zuerst	[tsu'ʔeːɐst]
pela primeira vez	zum ersten Mal	[tsʊm 'eːɐstən 'maːl]
muito antes de ...	lange vor ...	['laŋə foːɐ]
de novo, novamente	von Anfang an	[fɔn 'anˌfaŋ an]
para sempre	für immer	[fyːɐ 'ɪmɐ]

nunca	nie	[niː]
de novo	wieder	['viːdɐ]
agora	jetzt	[jɛtst]
frequentemente	oft	[ɔft]
então	damals	['daːmaːls]
urgentemente	dringend	['dʀɪŋənt]
usualmente	gewöhnlich	[gə'vøːnlɪç]

a propósito, ...	übrigens, ...	['yːbʀɪgəns]
é possível	möglicherweise	['møːklɪçɐ'vaɪzə]
provavelmente	wahrscheinlich	[vaːɐ'ʃaɪnlɪç]

talvez	vielleicht	[fiˈlaɪçt]
além disso, ...	außerdem ...	[ˈaʊsɐdeːm]
por isso ...	deshalb ...	[ˈdɛsˈhalp]
apesar de ...	trotz ...	[trɔts]
graças a ...	dank ...	[daŋk]

que (pron.)	was	[vas]
que (conj.)	das	[das]
algo	etwas	[ˈɛtvas]
alguma coisa	irgendwas	[ˈɪʁgəntˈvas]
nada	nichts	[nɪçts]

quem	wer	[veːɐ]
alguém (~ teve uma ideia ...)	jemand	[ˈjeːmant]
alguém	irgendwer	[ˈɪʁgəntˈveːɐ]

ninguém	niemand	[ˈniːmant]
para lugar nenhum	nirgends	[ˈnɪʁgənts]
de ninguém	niemandes	[ˈniːmandəs]
de alguém	jemandes	[ˈjeːmandəs]

tão	so	[zoː]
também (gostaria ~ de ...)	auch	[ˈaʊx]
também (~ eu)	ebenfalls	[ˈeːbənˌfals]

18. Palavras funcionais. Advérbios. Parte 2

Porquê?	Warum?	[vaˈʁʊm]
por alguma razão	aus irgendeinem Grund	[ˈaʊs ˈɪʁgəntˈʔaɪnəm gʁʊnt]
porque ...	weil ...	[vaɪl]
por qualquer razão	zu irgendeinem Zweck	[tsu ˈɪʁgəntˈʔaɪnəm tsvɛk]

e (tu ~ eu)	und	[ʊnt]
ou (ser ~ não ser)	oder	[ˈoːdɐ]
mas (porém)	aber	[ˈaːbɐ]
para (~ a minha mãe)	für	[fyːɐ]

demasiado, muito	zu	[tsuː]
só, somente	nur	[nuːɐ]
exatamente	genau	[gəˈnaʊ]
cerca de (~ 10 kg)	etwa	[ˈɛtva]

aproximadamente	ungefähr	[ˈʊngəfɛːɐ]
aproximado	ungefähr	[ˈʊngəfɛːɐ]
quase	fast	[fast]
resto (m)	Übrige (n)	[ˈyːbʁɪgə]

o outro (segundo)	der andere	[deːɐ ˈandəʁə]
outro	andere	[ˈandəʁə]
cada	jeder (m)	[ˈjeːdɐ]
qualquer	beliebig	[bɛˈliːbɪç]
muito	viel	[fiːl]
muitas pessoas	viele Menschen	[ˈfiːlə ˈmɛnʃən]

todos	alle	['alə]
em troca de ...	im Austausch gegen ...	[ɪm 'aʊs͵taʊʃ 'geːgən]
em troca	dafür	[da'fyːɐ]
à mão	mit der Hand	[mɪt deːɐ hant]
pouco provável	schwerlich	['ʃveːɐlɪç]

provavelmente	wahrscheinlich	[vaːɐ'ʃaɪnlɪç]
de propósito	absichtlich	['ap͵zɪçtlɪç]
por acidente	zufällig	['tsuːfɛlɪç]

muito	sehr	[zeːɐ]
por exemplo	zum Beispiel	[tsʊm 'baɪʃpiːl]
entre	zwischen	['tsvɪʃən]
entre (no meio de)	unter	['ʊntɐ]
tanto	so viel	[zoː 'fiːl]
especialmente	besonders	[bə'zɔndɐs]

Conceitos básicos. Parte 2

19. Opostos

rico	reich	[ʀaɪç]
pobre	arm	[aʁm]
doente	krank	[kʀaŋk]
são	gesund	[gə'zʊnt]
grande	groß	[gʀoːs]
pequeno	klein	[klaɪn]
rapidamente	schnell	[ʃnɛl]
lentamente	langsam	['laŋzaːm]
rápido	schnell	[ʃnɛl]
lento	langsam	['laŋzaːm]
alegre	froh	[fʀoː]
triste	traurig	['tʀaʊʀɪç]
juntos	zusammen	[tsu'zamən]
separadamente	getrennt	[gə'tʀɛnt]
em voz alta (ler ~)	laut	[laʊt]
para si (em silêncio)	still	[ʃtɪl]
alto	hoch	[hoːχ]
baixo	niedrig	['niːdʀɪç]
profundo	tief	[tiːf]
pouco fundo	flach	[flaχ]
sim	ja	[jaː]
não	nein	[naɪn]
distante (no espaço)	fern	[fɛʁn]
próximo	nah	[naː]
longe	weit	[vaɪt]
perto	nebenan	[neːbən'ʔan]
longo	lang	[laŋ]
curto	kurz	[kʊʁts]
bom, bondoso	gut	[guːt]
mau	böse	['bøːzə]
casado	verheiratet	[fɛɐ'haɪʀaːtət]

solteiro	ledig	['le:dɪç]
proibir (vt)	verbieten (vt)	[fɛɐ'bi:tən]
permitir (vt)	erlauben (vt)	[ɛɐ'laʊbən]
fim (m)	Ende (n)	['ɛndə]
começo (m)	Anfang (m)	['anfaŋ]
esquerdo	link	[lɪŋk]
direito	recht	[ʀɛçt]
primeiro	der erste	[de:ɐ 'ɛʀstə]
último	der letzte	[de:ɐ 'lɛtstə]
crime (m)	Verbrechen (n)	[fɛɐ'bʀɛçən]
castigo (m)	Bestrafung (f)	[bə'ʃtʀa:fʊŋ]
ordenar (vt)	befehlen (vt)	[ˌbə'fe:lən]
obedecer (vt)	gehorchen (vi)	[gə'hoʀçən]
reto	gerade	[gə'ʀa:də]
curvo	krumm	[kʀʊm]
paraíso (m)	Paradies (n)	[paʀa'di:s]
inferno (m)	Hölle (f)	['hœlə]
nascer (vi)	geboren sein	[gə'bo:ʀən zaɪn]
morrer (vi)	sterben (vi)	['ʃtɛʀbən]
forte	stark	[ʃtaʀk]
fraco, débil	schwach	['ʃvaχ]
idoso	alt	[alt]
jovem	jung	[jʊŋ]
velho	alt	[alt]
novo	neu	[nɔɪ]
duro	hart	[haʀt]
mole	weich	[vaɪç]
tépido	warm	[vaʀm]
frio	kalt	[kalt]
gordo	dick	[dɪk]
magro	mager	['ma:gɐ]
estreito	eng	[ɛŋ]
largo	breit	[bʀaɪt]
bom	gut	[gu:t]
mau	schlecht	[ʃlɛçt]
valente	tapfer	['tapfɐ]
cobarde	feige	['faɪgə]

20. Dias da semana

segunda-feira (f)	Montag (m)	['moːntaːk]
terça-feira (f)	Dienstag (m)	['diːnstaːk]
quarta-feira (f)	Mittwoch (m)	['mɪtvɔx]
quinta-feira (f)	Donnerstag (m)	['dɔnɐstaːk]
sexta-feira (f)	Freitag (m)	['fʀaɪtaːk]
sábado (m)	Samstag (m)	['zamstaːk]
domingo (m)	Sonntag (m)	['zɔntaːk]

hoje	heute	['hɔɪtə]
amanhã	morgen	['mɔʁgən]
depois de amanhã	übermorgen	['yːbɐˌmɔʁgən]
ontem	gestern	['gɛstɐn]
anteontem	vorgestern	['foːɐgɛstɐn]

dia (m)	Tag (m)	[taːk]
dia (m) de trabalho	Arbeitstag (m)	['aʁbaɪtsˌtaːk]
feriado (m)	Feiertag (m)	['faɪɐˌtaːk]
dia (m) de folga	freier Tag (m)	['fʀaɪɐ taːk]
fim (m) de semana	Wochenende (n)	['vɔxənˌʔɛndə]

o dia todo	den ganzen Tag	[den 'gantsən 'taːk]
no dia seguinte	am nächsten Tag	[am 'nɛːçstən taːk]
há dois dias	zwei Tage vorher	[tsvaɪ 'taːgə 'foːɐheːɐ]
na véspera	am Vortag	[am 'foːɐˌtaːk]
diário	täglich	['tɛːklɪç]
todos os dias	täglich	['tɛːklɪç]

semana (f)	Woche (f)	['vɔxə]
na semana passada	letzte Woche	['lɛtstə 'vɔxə]
na próxima semana	nächste Woche	['nɛːçstə 'vɔxə]
semanal	wöchentlich	['vœçəntlɪç]
cada semana	wöchentlich	['vœçəntlɪç]
duas vezes por semana	zweimal pro Woche	['tsvaɪmaːl pʀo 'vɔxə]
cada terça-feira	jeden Dienstag	['jeːdən 'diːnstaːk]

21. Horas. Dia e noite

manhã (f)	Morgen (m)	['mɔʁgən]
de manhã	morgens	['mɔʁgəns]
meio-dia (m)	Mittag (m)	['mɪtaːk]
à tarde	nachmittags	['naːxmɪˌtaːks]

noite (f)	Abend (m)	['aːbənt]
à noite (noitinha)	abends	['aːbənts]
noite (f)	Nacht (f)	[naxt]
à noite	nachts	[naxts]
meia-noite (f)	Mitternacht (f)	['mɪtɐˌnaxt]

segundo (m)	Sekunde (f)	[ze'kʊndə]
minuto (m)	Minute (f)	[mi'nuːtə]
hora (f)	Stunde (f)	['ʃtʊndə]

meia hora (f)	eine halbe Stunde	['aɪnə 'halbə 'ʃtʊndə]
quarto (m) de hora	Viertelstunde (f)	['fɪʁtəlˌʃtʊndə]
quinze minutos	fünfzehn Minuten	['fʏnftseːn miˈnuːtən]
vinte e quatro horas	Tag und Nacht	['taːk ʊnt 'naχt]

nascer (m) do sol	Sonnenaufgang (m)	['zɔnənˌʔaʊfgaŋ]
amanhecer (m)	Morgendämmerung (f)	['mɔʁgənˌdɛmərʊŋ]
madrugada (f)	früher Morgen (m)	['fʁyːɐ 'mɔʁgən]
pôr do sol (m)	Sonnenuntergang (m)	['zɔnənˌʔʊntɐgaŋ]

de madrugada	früh am Morgen	[fʁyː am 'mɔʁgən]
hoje de manhã	heute morgen	['hɔɪtə 'mɔʁgən]
amanhã de manhã	morgen früh	['mɔʁgən fʁyː]

hoje à tarde	heute Mittag	['hɔɪtə 'mɪtaːk]
à tarde	nachmittags	['naːχmɪˌtaːks]
amanhã à tarde	morgen Nachmittag	['mɔʁgən 'naːχmɪˌtaːk]

hoje à noite	heute Abend	['hɔɪtə 'aːbənt]
amanhã à noite	morgen Abend	['mɔʁgən 'aːbənt]

às três horas em ponto	Punkt drei Uhr	[pʊŋkt dʁaɪ uːɐ]
por volta das quatro	gegen vier Uhr	['geːgn fiːɐ uːɐ]
às doze	um zwölf Uhr	[ʊm tsvœlf uːɐ]

dentro de vinte minutos	in zwanzig Minuten	[ɪn 'tsvantsɪç miˈnuːtən]
dentro duma hora	in einer Stunde	[ɪn 'aɪnɐ 'ʃtʊndə]
a tempo	rechtzeitig	['ʁɛçtˌtsaɪtɪç]

menos um quarto	Viertel vor ...	['fɪʁtəl foːɐ]
durante uma hora	innerhalb einer Stunde	['ɪnɐhalp 'aɪnɐ 'ʃtʊndə]
a cada quinze minutos	alle fünfzehn Minuten	['alə 'fʏnftseːn miˈnuːtən]
as vinte e quatro horas	Tag und Nacht	['taːk ʊnt 'naχt]

22. Meses. Estações

janeiro (m)	Januar (m)	['januaːɐ]
fevereiro (m)	Februar (m)	['feːbʁuaːɐ]
março (m)	März (m)	[mɛʁts]
abril (m)	April (m)	[aˈpʁɪl]
maio (m)	Mai (m)	[maɪ]
junho (m)	Juni (m)	['juːni]

julho (m)	Juli (m)	['juːli]
agosto (m)	August (m)	[aʊˈgʊst]
setembro (m)	September (m)	[zɛpˈtɛmbɐ]
outubro (m)	Oktober (m)	[ɔkˈtoːbɐ]
novembro (m)	November (m)	[noˈvɛmbɐ]
dezembro (m)	Dezember (m)	[deˈtsɛmbɐ]

primavera (f)	Frühling (m)	['fʁyːlɪŋ]
na primavera	im Frühling	[ɪm 'fʁyːlɪŋ]
primaveril	Frühlings-	['fʁyːlɪŋs]
verão (m)	Sommer (m)	['zɔmɐ]

no verão	im Sommer	[ɪm 'zɔmɐ]
de verão	Sommer-	['zɔmɐ]
outono (m)	Herbst (m)	[hɛʁpst]
no outono	im Herbst	[ɪm hɛʁpst]
outonal	Herbst-	[hɛʁpst]
inverno (m)	Winter (m)	['vɪntɐ]
no inverno	im Winter	[ɪm 'vɪntɐ]
de inverno	Winter-	['vɪntɐ]
mês (m)	Monat (m)	['moːnat]
este mês	in diesem Monat	[ɪn 'diːzəm 'moːnat]
no próximo mês	nächsten Monat	['nɛːçstən 'moːnat]
no mês passado	letzten Monat	['lɛtstən 'moːnat]
há um mês	vor einem Monat	[foːɐ 'aɪnəm 'moːnat]
dentro de um mês	über eine Monat	['yːbɐ 'aɪnə 'moːnat]
dentro de dois meses	in zwei Monaten	[ɪn tsvaɪ 'moːnatən]
todo o mês	einen ganzen Monat	['aɪnən 'gantsən 'moːnat]
um mês inteiro	den ganzen Monat	[deːn 'gantsən 'moːnat]
mensal	monatlich	['moːnatlɪç]
mensalmente	monatlich	['moːnatlɪç]
cada mês	jeden Monat	['jeːdən 'moːnat]
duas vezes por mês	zweimal pro Monat	['tsvaɪmaːl pʁo 'moːnat]
ano (m)	Jahr (n)	[jaːɐ]
este ano	dieses Jahr	['diːzəs jaːɐ]
no próximo ano	nächstes Jahr	['nɛːçstəs jaːɐ]
no ano passado	voriges Jahr	['foːʁɪgəs jaːɐ]
há um ano	vor einem Jahr	[foːɐ 'aɪnəm jaːɐ]
dentro dum ano	in einem Jahr	[ɪn 'aɪnəm jaːɐ]
dentro de 2 anos	in zwei Jahren	[ɪn tsvaɪ 'jaːʁən]
todo o ano	ein ganzes Jahr	[aɪn 'gantsəs jaːɐ]
um ano inteiro	das ganze Jahr	[das 'gantsə jaːɐ]
cada ano	jedes Jahr	['jeːdəs jaːɐ]
anual	jährlich	['jɛːɐlɪç]
anualmente	jährlich	['jɛːɐlɪç]
quatro vezes por ano	viermal pro Jahr	['fiːəmaːl pʁo jaːɐ]
data (~ de hoje)	Datum (n)	['daːtʊm]
data (ex. ~ de nascimento)	Datum (n)	['daːtʊm]
calendário (m)	Kalender (m)	[ka'lɛndɐ]
meio ano	ein halbes Jahr	[aɪn 'halbəs jaːɐ]
seis meses	Halbjahr (n)	['halpjaːɐ]
estação (f)	Saison (f)	[zɛ'zɔn]
século (m)	Jahrhundert (n)	[jaːɐ'hʊndɐt]

23. Tempo. Diversos

tempo (m)	Zeit (f)	[tsaɪt]
momento (m)	Augenblick (m)	[ˌaʊgən'blɪk]

instante (m)	Moment (m)	[mo'mɛnt]
instantâneo	augenblicklich	[ˌaʊɡəŋ'blɪklɪç]
lapso (m) de tempo	Zeitspanne (f)	['tsaɪtˌʃpanə]
vida (f)	Leben (n)	['le:bən]
eternidade (f)	Ewigkeit (f)	['e:vɪçkaɪt]

época (f)	Epoche (f)	[e'pɔχə]
era (f)	Ära (f)	['ɛːʀa]
ciclo (m)	Zyklus (m)	['tsy:klʊs]
período (m)	Periode (f)	[pe'ʀɪo:də]
prazo (m)	Frist (f)	[fʀɪst]

futuro (m)	Zukunft (f)	['tsuːˌkʊnft]
futuro	zukünftig	['tsuːˌkynftɪç]
da próxima vez	nächstes Mal	['nɛːçstəs mal]
passado (m)	Vergangenheit (f)	[ˌfɛɐ'ɡaŋənhaɪt]
passado	vorig	['foːʀɪç]
na vez passada	letztes Mal	['lɛtstəs maːl]
mais tarde	später	['ʃpɛːte]
depois	danach	[da'naːχ]
atualmente	zur Zeit	[tsuːɐ 'tsaɪt]
agora	jetzt	[jɛtst]
imediatamente	sofort	[zo'fɔʁt]
em breve, brevemente	bald	[balt]
de antemão	im Voraus	[ɪm fo'ʀaʊs]

há muito tempo	lange her	['laŋə heːɐ]
há pouco tempo	vor kurzem	[foːɐ 'kʊʁtsəm]
destino (m)	Schicksal (n)	['ʃɪkˌzaːl]
recordações (f pl)	Erinnerungen (pl)	[ɛɐ'ʔɪnəʀʊŋən]
arquivo (m)	Archiv (n)	[aʁ'çiːf]
durante ...	während ...	['vɛːʀənt]
durante muito tempo	lange	['laŋə]
pouco tempo	nicht lange	[nɪçt 'laŋə]
cedo (levantar-se ~)	früh	[fʀyː]
tarde (deitar-se ~)	spät	[ʃpɛːt]

para sempre	für immer	[fyːɐ 'ɪmɐ]
começar (vt)	beginnen (vt)	[bə'ɡɪnən]
adiar (vt)	verschieben (vt)	[fɛɐ'ʃiːbən]

simultaneamente	gleichzeitig	['ɡlaɪçˌtsaɪtɪç]
permanentemente	ständig	['ʃtɛndɪç]
constante (ruído, etc.)	konstant	[kɔn'stant]
temporário	zeitweilig	['tsaɪtvaɪlɪç]

às vezes	manchmal	['mançmaːl]
raramente	selten	['zɛltən]
frequentemente	oft	[ɔft]

24. Linhas e formas

| quadrado (m) | Quadrat (n) | [kva'dʀaːt] |
| quadrado | quadratisch | [kva'dʀaːtɪʃ] |

círculo (m)	Kreis (m)	[kʀaɪs]
redondo	rund	[ʀʊnt]
triângulo (m)	Dreieck (n)	['dʀaɪʔɛk]
triangular	dreieckig	['dʀaɪʔɛkɪç]

oval (f)	Oval (n)	[o'va:l]
oval	oval	[o'va:l]
retângulo (m)	Rechteck (n)	['ʀɛçtʔɛk]
retangular	rechteckig	['ʀɛçtʔɛkɪç]

pirâmide (f)	Pyramide (f)	[pyʀa'mi:də]
rombo, losango (m)	Rhombus (m)	['ʀɔmbʊs]
trapézio (m)	Trapez (n)	[tʀa'pe:ts]
cubo (m)	Würfel (m)	['vyʀfəl]
prisma (m)	Prisma (n)	['pʀɪsma]

circunferência (f)	Kreis (m)	[kʀaɪs]
esfera (f)	Sphäre (f)	['sfɛ:ʀə]
globo (m)	Kugel (f)	['ku:gəl]
diâmetro (m)	Durchmesser (m)	['dʊʀç‚mɛsə]
raio (m)	Radius (m)	['ʀa:dɪʊs]
perímetro (m)	Umfang (m)	['ʊmfaŋ]
centro (m)	Zentrum (n)	['tsɛntʀʊm]

horizontal	waagerecht	['va:gəʀɛçt]
vertical	senkrecht	['zɛŋkʀɛçt]
paralela (f)	Parallele (f)	[paʀa'le:lə]
paralelo	parallel	[paʀa'le:l]

linha (f)	Linie (f)	['li:niə]
traço (m)	Strich (m)	[ʃtʀɪç]
reta (f)	Gerade (f)	[gə'ʀa:də]
curva (f)	Kurve (f)	['kʊʀvə]
fino (linha ~a)	dünn	[dʏn]
contorno (m)	Kontur (m, f)	[kɔn'tu:ɐ]

interseção (f)	Schnittpunkt (m)	['ʃnɪt‚pʊŋkt]
ângulo (m) reto	rechter Winkel (m)	['ʀɛçtɐ 'vɪŋkəl]
segmento (m)	Segment (n)	[zɛ'gmɛnt]
setor (m)	Sektor (m)	['zɛkto:ɐ]
lado (de um triângulo, etc.)	Seite (f)	['zaɪtə]
ângulo (m)	Winkel (m)	['vɪŋkəl]

25. Unidades de medida

peso (m)	Gewicht (n)	[gə'vɪçt]
comprimento (m)	Länge (f)	['lɛŋə]
largura (f)	Breite (f)	['bʀaɪtə]
altura (f)	Höhe (f)	['hø:ə]
profundidade (f)	Tiefe (f)	['ti:fə]
volume (m)	Volumen (n)	[vo'lu:mən]
área (f)	Fläche (f)	['flɛçə]
grama (m)	Gramm (n)	[gʀam]
miligrama (m)	Milligramm (n)	['mɪli‚gʀam]

quilograma (m)	Kilo (n)	['ki:lo]
tonelada (f)	Tonne (f)	['tɔnə]
libra (453,6 gramas)	Pfund (n)	[pfʊnt]
onça (f)	Unze (f)	['ʊntsə]

metro (m)	Meter (m, n)	['me:tɐ]
milímetro (m)	Millimeter (m)	['mɪli͵me:tɐ]
centímetro (m)	Zentimeter (m, n)	[͵tsɛnti'me:tɐ]
quilómetro (m)	Kilometer (m)	[͵kilo'me:tɐ]
milha (f)	Meile (f)	['maɪlə]

polegada (f)	Zoll (m)	[tsɔl]
pé (304,74 mm)	Fuß (m)	[fu:s]
jarda (914,383 mm)	Yard (n)	[ja:ɐt]

metro (m) quadrado	Quadratmeter (m)	[kva'dʀa:t͵me:tɐ]
hectare (m)	Hektar (n)	['hɛkta:ɐ]

litro (m)	Liter (m, n)	['li:tɐ]
grau (m)	Grad (m)	[gʀa:t]
volt (m)	Volt (n)	[vɔlt]
ampere (m)	Ampere (n)	[am'pe:ɐ]
cavalo-vapor (m)	Pferdestärke (f)	['pfe:ɐdəʃtɛʀkə]

quantidade (f)	Anzahl (f)	['antsa:l]
um pouco de ...	etwas ...	['ɛtvas]
metade (f)	Hälfte (f)	['hɛlftə]
dúzia (f)	Dutzend (n)	['dʊtsənt]
peça (f)	Stück (n)	[ʃtʏk]

dimensão (f)	Größe (f)	['gʀø:sə]
escala (f)	Maßstab (m)	['ma:sʃta:p]

mínimo	minimal	[mini'ma:l]
menor, mais pequeno	der kleinste	[de:ɐ 'klaɪnstə]
médio	mittler, mittel-	['mɪtlɐ], ['mɪtəl]
máximo	maximal	[maksi'ma:l]
maior, mais grande	der größte	[de:ɐ 'gʀø:stə]

26. Recipientes

boião (m) de vidro	Glas (n)	[gla:s]
lata (~ de cerveja)	Dose (f)	['do:zə]
balde (m)	Eimer (m)	['aɪmɐ]
barril (m)	Fass (n), Tonne (f)	[fas], ['tɔnə]

bacia (~ de plástico)	Waschschüssel (n)	['vaʃʃʏsəl]
tanque (m)	Tank (m)	[taŋk]
cantil (m) de bolso	Flachmann (m)	['flaxman]
bidão (m) de gasolina	Kanister (m)	[ka'nɪstɐ]
cisterna (f)	Zisterne (f)	[tsɪs'tɛʀnə]

caneca (f)	Kaffeebecher (m)	['kafe͵bɛçɐ]
chávena (f)	Tasse (f)	['tasə]

pires (m)	Untertasse (f)	['ʊntɐˌtasə]
copo (m)	Wasserglas (n)	['vasɐˌglaːs]
taça (f) de vinho	Weinglas (n)	['vaɪnˌglaːs]
panela, caçarola (f)	Kochtopf (m)	['kɔxˌtɔpf]

| garrafa (f) | Flasche (f) | ['flaʃə] |
| gargalo (m) | Flaschenhals (m) | ['flaʃənˌhals] |

jarro, garrafa (f)	Karaffe (f)	[ka'ʀafə]
jarro (m) de barro	Tonkrug (m)	['toːnˌkʀuːk]
recipiente (m)	Gefäß (n)	[gə'fɛːs]
pote (m)	Tontopf (m)	['toːnˌtɔpf]
vaso (m)	Vase (f)	['vaːzə]

frasco (~ de perfume)	Flakon (n)	[fla'kɔŋ]
frasquinho (ex. ~ de iodo)	Fläschchen (n)	['flɛʃçən]
tubo (~ de pasta dentífrica)	Tube (f)	['tuːbə]

saca (ex. ~ de açúcar)	Sack (m)	[zak]
saco (~ de plástico)	Tüte (f)	['tyːtə]
maço (m)	Schachtel (f)	['ʃaxtəl]

caixa (~ de sapatos, etc.)	Karton (m)	[kaʁ'tɔŋ]
caixa (~ de madeira)	Kiste (f)	['kɪstə]
cesta (f)	Korb (m)	[kɔʁp]

27. Materiais

material (m)	Stoff (n)	[ʃtɔf]
madeira (f)	Holz (n)	[hɔlts]
de madeira	hölzern	['hœltsɐn]

| vidro (m) | Glas (n) | [glaːs] |
| de vidro | gläsern, Glas- | ['glɛːzɐn], [glaːs] |

| pedra (f) | Stein (m) | [ʃtaɪn] |
| de pedra | steinern | ['ʃtaɪnɐn] |

| plástico (m) | Kunststoff (m) | ['kʊnstʃtɔf] |
| de plástico | Kunststoff- | ['kʊnstʃtɔf] |

| borracha (f) | Gummi (m, n) | ['gʊmi] |
| de borracha | Gummi- | ['gʊmi] |

| tecido, pano (m) | Stoff (m) | [ʃtɔf] |
| de tecido | aus Stoff | ['aʊs ʃtɔf] |

| papel (m) | Papier (n) | [pa'piːɐ] |
| de papel | Papier- | [pa'piːɐ] |

cartão (m)	Pappe (f)	['papə]
de cartão	Pappen-	['papən]
polietileno (m)	Polyäthylen (n)	[polyʔɛty'leːn]
celofane (m)	Zellophan (n)	[tsɛlo'faːn]

| linóleo (m) | Linoleum (n) | [li'no:leʊm] |
| contraplacado (m) | Furnier (n) | [fʊʁ'ni:ɐ] |

porcelana (f)	Porzellan (n)	[pɔʁtsɛ'la:n]
de porcelana	aus Porzellan	['aʊs pɔʁtsɛ'la:n]
barro (f)	Ton (m)	[to:n]
de barro	Ton-	[to:n]
cerâmica (f)	Keramik (f)	[ke'ʀa:mɪk]
de cerâmica	keramisch	[ke'ʀa:mɪʃ]

28. Metais

metal (m)	Metall (n)	[me'tal]
metálico	metallisch, Metall-	[me'talɪʃ], [me'tal]
liga (f)	Legierung (f)	[le'gi:ʀʊŋ]

ouro (m)	Gold (n)	[gɔlt]
de ouro	golden	['gɔldən]
prata (f)	Silber (n)	['zɪlbə]
de prata	silbern, Silber-	['zɪlbɐn], ['zɪlbɐ]

ferro (m)	Eisen (n)	['aɪzən]
de ferro	eisern, Eisen-	['aɪzɐn], ['aɪzən]
aço (m)	Stahl (m)	[ʃta:l]
de aço	stählern	['ʃtɛ:lɐn]
cobre (m)	Kupfer (n)	['kʊpfe]
de cobre	kupfern, Kupfer-	['kʊpfɐn], ['kʊpfe]

alumínio (m)	Aluminium (n)	[alu:'mi:njʊm]
de alumínio	Aluminium-	[alu:'mi:njʊm]
bronze (m)	Bronze (f)	['bʀɔŋsə]
de bronze	bronzen	['bʀɔŋsən]

latão (m)	Messing (n)	['mɛsɪŋ]
níquel (m)	Nickel (n)	['nɪkəl]
platina (f)	Platin (n)	['pla:ti:n]
mercúrio (m)	Quecksilber (n)	['kvɛk͜zɪlbə]
estanho (m)	Zinn (n)	[tsɪn]
chumbo (m)	Blei (n)	[blaɪ]
zinco (m)	Zink (n)	[tsɪŋk]

O SER HUMANO

O ser humano. O corpo

29. Humanos. Conceitos básicos

ser (m) humano	**Mensch** (m)	[mɛnʃ]
homem (m)	**Mann** (m)	[man]
mulher (f)	**Frau** (f)	[fʀaʊ]
criança (f)	**Kind** (n)	[kɪnt]

menina (f)	**Mädchen** (n)	['mɛːtçən]
menino (m)	**Junge** (m)	['jʊŋə]
adolescente (m)	**Teenager** (m)	['tiːneːdʒɐ]
velho (m)	**Greis** (m)	[gʀaɪs]
velha, anciã (f)	**alte Frau** (f)	['altə 'fʀaʊ]

30. Anatomia humana

organismo (m)	**Organismus** (m)	[ɔʀga'nɪsmʊs]
coração (m)	**Herz** (n)	[hɛʀts]
sangue (m)	**Blut** (n)	[bluːt]
artéria (f)	**Arterie** (f)	[aʀ'teːʀiə]
veia (f)	**Vene** (f)	['veːnə]

cérebro (m)	**Gehirn** (n)	[gə'hɪʀn]
nervo (m)	**Nerv** (m)	[nɛʀf]
nervos (m pl)	**Nerven** (pl)	['nɛʀfən]
vértebra (f)	**Wirbel** (m)	['vɪʀbəl]
coluna (f) vertebral	**Wirbelsäule** (f)	['vɪʀbəlˌzɔɪlə]

estômago (m)	**Magen** (m)	['maːgən]
intestinos (m pl)	**Gedärm** (n)	[gə'dɛʀm]
intestino (m)	**Darm** (m)	[daʀm]
fígado (m)	**Leber** (f)	['leːbɐ]
rim (m)	**Niere** (f)	['niːʀə]

osso (m)	**Knochen** (m)	['knɔχən]
esqueleto (m)	**Skelett** (n)	[ske'lɛt]
costela (f)	**Rippe** (f)	['ʀɪpə]
crânio (m)	**Schädel** (m)	['ʃɛːdəl]

músculo (m)	**Muskel** (m)	['mʊskəl]
bíceps (m)	**Bizeps** (m)	['biːtsɛps]
tríceps (m)	**Trizeps** (m)	['tʀiːtsɛps]
tendão (m)	**Sehne** (f)	['zeːnə]
articulação (f)	**Gelenk** (n)	[gə'lɛŋk]

pulmões (m pl)	Lungen (pl)	['lʊŋən]
órgãos (m pl) genitais	Geschlechtsorgane (pl)	[gə'ʃlɛçts?ɔʁˌga:nə]
pele (f)	Haut (f)	[haʊt]

31. Cabeça

cabeça (f)	Kopf (m)	[kɔpf]
cara (f)	Gesicht (n)	[gə'zɪçt]
nariz (m)	Nase (f)	['na:zə]
boca (f)	Mund (m)	[mʊnt]

olho (m)	Auge (n)	['aʊgə]
olhos (m pl)	Augen (pl)	['aʊgən]
pupila (f)	Pupille (f)	[pu'pɪlə]
sobrancelha (f)	Augenbraue (f)	['aʊgənˌbʁaʊə]
pestana (f)	Wimper (f)	['vɪmpɐ]
pálpebra (f)	Augenlid (n)	['aʊgənˌli:t]

língua (f)	Zunge (f)	['tsʊŋə]
dente (m)	Zahn (m)	[tsa:n]
lábios (m pl)	Lippen (pl)	['lɪpən]
maçãs (f pl) do rosto	Backenknochen (pl)	['bakənˌknɔχən]
gengiva (f)	Zahnfleisch (n)	['tsa:nˌflaɪʃ]
palato (m)	Gaumen (m)	['gaʊmən]

narinas (f pl)	Nasenlöcher (pl)	['na:zənˌlœçɐ]
queixo (m)	Kinn (n)	[kɪn]
mandíbula (f)	Kiefer (m)	['ki:fɐ]
bochecha (f)	Wange (f)	['vaŋə]

testa (f)	Stirn (f)	[ʃtɪʁn]
têmpora (f)	Schläfe (f)	['ʃlɛ:fə]
orelha (f)	Ohr (n)	[o:ɐ]
nuca (f)	Nacken (m)	['nakən]
pescoço (m)	Hals (m)	[hals]
garganta (f)	Kehle (f)	['ke:lə]

cabelos (m pl)	Haare (pl)	['ha:ʁə]
penteado (m)	Frisur (f)	[ˌfʁi'zu:ɐ]
corte (m) de cabelo	Haarschnitt (m)	['ha:ɐˌʃnɪt]
peruca (f)	Perücke (f)	[pe'ʁʏkə]

bigode (m)	Schnurrbart (m)	['ʃnʊʁˌba:ɐt]
barba (f)	Bart (m)	[ba:ɐt]
usar, ter (~ barba, etc.)	haben (vt)	['ha:bən]
trança (f)	Zopf (m)	[tsɔpf]
suíças (f pl)	Backenbart (m)	['bakənˌba:ɐt]

ruivo	rothaarig	['ʁo:tˌha:ʁɪç]
grisalho	grau	[gʁaʊ]
calvo	kahl	[ka:l]
calva (f)	Glatze (f)	['glatsə]
rabo-de-cavalo (m)	Pferdeschwanz (m)	['pfe:ɐdəˌʃvants]
franja (f)	Pony (m)	['pɔni]

32. Corpo humano

| mão (f) | Hand (f) | [hant] |
| braço (m) | Arm (m) | [aʁm] |

dedo (m)	Finger (m)	['fɪŋɐ]
dedo (m) do pé	Zehe (f)	['tseːə]
polegar (m)	Daumen (m)	['daʊmən]
dedo (m) mindinho	kleiner Finger (m)	['klaɪnɐ 'fɪŋɐ]
unha (f)	Nagel (m)	['naːgəl]

punho (m)	Faust (f)	[faʊst]
palma (f) da mão	Handfläche (f)	['hant·ˌflɛçə]
pulso (m)	Handgelenk (n)	['hant·gəˌlɛŋk]
antebraço (m)	Unterarm (m)	['ʊntɐˌʔaʁm]
cotovelo (m)	Ellbogen (m)	['ɛlˌboːgən]
ombro (m)	Schulter (f)	['ʃʊltɐ]

perna (f)	Bein (n)	[baɪn]
pé (m)	Fuß (m)	[fuːs]
joelho (m)	Knie (n)	[kniː]
barriga (f) da perna	Wade (f)	['vaːdə]
anca (f)	Hüfte (f)	['hʏftə]
calcanhar (m)	Ferse (f)	['fɛʁzə]

corpo (m)	Körper (m)	['kœʁpɐ]
barriga (f)	Bauch (m)	['baʊx]
peito (m)	Brust (f)	[bʁʊst]
seio (m)	Busen (m)	['buːzən]
lado (m)	Seite (f), Flanke (f)	['zaɪtə], ['flaŋkə]
costas (f pl)	Rücken (m)	['ʁʏkən]
região (f) lombar	Kreuz (n)	[kʁɔɪts]
cintura (f)	Taille (f)	['taljə]

umbigo (m)	Nabel (m)	['naːbəl]
nádegas (f pl)	Gesäßbacken (pl)	[gəˈzɛːsˈbakən]
traseiro (m)	Hinterteil (n)	['hɪntɐˌtaɪl]

sinal (m)	Leberfleck (m)	['leːbɐˌflɛk]
sinal (m) de nascença	Muttermal (n)	['mʊtɐˌmaːl]
tatuagem (f)	Tätowierung (f)	[tɛtoˈviːʁʊŋ]
cicatriz (f)	Narbe (f)	['naʁbə]

Vestuário & Acessórios

33. Roupa exterior. Casacos

roupa (f)	Kleidung (f)	['klaɪdʊŋ]
roupa (f) exterior	Oberkleidung (f)	['o:bɐˌklaɪdʊŋ]
roupa (f) de inverno	Winterkleidung (f)	['vɪntɐˌklaɪdʊŋ]
sobretudo (m)	Mantel (m)	['mantəl]
casaco (m) de peles	Pelzmantel (m)	['pɛltsˌmantəl]
casaco curto (m) de peles	Pelzjacke (f)	['pɛltsˌjakə]
casaco (m) acolchoado	Daunenjacke (f)	['daʊnənˌjakə]
casaco, blusão (m)	Jacke (f)	['jakə]
impermeável (m)	Regenmantel (m)	['ʀe:gənˌmantəl]
impermeável	wasserdicht	['vasɐˌdɪçt]

34. Vestuário de homem & mulher

camisa (f)	Hemd (n)	[hɛmt]
calças (f pl)	Hose (f)	['ho:zə]
calças (f pl) de ganga	Jeans (f)	[dʒi:ns]
casaco (m) de fato	Jackett (n)	[ʒa'kɛt]
fato (m)	Anzug (m)	['anˌtsu:k]
vestido (ex. ~ vermelho)	Kleid (n)	[klaɪt]
saia (f)	Rock (m)	[ʀɔk]
blusa (f)	Bluse (f)	['blu:zə]
casaco (m) de malha	Strickjacke (f)	['ʃtʀɪkˌjakə]
casaco, blazer (m)	Jacke (f)	['jakə]
T-shirt, camiseta (f)	T-Shirt (n)	['ti:ˌʃøːɐt]
calções (Bermudas, etc.)	Shorts (pl)	[ʃɔɐts]
fato (m) de treino	Sportanzug (m)	['ʃpɔɐtˌantsu:k]
roupão (m) de banho	Bademantel (m)	['ba:dəˌmantəl]
pijama (m)	Schlafanzug (m)	['ʃla:fʔanˌtsu:k]
suéter (m)	Sweater (m)	['svɛtɐ]
pulôver (m)	Pullover (m)	[pʊ'lo:vɐ]
colete (m)	Weste (f)	['vɛstə]
fraque (m)	Frack (m)	[fʀak]
smoking (m)	Smoking (m)	['smo:kɪŋ]
uniforme (m)	Uniform (f)	['ʊniˌfɔɐm]
roupa (f) de trabalho	Arbeitskleidung (f)	['aɐbaɪtsˌklaɪdʊŋ]
fato-macaco (m)	Overall (m)	['o:vəʀal]
bata (~ branca, etc.)	Kittel (m)	['kɪtəl]

41

35. Vestuário. Roupa interior

roupa (f) interior	Unterwäsche (f)	['ʊntɐˌvɛʃə]
cuecas boxer (f pl)	Herrenslip (m)	['hɛɾənˌslɪp]
cuecas (f pl)	Damenslip (m)	['da:mənˌslɪp]
camisola (f) interior	Unterhemd (n)	['ʊntɐˌhɛmt]
peúgas (f pl)	Socken (pl)	['zɔkən]
camisa (f) de noite	Nachthemd (n)	['naxtˌhɛmt]
sutiã (m)	Büstenhalter (m)	['bystənˌhaltɐ]
meias longas (f pl)	Kniestrümpfe (pl)	['kni:ʃtɾʏmpfə]
meia-calça (f)	Strumpfhose (f)	['ʃtɾʊmpfˌho:zə]
meias (f pl)	Strümpfe (pl)	['ʃtɾʏmpfə]
fato (m) de banho	Badeanzug (m)	['ba:dəˌʔantsu:k]

36. Adereços de cabeça

chapéu (m)	Mütze (f)	['mʏtsə]
chapéu (m) de feltro	Filzhut (m)	['fɪltsˌhu:t]
boné (m) de beisebol	Baseballkappe (f)	['bɛɪsbɔ:lˌkapə]
boné (m)	Schiebermütze (f)	['ʃi:bɐˌmʏtsə]
boina (f)	Baskenmütze (f)	['baskənˌmʏtsə]
capuz (m)	Kapuze (f)	[ka'pu:tsə]
panamá (m)	Panamahut (m)	['panama:ˌhu:t]
gorro (m) de malha	Strickmütze (f)	['ʃtɾɪkˌmʏtsə]
lenço (m)	Kopftuch (n)	['kɔpfˌtu:x]
chapéu (m) de mulher	Damenhut (m)	['da:mənˌhu:t]
capacete (m) de proteção	Schutzhelm (m)	['ʃʊtsˌhɛlm]
bibico (m)	Feldmütze (f)	['fɛltˌmʏtsə]
capacete (m)	Helm (m)	[hɛlm]
chapéu-coco (m)	Melone (f)	[me'lo:nə]
chapéu (m) alto	Zylinder (m)	[tsy'lɪndɐ]

37. Calçado

calçado (m)	Schuhe (pl)	['ʃu:ə]
botinas (f pl)	Stiefeletten (pl)	[ʃti:fə'lɛtən]
sapatos (de salto alto, etc.)	Halbschuhe (pl)	['halpˌʃu:ə]
botas (f pl)	Stiefel (pl)	['ʃti:fəl]
pantufas (f pl)	Hausschuhe (pl)	['haʊsˌʃu:ə]
ténis (m pl)	Tennisschuhe (pl)	['tɛnɪsˌʃu:ə]
sapatilhas (f pl)	Leinenschuhe (pl)	['laɪnən·ʃu:ə]
sandálias (f pl)	Sandalen (pl)	[zan'da:lən]
sapateiro (m)	Schuster (m)	['ʃu:stɐ]
salto (m)	Absatz (m)	['apˌzats]

par (m)	Paar (n)	[pa:ɐ]
atacador (m)	Schnürsenkel (m)	['ʃny:ɐˌsɛŋkəl]
apertar os atacadores	schnüren (vt)	['ʃny:rən]
calçadeira (f)	Schuhlöffel (m)	['ʃu:ˌlœfəl]
graxa (f) para calçado	Schuhcreme (f)	['ʃu:ˌkrɛ:m]

38. Têxtil. Tecidos

algodão (m)	Baumwolle (f)	['baʊmˌvɔlə]
de algodão	Baumwolle-	['baʊmˌvɔlə]
linho (m)	Leinen (m)	['laɪnən]
de linho	Leinen-	['laɪnən]

seda (f)	Seide (f)	['zaɪdə]
de seda	Seiden-	['zaɪdən]
lã (f)	Wolle (f)	['vɔlə]
de lã	Woll-	['vɔl]

veludo (m)	Samt (m)	[zamt]
camurça (f)	Wildleder (n)	['vɪltˌle:dɐ]
bombazina (f)	Cord (m)	[kɔʁt]

náilon (m)	Nylon (n)	['naɪlɔn]
de náilon	Nylon-	['naɪlɔn]
poliéster (m)	Polyester (m)	[polɪ'ɛstɐ]
de poliéster	Polyester-	[polɪ'ɛstɐ]

couro (m)	Leder (n)	['le:dɐ]
de couro	Leder	['le:dɐ]
pele (f)	Pelz (m)	[pɛlts]
de peles, de pele	Pelz-	[pɛlts]

39. Acessórios pessoais

luvas (f pl)	Handschuhe (pl)	['hantʃu:ə]
mitenes (f pl)	Fausthandschuhe (pl)	['faʊst·hantʃu:ə]
cachecol (m)	Schal (m)	[ʃa:l]

óculos (m pl)	Brille (f)	['brɪlə]
armação (f) de óculos	Brillengestell (n)	['brɪlən·gə'ʃtɛl]
guarda-chuva (m)	Regenschirm (m)	['re:gənʃɪʁm]
bengala (f)	Spazierstock (m)	[ʃpa'tsi:ɐˌʃtɔk]
escova (f) para o cabelo	Haarbürste (f)	['ha:ɐˌbyʁstə]
leque (m)	Fächer (m)	['fɛçɐ]

gravata (f)	Krawatte (f)	[kra'vatə]
gravata-borboleta (f)	Fliege (f)	['fli:gə]
suspensórios (m pl)	Hosenträger (pl)	['ho:zənˌtrɛ:gɐ]
lenço (m)	Taschentuch (n)	['taʃənˌtu:x]

| pente (m) | Kamm (m) | [kam] |
| travessão (m) | Haarspange (f) | ['ha:ɐʃpaŋə] |

| gancho (m) de cabelo | Haarnadel (f) | ['ha:ɐˌna:dəl] |
| fivela (f) | Schnalle (f) | ['ʃnalə] |

| cinto (m) | Gürtel (m) | ['gʏʁtəl] |
| correia (f) | Umhängegurt (m) | ['ʊmhɛŋəˌgʊʁt] |

mala (f)	Tasche (f)	['taʃə]
mala (f) de senhora	Handtasche (f)	['hantˌtaʃə]
mochila (f)	Rucksack (m)	['ʁʊkˌzak]

40. Vestuário. Diversos

moda (f)	Mode (f)	['mo:də]
na moda	modisch	['mo:dɪʃ]
estilista (m)	Modedesigner (m)	['mo:də·di'zaɪnɐ]

colarinho (m), gola (f)	Kragen (m)	['kʁa:gən]
bolso (m)	Tasche (f)	['taʃə]
de bolso	Taschen-	['taʃən]
manga (f)	Ärmel (m)	['ɛʁməl]
alcinha (f)	Aufhänger (m)	['aʊfˌhɛŋə]
braguilha (f)	Hosenschlitz (m)	['ho:zənˌʃlɪts]

fecho (m) de correr	Reißverschluss (m)	['ʁaɪs·fɛɐˌʃlʊs]
fecho (m), colchete (m)	Verschluss (m)	[fɛɐ'ʃlʊs]
botão (m)	Knopf (m)	[knɔpf]
casa (f) de botão	Knopfloch (n)	['knɔpfˌlɔx]
soltar-se (vr)	abgehen (vi)	['apˌge:ən]

coser, costurar (vi)	nähen (vi, vt)	['nɛ:ən]
bordar (vt)	sticken (vt)	['ʃtɪkən]
bordado (m)	Stickerei (f)	[ʃtɪkə'ʁaɪ]
agulha (f)	Nadel (f)	['na:dəl]
fio (m)	Faden (m)	['fa:dən]
costura (f)	Naht (f)	[na:t]

sujar-se (vr)	sich beschmutzen	[zɪç bə'ʃmʊtsən]
mancha (f)	Fleck (m)	[flɛk]
engelhar-se (vr)	sich knittern	[zɪç 'knɪtɐn]
rasgar (vt)	zerreißen (vt)	[tsɛɐ'ʁaɪsən]
traça (f)	Motte (f)	['mɔtə]

41. Cuidados pessoais. Cosméticos

pasta (f) de dentes	Zahnpasta (f)	['tsa:nˌpasta]
escova (f) de dentes	Zahnbürste (f)	['tsa:nˌbʏʁstə]
escovar os dentes	Zähne putzen	['tsɛ:nə 'pʊtsən]

máquina (f) de barbear	Rasierer (m)	[ʁa'zi:ʁɐ]
creme (m) de barbear	Rasiercreme (f)	[ʁa'zi:ɐˌkʁɛ:m]
barbear-se (vr)	sich rasieren	[zɪç ʁa'zi:ʁən]
sabonete (m)	Seife (f)	['zaɪfə]

champô (m)	Shampoo (n)	['ʃampu]
tesoura (f)	Schere (f)	['ʃe:ʀə]
lima (f) de unhas	Nagelfeile (f)	['na:gəl,faɪlə]
corta-unhas (m)	Nagelzange (f)	['na:gəl,tsaŋə]
pinça (f)	Pinzette (f)	[pɪn'tsɛtə]

cosméticos (m pl)	Kosmetik (f)	[kɔs'me:tɪk]
máscara (f) facial	Gesichtsmaske (f)	[gə'zɪçts,maskə]
manicura (f)	Maniküre (f)	[mani'ky:ʀə]
fazer a manicura	Maniküre machen	[mani'ky:ʀə 'maχən]
pedicure (f)	Pediküre (f)	[pedi'ky:ʀə]

mala (f) de maquilhagem	Kosmetiktasche (f)	[kɔs'me:tɪk,taʃə]
pó (m)	Puder (m)	['pu:də]
caixa (f) de pó	Puderdose (f)	['pu:də,do:zə]
blush (m)	Rouge (n)	[ʀu:ʒ]

perfume (m)	Parfüm (n)	[paʁ'fy:m]
água (f) de toilette	Duftwasser (n)	['dʊft,vasə]
loção (f)	Lotion (f)	[lo'tsjo:n]
água-de-colónia (f)	Kölnischwasser (n)	['kœlnɪʃ,vasə]

sombra (f) de olhos	Lidschatten (m)	['li:tʃatən]
lápis (m) delineador	Kajalstift (m)	[ka'ja:l,ʃtɪft]
máscara (f), rímel (m)	Wimperntusche (f)	['vɪmpən,tuʃə]

batom (m)	Lippenstift (m)	['lɪpən,ʃtɪft]
verniz (m) de unhas	Nagellack (m)	['na:gəl,lak]
laca (f) para cabelos	Haarlack (m)	['ha:ɐ,lak]
desodorizante (m)	Deodorant (n)	[deodo'ʀant]

creme (m)	Creme (f)	[kʀɛ:m]
creme (m) de rosto	Gesichtscreme (f)	[gə'zɪçts,kʀɛ:m]
creme (m) de mãos	Handcreme (f)	['hant,kʀɛ:m]
creme (m) antirrugas	Anti-Falten-Creme (f)	[,anti'faltən·kʀɛ:m]
creme (m) de dia	Tagescreme (f)	['ta:gəs,kʀɛ:m]
creme (m) de noite	Nachtcreme (f)	['naχt,kʀɛ:m]
de dia	Tages-	['ta:gəs]
da noite	Nacht-	[naχt]

tampão (m)	Tampon (m)	['tampo:n]
papel (m) higiénico	Toilettenpapier (n)	[toa'lɛtən·pa,pi:ɐ]
secador (m) elétrico	Föhn (m)	['fø:n]

42. Joalheria

joias (f pl)	Schmuck (m)	[ʃmʊk]
precioso	Edel-	['e:dəl]
marca (f) de contraste	Repunze (f)	[ʀe'pʊntsə]

anel (m)	Ring (m)	[ʀɪŋ]
aliança (f)	Ehering (m)	['e:ə,ʀɪŋ]
pulseira (f)	Armband (n)	['aʁm,bant]
brincos (m pl)	Ohrringe (pl)	['o:ɐ,ʀɪŋə]

colar (m)	Kette (f)	['kɛtə]
coroa (f)	Krone (f)	['kʀoːnə]
colar (m) de contas	Halskette (f)	['hals‚kɛtə]

diamante (m)	Brillant (m)	[bʀɪl'jant]
esmeralda (f)	Smaragd (m)	[sma'ʀakt]
rubi (m)	Rubin (m)	[ʀu'biːn]
safira (f)	Saphir (m)	['zaːfiɐ]
pérola (f)	Perle (f)	['pɛʁlə]
âmbar (m)	Bernstein (m)	['bɛʁnˌʃtaɪn]

43. Relógios de pulso. Relógios

relógio (m) de pulso	Armbanduhr (f)	['aʁmbantˌʔuːɐ]
mostrador (m)	Zifferblatt (n)	['tsɪfɐˌblat]
ponteiro (m)	Zeiger (m)	['tsaɪgɐ]
bracelete (f) em aço	Metallarmband (n)	[me'talˌʔaʁmbant]
bracelete (f) em couro	Uhrenarmband (n)	['uːʀənˌʔaʁmbant]

pilha (f)	Batterie (f)	[batə'ʀiː]
descarregar-se	verbraucht sein	[fɛɐ'bʀaʊxt zaɪn]
trocar a pilha	die Batterie wechseln	[di batə'ʀiː 'vɛksəln]
estar adiantado	vorgehen (vi)	['foːɐˌgeːən]
estar atrasado	nachgehen (vi)	['naːxˌgeːən]

relógio (m) de parede	Wanduhr (f)	['vantˌʔuːɐ]
ampulheta (f)	Sanduhr (f)	['zantˌʔuːɐ]
relógio (m) de sol	Sonnenuhr (f)	['zɔnənˌʔuːɐ]
despertador (m)	Wecker (m)	['vɛkɐ]
relojoeiro (m)	Uhrmacher (m)	['uːɐˌmaxɐ]
reparar (vt)	reparieren (vt)	[ʀepa'ʀiːʀən]

Alimentação. Nutrição

44. Comida

carne (f)	Fleisch (n)	[flaɪʃ]
galinha (f)	Hühnerfleisch (n)	['hy:nɐˌflaɪʃ]
frango (m)	Küken (n)	['ky:kən]
pato (m)	Ente (f)	['ɛntə]
ganso (m)	Gans (f)	[gans]
caça (f)	Wild (n)	[vɪlt]
peru (m)	Pute (f)	['pu:tə]
carne (f) de porco	Schweinefleisch (n)	['ʃvaɪnəˌflaɪʃ]
carne (f) de vitela	Kalbfleisch (n)	['kalpˌflaɪʃ]
carne (f) de carneiro	Hammelfleisch (n)	['haməlˌflaɪʃ]
carne (f) de vaca	Rindfleisch (n)	['ʀɪntˌflaɪʃ]
carne (f) de coelho	Kaninchenfleisch (n)	[ka'ni:nçənˌflaɪʃ]
chouriço, salsichão (m)	Wurst (f)	[vʊʀst]
salsicha (f)	Würstchen (n)	['vyʀstçən]
bacon (m)	Schinkenspeck (m)	['ʃɪnkənˌʃpɛk]
fiambre (f)	Schinken (m)	['ʃɪnkən]
presunto (m)	Räucherschinken (m)	['ʀɔɪçeˌʃɪnkən]
patê (m)	Pastete (f)	[pas'te:tə]
fígado (m)	Leber (f)	['le:bɐ]
carne (f) moída	Hackfleisch (n)	['hakˌflaɪʃ]
língua (f)	Zunge (f)	['tsʊŋə]
ovo (m)	Ei (n)	[aɪ]
ovos (m pl)	Eier (pl)	['aɪɐ]
clara (f) do ovo	Eiweiß (n)	['aɪvaɪs]
gema (f) do ovo	Eigelb (n)	['aɪgɛlp]
peixe (m)	Fisch (m)	[fɪʃ]
mariscos (m pl)	Meeresfrüchte (pl)	['me:ʀəsˌfʀʏçtə]
crustáceos (m pl)	Krebstiere (pl)	['kʀe:psˌti:ʀə]
caviar (m)	Kaviar (m)	['ka:vɪaʀ]
caranguejo (m)	Krabbe (f)	['kʀabə]
camarão (m)	Garnele (f)	[gaʀ'ne:lə]
ostra (f)	Auster (f)	['aʊstɐ]
lagosta (f)	Languste (f)	[laŋ'gʊstə]
polvo (m)	Krake (m)	['kʀa:kə]
lula (f)	Kalmar (m)	['kalmaʀ]
esturjão (m)	Störfleisch (n)	['ʃtø:ɐˌflaɪʃ]
salmão (m)	Lachs (m)	[laks]
halibute (m)	Heilbutt (m)	['haɪlbʊt]
bacalhau (m)	Dorsch (m)	[dɔʀʃ]

cavala, sarda (f)	**Makrele** (f)	[ma'kʀeːlə]
atum (m)	**Tunfisch** (m)	['tuːnfɪʃ]
enguia (f)	**Aal** (m)	[aːl]

truta (f)	**Forelle** (f)	[ˌfo'ʀɛlə]
sardinha (f)	**Sardine** (f)	[zaʁ'diːnə]
lúcio (m)	**Hecht** (m)	[hɛçt]
arenque (m)	**Hering** (m)	['heːʀɪŋ]

pão (m)	**Brot** (n)	[bʀoːt]
queijo (m)	**Käse** (m)	['kɛːzə]
açúcar (m)	**Zucker** (m)	['tsʊkə]
sal (m)	**Salz** (n)	[zalts]

arroz (m)	**Reis** (m)	[ʀaɪs]
massas (f pl)	**Teigwaren** (pl)	['taɪkˌvaːʀən]
talharim (m)	**Nudeln** (pl)	['nuːdəln]

manteiga (f)	**Butter** (f)	['bʊtə]
óleo (m) vegetal	**Pflanzenöl** (n)	['pflantsənˌʔøːl]
óleo (m) de girassol	**Sonnenblumenöl** (n)	['zɔnənbluːmənˌʔøːl]
margarina (f)	**Margarine** (f)	[maʁga'ʀiːnə]

azeitonas (f pl)	**Oliven** (pl)	[o'liːvən]
azeite (m)	**Olivenöl** (n)	[o'liːvənˌʔøːl]

leite (m)	**Milch** (f)	[mɪlç]
leite (m) condensado	**Kondensmilch** (f)	[kɔn'dɛnsˌmɪlç]
iogurte (m)	**Joghurt** (m, f)	['joːgʊʁt]
nata (f) azeda	**saure Sahne** (f)	['zaʊʀə 'zaːnə]
nata (f) do leite	**Sahne** (f)	['zaːnə]

maionese (f)	**Mayonnaise** (f)	[majo'nɛːzə]
creme (m)	**Buttercreme** (f)	['bʊtəˌkʀɛːm]

grãos (m pl) de cereais	**Grütze** (f)	['gʀʏtsə]
farinha (f)	**Mehl** (n)	[meːl]
enlatados (m pl)	**Konserven** (pl)	[kɔn'zɛʁvən]

flocos (m pl) de milho	**Maisflocken** (pl)	[maɪs'flɔkən]
mel (m)	**Honig** (m)	['hoːnɪç]
doce (m)	**Marmelade** (f)	[ˌmaʁmə'laːdə]
pastilha (f) elástica	**Kaugummi** (m, n)	['kaʊˌgʊmi]

45. Bebidas

água (f)	**Wasser** (n)	['vasə]
água (f) potável	**Trinkwasser** (n)	['tʀɪŋkˌvasə]
água (f) mineral	**Mineralwasser** (n)	[mine'ʀaːlˌvasə]

sem gás	**still**	[ʃtɪl]
gaseificada	**mit Kohlensäure**	[mɪt 'koːlənˌzɔɪʀə]
com gás	**mit Gas**	[mɪt gaːs]
gelo (m)	**Eis** (n)	[aɪs]

com gelo	mit Eis	[mɪt aɪs]
sem álcool	alkoholfrei	['alkohoːlˈfʀaɪ]
bebida (f) sem álcool	alkoholfreies Getränk (n)	['alkohoːlˈfʀaɪəs gə'tʀɛŋk]
refresco (m)	Erfrischungsgetränk (n)	[ɛɐ'fʀɪʃuŋsˈgəˌtʀɛŋk]
limonada (f)	Limonade (f)	[limoˈnaːdə]

bebidas (f pl) alcoólicas	Spirituosen (pl)	[ʃpiʀiˈtuoːzən]
vinho (m)	Wein (m)	[vaɪn]
vinho (m) branco	Weißwein (m)	['vaɪsˌvaɪn]
vinho (m) tinto	Rotwein (m)	['ʀoːtˌvaɪn]

licor (m)	Likör (m)	[liˈkøːɐ]
champanhe (m)	Champagner (m)	[ʃam'panjə]
vermute (m)	Wermut (m)	['veːɐmuːt]

uísque (m)	Whisky (m)	['vɪski]
vodka (f)	Wodka (m)	['vɔtka]
gim (m)	Gin (m)	[dʒɪn]
conhaque (m)	Kognak (m)	['kɔnjak]
rum (m)	Rum (m)	[ʀʊm]

café (m)	Kaffee (m)	['kafe]
café (m) puro	schwarzer Kaffee (m)	['ʃvaʀtsɐ 'kafe]
café (m) com leite	Milchkaffee (m)	['mɪlçˈkaˌfeː]
cappuccino (m)	Cappuccino (m)	[ˌkapu'tʃiːno]
café (m) solúvel	Pulverkaffee (m)	['pʊlfɐˌkafe]

leite (m)	Milch (f)	[mɪlç]
coquetel (m)	Cocktail (m)	['kɔktɛɪl]
batido (m) de leite	Milchcocktail (m)	['mɪlçˌkɔktɛɪl]

sumo (m)	Saft (m)	[zaft]
sumo (m) de tomate	Tomatensaft (m)	[to'maːtənˌzaft]
sumo (m) de laranja	Orangensaft (m)	[o'ʀaːnʒənˌzaft]
sumo (m) fresco	frisch gepresster Saft (m)	[fʀɪʃ gə'pʀɛstə zaft]

cerveja (f)	Bier (n)	[biːɐ]
cerveja (f) clara	Helles (n)	['hɛlɛs]
cerveja (f) preta	Dunkelbier (n)	['dʊŋkəlˌbiːɐ]

chá (m)	Tee (m)	[teː]
chá (m) preto	schwarzer Tee (m)	['ʃvaʀtsɐ 'teː]
chá (m) verde	grüner Tee (m)	['gʀyːnɐ teː]

46. Vegetais

legumes (m pl)	Gemüse (n)	[gə'myːzə]
verduras (f pl)	grünes Gemüse (pl)	['gʀyːnəs gə'myːzə]

tomate (m)	Tomate (f)	[to'maːtə]
pepino (m)	Gurke (f)	['gʊʀkə]
cenoura (f)	Karotte (f)	[ka'ʀɔtə]
batata (f)	Kartoffel (f)	[kaʁ'tɔfəl]
cebola (f)	Zwiebel (f)	['tsviːbəl]

alho (m)	Knoblauch (m)	['kno:pˌlaʊχ]
couve (f)	Kohl (m)	[ko:l]
couve-flor (f)	Blumenkohl (m)	['blu:mənˌko:l]
couve-de-bruxelas (f)	Rosenkohl (m)	['ʀo:zənˌko:l]
brócolos (m pl)	Brokkoli (m)	['bʀɔkoli]

beterraba (f)	Rote Bete (f)	[ˌʀo:təˈbe:tə]
beringela (f)	Aubergine (f)	[ˌobɛʁˈʒi:nə]
curgete (f)	Zucchini (f)	[tsʊˈki:ni]
abóbora (f)	Kürbis (m)	['kYʁbɪs]
nabo (m)	Rübe (f)	['ʀy:bə]

salsa (f)	Petersilie (f)	[peteˈzi:lɪə]
funcho, endro (m)	Dill (m)	[dɪl]
alface (f)	Kopf Salat (m)	[kɔpf zaˈla:t]
aipo (m)	Sellerie (m)	['zɛləʀi]
espargo (m)	Spargel (m)	['ʃpaʁgəl]
espinafre (m)	Spinat (m)	[ʃpiˈna:t]

ervilha (f)	Erbse (f)	['ɛʁpsə]
fava (f)	Bohnen (pl)	['bo:nən]
milho (m)	Mais (m)	['maɪs]
feijão (m)	weiße Bohne (f)	['vaɪsə 'bo:nə]

pimentão (m)	Paprika (m)	['papʁika]
rabanete (m)	Radieschen (n)	[ʀaˈdi:sçən]
alcachofra (f)	Artischocke (f)	[aʁtiˈʃɔkə]

47. Frutos. Nozes

fruta (f)	Frucht (f)	[fʀʊχt]
maçã (f)	Apfel (m)	['apfəl]
pera (f)	Birne (f)	['bɪʁnə]
limão (m)	Zitrone (f)	[tsiˈtʀo:nə]
laranja (f)	Apfelsine (f)	[apfəlˈzi:nə]
morango (m)	Erdbeere (f)	['e:ɐtˌbe:ʀə]

tangerina (f)	Mandarine (f)	[ˌmandaˈʀi:nə]
ameixa (f)	Pflaume (f)	['pflaʊmə]
pêssego (m)	Pfirsich (m)	['pfɪʁzɪç]
damasco (m)	Aprikose (f)	[ˌapʀiˈko:zə]
framboesa (f)	Himbeere (f)	['hɪmˌbe:ʀə]
ananás (m)	Ananas (f)	['ananas]

banana (f)	Banane (f)	[baˈna:nə]
melancia (f)	Wassermelone (f)	['vasəmeˌlo:nə]
uva (f)	Weintrauben (pl)	['vaɪnˌtraʊbən]
ginja (f)	Sauerkirsche (f)	['zaʊɐˌkɪʁʃə]
cereja (f)	Süßkirsche (f)	['zy:sˌkɪʁʃə]
meloa (f)	Melone (f)	[meˈlo:nə]

toranja (f)	Grapefruit (f)	['gʀɛɪpˌfʀu:t]
abacate (m)	Avocado (f)	[avoˈka:do]
papaia (f)	Papaya (f)	[paˈpa:ja]

| manga (f) | Mango (f) | ['maŋgo] |
| romã (f) | Granatapfel (m) | [gʀa'naːtˌʔapfəl] |

groselha (f) vermelha	rote Johannisbeere (f)	['ʀoːtə joː'hanɪsbeːʀə]
groselha (f) preta	schwarze Johannisbeere (f)	['ʃvaʁtsə joː'hanɪsbeːʀə]
groselha (f) espinhosa	Stachelbeere (f)	['ʃtaxəlˌbeːʀə]
mirtilo (m)	Heidelbeere (f)	['haɪdəlˌbeːʀə]
amora silvestre (f)	Brombeere (f)	['bʀɔmˌbeːʀə]

uvas (f pl) passas	Rosinen (pl)	[ʀo'ziːnən]
figo (m)	Feige (f)	['faɪgə]
tâmara (f)	Dattel (f)	['datəl]

amendoim (m)	Erdnuss (f)	['eːɐtˌnʊs]
amêndoa (f)	Mandel (f)	['mandəl]
noz (f)	Walnuss (f)	['valˌnʊs]
avelã (f)	Haselnuss (f)	['haːzəlˌnʊs]
coco (m)	Kokosnuss (f)	['koːkɔsˌnʊs]
pistáchios (m pl)	Pistazien (pl)	[pɪs'taːtsɪən]

48. Pão. Bolaria

pastelaria (f)	Konditorwaren (pl)	[kɔn'ditoːɐˌvaːʀən]
pão (m)	Brot (n)	[bʀoːt]
bolacha (f)	Keks (m, n)	[keːks]

chocolate (m)	Schokolade (f)	[ʃoko'laːdə]
de chocolate	Schokoladen-	[ʃoko'laːdən]
rebuçado (m)	Bonbon (m, n)	[bɔŋ'bɔŋ]
bolo (cupcake, etc.)	Kuchen (m)	['kuːxən]
bolo (m) de aniversário	Torte (f)	['tɔʁtə]

| tarte (~ de maçã) | Kuchen (m) | ['kuːxən] |
| recheio (m) | Füllung (f) | ['fʏlʊŋ] |

doce (m)	Konfitüre (f)	[ˌkɔnfi'tyːʀə]
geleia (f) de frutas	Marmelade (f)	[ˌmaʁmə'laːdə]
waffle (m)	Waffeln (pl)	[vafəln]
gelado (m)	Eis (n)	[aɪs]
pudim (m)	Pudding (m)	['pʊdɪŋ]

49. Pratos cozinhados

prato (m)	Gericht (n)	[gə'ʀɪçt]
cozinha (~ portuguesa)	Küche (f)	['kʏçə]
receita (f)	Rezept (n)	[ʀe'tsɛpt]
porção (f)	Portion (f)	[pɔʁ'tsjoːn]

salada (f)	Salat (m)	[za'laːt]
sopa (f)	Suppe (f)	['zʊpə]
caldo (m)	Brühe (f), Bouillon (f)	['bʀyːə], [bul'jɔŋ]
sandes (f)	belegtes Brot (n)	[bə'leːktəs bʀoːt]

ovos (m pl) estrelados	Spiegelei (n)	['ʃpiːgəl,ʔaɪ]
hambúrguer (m)	Hamburger (m)	['ham,buʁgɐ]
bife (m)	Beefsteak (n)	['biːfˌʃteːk]

conduto (m)	Beilage (f)	['baɪˌlaːgə]
espaguete (m)	Spaghetti (pl)	[ʃpa'gɛti]
puré (m) de batata	Kartoffelpüree (n)	[kaʁ'tɔfəl·py,ʀeː]
pizza (f)	Pizza (f)	['pɪtsa]
papa (f)	Brei (m)	[bʀaɪ]
omelete (f)	Omelett (n)	[ɔm'lɛt]

cozido em água	gekocht	[gə'kɔxt]
fumado	geräuchert	[gə'ʀɔɪçɐt]
frito	gebraten	[gə'bʀaːtən]
seco	getrocknet	[gə'tʀɔknət]
congelado	tiefgekühlt	['tiːfgə,kyːlt]
em conserva	mariniert	[maʀi'niːɐt]

doce (açucarado)	süß	[zyːs]
salgado	salzig	['zaltsɪç]
frio	kalt	[kalt]
quente	heiß	[haɪs]
amargo	bitter	['bɪtɐ]
gostoso	lecker	['lɛkɐ]

cozinhar (em água a ferver)	kochen (vt)	['kɔxən]
fazer, preparar (vt)	zubereiten (vt)	['tsuːbə,ʀaɪtən]
fritar (vt)	braten (vt)	['bʀaːtən]
aquecer (vt)	aufwärmen (vt)	['aʊf,vɛʁmən]

salgar (vt)	salzen (vt)	['zaltsən]
apimentar (vt)	pfeffern (vt)	['pfɛfɐn]
ralar (vt)	reiben (vt)	['ʀaɪbən]
casca (f)	Schale (f)	['ʃaːlə]
descascar (vt)	schälen (vt)	['ʃɛːlən]

50. Especiarias

sal (m)	Salz (n)	[zalts]
salgado	salzig	['zaltsɪç]
salgar (vt)	salzen (vt)	['zaltsən]

pimenta (f) preta	schwarzer Pfeffer (m)	['ʃvaʁtsɐ 'pfɛfɐ]
pimenta (f) vermelha	roter Pfeffer (m)	['ʀoːtɐ 'pfɛfɐ]
mostarda (f)	Senf (m)	[zɛnf]
raiz-forte (f)	Meerrettich (m)	['meːɐ,ʀɛtɪç]

condimento (m)	Gewürz (n)	[gə'vYʁts]
especiaria (f)	Gewürz (n)	[gə'vYʁts]
molho (m)	Soße (f)	['zoːsə]
vinagre (m)	Essig (m)	['ɛsɪç]

anis (m)	Anis (m)	[a'niːs]
manjericão (m)	Basilikum (n)	[ba'ziːlikʊm]

cravo (m)	Nelke (f)	['nɛlkə]
gengibre (m)	Ingwer (m)	['ɪŋvɐ]
coentro (m)	Koriander (m)	[ko'ʀiandɐ]
canela (f)	Zimt (m)	[tsɪmt]
sésamo (m)	Sesam (m)	['ze:zam]
folhas (f pl) de louro	Lorbeerblatt (n)	['lɔʁbe:ɐˌblat]
páprica (f)	Paprika (m)	['papʁika]
cominho (m)	Kümmel (m)	['kʏməl]
açafrão (m)	Safran (m)	['zafʀan]

51. Refeições

comida (f)	Essen (n)	['ɛsən]
comer (vt)	essen (vi, vt)	['ɛsən]
pequeno-almoço (m)	Frühstück (n)	['fʀy:ʃtʏk]
tomar o pequeno-almoço	frühstücken (vi)	['fʀy:ʃtʏkən]
almoço (m)	Mittagessen (n)	['mɪta:kˌʔɛsən]
almoçar (vi)	zu Mittag essen	[tsu 'mɪta:k 'ɛsən]
jantar (m)	Abendessen (n)	['a:bəntˌʔɛsən]
jantar (vi)	zu Abend essen	[tsu 'a:bənt 'ɛsən]
apetite (m)	Appetit (m)	[ape'ti:t]
Bom apetite!	Guten Appetit!	[ˌgutən ˌʔapə'ti:t]
abrir (~ uma lata, etc.)	öffnen (vt)	['œfnən]
derramar (vt)	verschütten (vt)	[fɛɐ'ʃʏtən]
derramar-se (vr)	verschüttet werden	[fɛɐ'ʃʏtət 've:ɐdən]
ferver (vi)	kochen (vi)	['kɔχən]
ferver (vt)	kochen (vt)	['kɔχən]
fervido	gekocht	[gə'kɔχt]
arrefecer (vt)	kühlen (vt)	['ky:lən]
arrefecer-se (vr)	abkühlen (vi)	['apˌky:lən]
sabor, gosto (m)	Geschmack (m)	[gə'ʃmak]
gostinho (m)	Beigeschmack (m)	['baɪgəˌʃmak]
fazer dieta	auf Diät sein	[aʊf di'ɛ:t zaɪn]
dieta (f)	Diät (f)	[di'ɛ:t]
vitamina (f)	Vitamin (n)	[vita'mi:n]
caloria (f)	Kalorie (f)	[kalo'ʀi:]
vegetariano (m)	Vegetarier (m)	[vege'ta:ʀiɐ]
vegetariano	vegetarisch	[vege'ta:ʀɪʃ]
gorduras (f pl)	Fett (n)	[fɛt]
proteínas (f pl)	Protein (n)	[pʀote'i:n]
carboidratos (m pl)	Kohlenhydrat (n)	['ko:lənhyˌdʀa:t]
fatia (~ de limão, etc.)	Scheibchen (n)	['ʃaɪpçən]
pedaço (~ de bolo)	Stück (n)	[ʃtʏk]
migalha (f)	Krümel (m)	['kʀy:məl]

52. Por a mesa

colher (f)	**Löffel** (m)	['lœfəl]
faca (f)	**Messer** (n)	['mɛsɐ]
garfo (m)	**Gabel** (f)	[ga:bəl]
chávena (f)	**Tasse** (f)	['tasə]
prato (m)	**Teller** (m)	['tɛlɐ]
pires (m)	**Untertasse** (f)	['ʊntɐˌtasə]
guardanapo (m)	**Serviette** (f)	[zɛʁ'vɪɛtə]
palito (m)	**Zahnstocher** (m)	['tsaːnˌʃtɔχɐ]

53. Restaurante

restaurante (m)	**Restaurant** (n)	[ʀɛsto'ʀaŋ]
café (m)	**Kaffeehaus** (n)	[ka'fe:ˌhaʊs]
bar (m), cervejaria (f)	**Bar** (f)	[ba:ɐ]
salão (m) de chá	**Teesalon** (m)	['te:·za'lɔŋ]
empregado (m) de mesa	**Kellner** (m)	['kɛlnɐ]
empregada (f) de mesa	**Kellnerin** (f)	['kɛlnɐʀɪn]
barman (m)	**Barmixer** (m)	['ba:ɐˌmɪksɐ]
ementa (f)	**Speisekarte** (f)	['ʃpaɪzəˌkaʁtə]
lista (f) de vinhos	**Weinkarte** (f)	['vaɪnˌkaʁtə]
reservar uma mesa	**einen Tisch reservieren**	['aɪnən tɪʃ ʀɛzɛʁ'vi:ʀən]
prato (m)	**Gericht** (n)	[gə'ʀɪçt]
pedir (vt)	**bestellen** (vt)	[bə'ʃtɛlən]
fazer o pedido	**eine Bestellung aufgeben**	['aɪnə bə'ʃtɛlʊŋ 'aʊfˌge:bən]
aperitivo (m)	**Aperitif** (m)	[apeʀi'ti:f]
entrada (f)	**Vorspeise** (f)	['fo:ɐˌʃpaɪzə]
sobremesa (f)	**Nachtisch** (m)	['na:χˌtɪʃ]
conta (f)	**Rechnung** (f)	['ʀɛçnʊŋ]
pagar a conta	**Rechnung bezahlen**	['ʀɛçnʊŋ bə'tsa:lən]
dar o troco	**das Wechselgeld geben**	[das 'vɛksəlˌgɛlt 'ge:bən]
gorjeta (f)	**Trinkgeld** (n)	['tʀɪŋkˌgɛlt]

Família, parentes e amigos

54. Informação pessoal. Formulários

nome (m)	Vorname (m)	['fo:ɐˌnaːmə]
apelido (m)	Name (m)	['naːmə]
data (f) de nascimento	Geburtsdatum (n)	[gəˈbuːɐtsˌdaːtʊm]
local (m) de nascimento	Geburtsort (m)	[gəˈbuːɐtsˌʔɔʁt]
nacionalidade (f)	Nationalität (f)	[natsjonaliˈtɛːt]
lugar (m) de residência	Wohnort (m)	['voːnˌʔɔʁt]
país (m)	Land (n)	[lant]
profissão (f)	Beruf (m)	[bəˈʁuːf]
sexo (m)	Geschlecht (n)	[gəˈʃlɛçt]
estatura (f)	Größe (f)	['gʁøːsə]
peso (m)	Gewicht (n)	[gəˈvɪçt]

55. Membros da família. Parentes

mãe (f)	Mutter (f)	['mʊtə]
pai (m)	Vater (m)	['faːtə]
filho (m)	Sohn (m)	[zoːn]
filha (f)	Tochter (f)	['tɔχtə]
filha (f) mais nova	jüngste Tochter (f)	['jʏŋstə 'tɔχtə]
filho (m) mais novo	jüngste Sohn (m)	['jʏŋstə 'zoːn]
filha (f) mais velha	ältere Tochter (f)	['ɛltəʁə 'tɔχtə]
filho (m) mais velho	älterer Sohn (m)	['ɛltəʁə 'zoːn]
irmão (m)	Bruder (m)	['bʁuːdə]
irmã (f)	Schwester (f)	['ʃvɛstə]
primo (m)	Cousin (m)	[kuˈzɛŋ]
prima (f)	Cousine (f)	[kuˈziːnə]
mamã (f)	Mama (f)	['mama]
papá (m)	Papa (m)	['papa]
pais (pl)	Eltern (pl)	['ɛltən]
criança (f)	Kind (n)	[kɪnt]
crianças (f pl)	Kinder (pl)	['kɪndə]
avó (f)	Großmutter (f)	['gʁoːsˌmʊtə]
avô (m)	Großvater (m)	['gʁoːsˌfaːtə]
neto (m)	Enkel (m)	['ɛŋkəl]
neta (f)	Enkelin (f)	['ɛŋkəlɪn]
netos (pl)	Enkelkinder (pl)	['ɛŋkəlˌkɪndə]
tio (m)	Onkel (m)	['ɔŋkəl]
tia (f)	Tante (f)	['tantə]

sobrinho (m)	**Neffe** (m)	['nɛfə]
sobrinha (f)	**Nichte** (f)	['nɪçtə]

sogra (f)	**Schwiegermutter** (f)	['ʃviːgə‚mʊtə]
sogro (m)	**Schwiegervater** (m)	['ʃviːgə‚faːtə]
genro (m)	**Schwiegersohn** (m)	['ʃviːgə‚zoːn]
madrasta (f)	**Stiefmutter** (f)	['ʃtiːf‚mʊtə]
padrasto (m)	**Stiefvater** (m)	['ʃtiːf‚faːtə]

criança (f) de colo	**Säugling** (m)	['zɔɪklɪŋ]
bebé (m)	**Kleinkind** (n)	['klaɪn‚kɪnt]
menino (m)	**Kleine** (m)	['klaɪnə]

mulher (f)	**Frau** (f)	[fʀaʊ]
marido (m)	**Mann** (m)	[man]
esposo (m)	**Ehemann** (m)	['eːə‚man]
esposa (f)	**Gemahlin** (f)	[gə'maːlɪn]

casado	**verheiratet**	[fɛɐ'haɪʀaːtət]
casada	**verheiratet**	[fɛɐ'haɪʀaːtət]
solteiro	**ledig**	['leːdɪç]
solteirão (m)	**Junggeselle** (m)	['jʊŋgə‚zɛlə]
divorciado	**geschieden**	[gə'ʃiːdən]
viúva (f)	**Witwe** (f)	['vɪtvə]
viúvo (m)	**Witwer** (m)	['vɪtvɐ]

parente (m)	**Verwandte** (m)	[fɛɐ'vantə]
parente (m) próximo	**naher Verwandter** (m)	['naːɐ fɛɐ'vantə]
parente (m) distante	**entfernter Verwandter** (m)	[ɛnt'fɛɐntə fɛɐ'vantə]
parentes (m pl)	**Verwandte** (pl)	[fɛɐ'vantə]

órfão (m), órfã (f)	**Waise** (m, f)	['vaɪzə]
tutor (m)	**Vormund** (m)	['foːɐ‚mʊnt]
adotar (um filho)	**adoptieren** (vt)	[adɔp'tiːʀən]
adotar (uma filha)	**adoptieren** (vt)	[adɔp'tiːʀən]

56. Amigos. Colegas de trabalho

amigo (m)	**Freund** (m)	[fʀɔɪnt]
amiga (f)	**Freundin** (f)	['fʀɔɪndɪn]
amizade (f)	**Freundschaft** (f)	['fʀɔɪntʃaft]
ser amigos	**befreundet sein**	[bə'fʀɔɪndət zaɪn]

amigo (m)	**Freund** (m)	[fʀɔɪnt]
amiga (f)	**Freundin** (f)	['fʀɔɪndɪn]
parceiro (m)	**Partner** (m)	['paʁtnə]

chefe (m)	**Chef** (m)	[ʃɛf]
superior (m)	**Vorgesetzte** (m)	['foːɐgə‚zɛtstə]
proprietário (m)	**Besitzer** (m)	[bə'zɪtsɐ]
subordinado (m)	**Untergeordnete** (m)	['ʊntɐgə‚ʔɔʁtnətə]
colega (m)	**Kollege** (m), **Kollegin** (f)	[kɔ'leːgə], [kɔ'leːgɪn]
conhecido (m)	**Bekannte** (m)	[bə'kantə]
companheiro (m) de viagem	**Reisegefährte** (m)	['ʀaɪzə‚gə'fɛːɐtə]

colega (m) de classe	Mitschüler (m)	['mɪtʃyːlɐ]
vizinho (m)	Nachbar (m)	['naxˌbaːɐ]
vizinha (f)	Nachbarin (f)	['naxbaːʀɪn]
vizinhos (pl)	Nachbarn (pl)	['naxbaːɐn]

57. Homem. Mulher

mulher (f)	Frau (f)	[fʀaʊ]
rapariga (f)	Mädchen (n)	['mɛːtçən]
noiva (f)	Braut (f)	[bʀaʊt]

bonita	schöne	['ʃøːnə]
alta	große	['gʀoːsə]
esbelta	schlanke	['ʃlaŋkə]
de estatura média	kleine	['klaɪnə]

| loura (f) | Blondine (f) | [blɔn'diːnə] |
| morena (f) | Brünette (f) | [bʀy'nɛtə] |

de senhora	Damen-	['daːmən]
virgem (f)	Jungfrau (f)	['jʊnfʀaʊ]
grávida	schwangere	['ʃvaŋəʀə]

homem (m)	Mann (m)	[man]
louro (m)	Blonde (m)	['blɔndə]
moreno (m)	Brünette (m)	[bʀy'nɛtə]
alto	hoch	[hoːx]
de estatura média	klein	[klaɪn]

rude	grob	[gʀoːp]
atarracado	untersetzt	[ˌʊntɐ'zɛtst]
robusto	robust	[ʀo'bʊst]
forte	stark	[ʃtaʁk]
força (f)	Kraft (f)	[kʀaft]

gordo	dick	[dɪk]
moreno	dunkelhäutig	['dʊŋkəlˌhɔɪtɪç]
esbelto	schlank	[ʃlaŋk]
elegante	elegant	[ele'gant]

58. Idade

idade (f)	Alter (n)	['altɐ]
juventude (f)	Jugend (f)	['juːgənt]
jovem	jung	[jʊŋ]

| mais novo | jünger | ['jʏŋɐ] |
| mais velho | älter | ['ɛltɐ] |

jovem (m)	Junge (m)	['jʊŋə]
adolescente (m)	Teenager (m)	['tiːneːdʒɐ]
rapaz (m)	Bursche (m)	['bʊʁʃə]

| velho (m) | Greis (m) | [gʀaɪs] |
| velhota (f) | alte Frau (f) | ['altə 'fʀaʊ] |

adulto	Erwachsene (f)	[ɛɐ'vaksənə]
de meia-idade	in mittleren Jahren	[ɪn 'mɪtlərən 'ja:ʀən]
idoso, de idade	älterer	['ɛltəʀɐ]
velho	alt	[alt]

reforma (f)	Ruhestand (m)	['ʀu:əʃtant]
reformar-se (vr)	in Rente gehen	[ɪn 'ʀɛntə 'ge:ən]
reformado (m)	Rentner (m)	['ʀɛntnɐ]

59. Crianças

criança (f)	Kind (n)	[kɪnt]
crianças (f pl)	Kinder (pl)	['kɪndɐ]
gémeos (m pl)	Zwillinge (pl)	['tsvɪlɪŋə]

berço (m)	Wiege (f)	['vi:gə]
guizo (m)	Rassel (f)	['ʀasəl]
fralda (f)	Windel (f)	['vɪndəl]

chupeta (f)	Schnuller (m)	['ʃnʊlɐ]
carrinho (m) de bebé	Kinderwagen (m)	['kɪndɐˌva:gən]
jardim (m) de infância	Kindergarten (m)	['kɪndɐˌgaʀtən]
babysitter (f)	Kinderfrau (f)	['kɪndɐˌfʀaʊ]

infância (f)	Kindheit (f)	['kɪnthaɪt]
boneca (f)	Puppe (f)	['pʊpə]
brinquedo (m)	Spielzeug (n)	['ʃpi:lˌtsɔɪk]
jogo (m) de armar	Baukasten (m)	['baʊˌkastən]

bem-educado	wohlerzogen	['vo:lɛɐˌtso:gən]
mal-educado	ungezogen	['ʊngəˌtso:gən]
mimado	verwöhnt	[fɛɐ'vøːnt]

ser travesso	unartig sein	['ʊnʔaʀtɪç zaɪn]
travesso, traquinas	unartig	['ʊnʔaʀtɪç]
travessura (f)	Unart (f)	['ʊnʔaʀt]
criança (f) travessa	Schelm (m)	[ʃɛlm]

| obediente | gehorsam | [gə'ho:ɐza:m] |
| desobediente | ungehorsam | ['ʊngəˌho:ɐza:m] |

dócil	fügsam	[fy:ksam]
inteligente	klug	[klu:k]
menino (m) prodígio	Wunderkind (n)	['vʊndɐˌkɪnt]

60. Casais. Vida de família

| beijar (vt) | küssen (vt) | ['kʏsən] |
| beijar-se (vr) | sich küssen | [zɪç 'kʏsən] |

família (f)	Familie (f)	[fa'mi:liə]
familiar	Familien-	[fa'mi:liən]
casal (m)	Paar (n)	[pa:ɐ]
matrimónio (m)	Ehe (f)	['e:ə]
lar (m)	Heim (n)	['haɪm]
dinastia (f)	Dynastie (f)	[dynas'ti:]

encontro (m)	Rendezvous (n)	[Raŋde'vu:]
beijo (m)	Kuss (m)	[kʊs]

amor (m)	Liebe (f)	['li:bə]
amar (vt)	lieben (vt)	['li:bən]
amado, querido	geliebt	[gə'li:pt]
terno, afetuoso	zärtlich	['tsɛ:ɐtlɪç]
fidelidade (f)	Treue (f)	['tRɔɪə]
fiel	treu	[tRɔɪ]
cuidado (m)	Fürsorge (f)	['fy:ɐˌzɔʁgə]
carinhoso	sorgsam	['zɔʁkza:m]

recém-casados (m pl)	Frischvermählte (pl)	['fRɪʃˈfɛɐ'mɛ:ltə]
lua de mel (f)	Flitterwochen (pl)	['flɪteˌvɔxən]
casar-se (com um homem)	heiraten (vi)	['haɪRa:tən]
casar-se (com uma mulher)	heiraten (vi)	['haɪRa:tən]

boda (f)	Hochzeit (f)	['hɔxˌtsaɪt]
bodas (f pl) de ouro	goldene Hochzeit (f)	['gɔldənə 'hɔxˌtsaɪt]
aniversário (m)	Jahrestag (m)	['ja:Rəsˌta:k]

amante (m)	Geliebte (m)	[gə'li:ptə]
amante (f)	Geliebte (f)	[gə'li:ptə]

adultério (m)	Ehebruch (m)	['e:əˌbRʊx]
cometer adultério	Ehebruch begehen	['e:əˌbRʊx bə'ge:ən]
ciumento	eifersüchtig	['aɪfeˌzʏçtɪç]
ser ciumento	eifersüchtig sein	['aɪfeˌzʏçtɪç zaɪn]
divórcio (m)	Scheidung (f)	['ʃaɪdʊŋ]
divorciar-se (vr)	sich scheiden lassen	[zɪç 'ʃaɪdən 'lasən]

brigar (discutir)	streiten (vi)	['ʃtRaɪtən]
fazer as pazes	sich versöhnen	[zɪç fɛɐ'zø:nən]
juntos	zusammen	[tsu'zamən]
sexo (m)	Sex (m)	[sɛks], [zɛks]

felicidade (f)	Glück (n)	[glʏk]
feliz	glücklich	['glʏklɪç]
infelicidade (f)	Unglück (n)	['ʊnˌglʏk]
infeliz	unglücklich	['ʊnˌglʏklɪç]

Caráter. Sentimentos. Emoções

61. Sentimentos. Emoções

sentimento (m)	Gefühl (n)	[gə'fy:l]
sentimentos (m pl)	Gefühle (pl)	[gə'fy:lə]
sentir (vt)	fühlen (vt)	['fy:lən]

fome (f)	Hunger (m)	['hʊŋə]
ter fome	hungrig sein	['hʊŋʀɪç zaɪn]
sede (f)	Durst (m)	[dʊʁst]
ter sede	Durst haben	['dʊʁst 'ha:bən]
sonolência (f)	Schläfrigkeit (f)	['ʃlɛ:fʀɪçkaɪt]
estar sonolento	schlafen wollen	['ʃla:fən 'vɔlən]

cansaço (m)	Müdigkeit (f)	['my:dɪçkaɪt]
cansado	müde	['my:də]
ficar cansado	müde werden	['my:də 've:ɐdən]

humor (m)	Laune (f)	['laʊnə]
tédio (m)	Langeweile (f)	['laŋəˌvaɪlə]
aborrecer-se (vr)	sich langweilen	[zɪç 'laŋˌvaɪlən]
isolamento (m)	Zurückgezogenheit (n)	[tsu'ʀʏkgəˌtso:gənhaɪt]
isolar-se	sich zurückziehen	[zɪç tsu'ʀʏkˌtsi:ən]

preocupar (vt)	beunruhigen (vt)	[bə'ʔʊnˌʀu:ɪgən]
preocupar-se (vr)	sorgen (vi)	['zɔʁgən]
preocupação (f)	Besorgnis (f)	[bə'zɔʁknɪs]
ansiedade (f)	Angst (f)	['aŋst]
preocupado	besorgt	[bə'zɔʁkt]
estar nervoso	nervös sein	[nɛʁ'vø:s zaɪn]
entrar em pânico	in Panik verfallen (vi)	[ɪn 'pa:nɪk fɛɐ'falən]

esperança (f)	Hoffnung (f)	['hɔfnʊŋ]
esperar (vt)	hoffen (vi)	['hɔfən]

certeza (f)	Sicherheit (f)	['zɪçɐhaɪt]
certo	sicher	['zɪçɐ]
indecisão (f)	Unsicherheit (f)	['ʊnˌzɪçɐhaɪt]
indeciso	unsicher	['ʊnˌzɪçɐ]

ébrio, bêbado	betrunken	[bə'tʀʊŋkən]
sóbrio	nüchtern	['nʏçtən]
fraco	schwach	['ʃvaχ]
feliz	glücklich	['glʏklɪç]
assustar (vt)	erschrecken (vt)	[ɛɐ'ʃʀɛkən]
fúria (f)	Wut (f)	[vu:t]
ira, raiva (f)	Rage (f)	['ʀa:ʒə]
depressão (f)	Depression (f)	[depʀɛ'sjo:n]
desconforto (m)	Unbehagen (n)	['ʊnbəˌha:gən]

conforto (m)	Komfort (m)	[kɔm'fo:ɐ]
arrepender-se (vr)	bedauern (vt)	[bə'dauɐn]
arrependimento (m)	Bedauern (n)	[bə'dauɐn]
azar (m), má sorte (f)	Missgeschick (n)	['mɪsgəʃɪk]
tristeza (f)	Kummer (m)	['kʊmɐ]

vergonha (f)	Scham (f)	[ʃa:m]
alegria (f)	Freude (f)	['fʀɔɪdə]
entusiasmo (m)	Begeisterung (f)	[bə'gaɪstəʀʊŋ]
entusiasta (m)	Enthusiast (m)	[ɛntu'zɪast]
mostrar entusiasmo	Begeisterung zeigen	[bə'gaɪstəʀʊŋ 'tsaɪgən]

62. Caráter. Personalidade

caráter (m)	Charakter (m)	[ka'ʀaktɐ]
falha (f) de caráter	Charakterfehler (m)	[ka'ʀaktɐˌfe:lɐ]
mente (f)	Verstand (m)	[fɛɐ'ʃtant]
razão (f)	Vernunft (f)	[fɛɐ'nʊnft]

consciência (f)	Gewissen (n)	[gə'vɪsən]
hábito (m)	Gewohnheit (f)	[gə'vo:nhaɪt]
habilidade (f)	Fähigkeit (f)	['fɛ:ɪçkaɪt]
saber (~ nadar, etc.)	können (v mod)	['kœnən]

paciente	geduldig	[gə'dʊldɪç]
impaciente	ungeduldig	['ʊngədʊldɪç]
curioso	neugierig	['nɔɪˌgi:ʀɪç]
curiosidade (f)	Neugier (f)	['nɔɪˌgi:ɐ]

modéstia (f)	Bescheidenheit (f)	[bə'ʃaɪdənhaɪt]
modesto	bescheiden	[bə'ʃaɪdən]
imodesto	unbescheiden	['ʊnbə'ʃaɪdən]

preguiça (f)	Faulheit (f)	['faʊlhaɪt]
preguiçoso	faul	[faʊl]
preguiçoso (m)	Faulenzer (m)	['faʊlɛntsɐ]

astúcia (f)	Listigkeit (f)	['lɪstɪçkaɪt]
astuto	listig	['lɪstɪç]
desconfiança (f)	Misstrauen (n)	['mɪsˌtʀauən]
desconfiado	misstrauisch	['mɪstʀauɪʃ]

generosidade (f)	Freigebigkeit (f)	['fʀaɪˌge:bɪçkaɪt]
generoso	freigebig	['fʀaɪˌge:bɪç]
talentoso	talentiert	[talɛn'ti:ɐt]
talento (m)	Talent (n)	[ta'lɛnt]

corajoso	tapfer	['tapfɐ]
coragem (f)	Tapferkeit (f)	['tapfɐkaɪt]
honesto	ehrlich	['e:ɐlɪç]
honestidade (f)	Ehrlichkeit (f)	['e:ɐlɪçkaɪt]

prudente	vorsichtig	['fo:ɐˌzɪçtɪç]
valente	tapfer	['tapfɐ]

| sério | ernst | [ɛʁnst] |
| severo | streng | [ʃtʁɛŋ] |

decidido	entschlossen	[ɛnt'ʃlɔsən]
indeciso	unentschlossen	['ʊn?ɛntʃlɔsən]
tímido	schüchtern	['ʃʏçtən]
timidez (f)	Schüchternheit (f)	['ʃʏçtənhaɪt]

confiança (f)	Vertrauen (n)	[fɛɛ'tʁaʊən]
confiar (vt)	vertrauen (vi)	[fɛɛ'tʁaʊən]
crédulo	vertrauensvoll	[fɛɛ'tʁaʊəns‚fɔl]

sinceramente	aufrichtig	['aʊf‚ʁɪçtɪç]
sincero	aufrichtig	['aʊf‚ʁɪçtɪç]
sinceridade (f)	Aufrichtigkeit (f)	['aʊf‚ʁɪçtɪçkaɪt]
aberto	offen	['ɔfən]

calmo	still	[ʃtɪl]
franco	freimütig	['fʁaɪ‚my:tɪç]
ingénuo	naiv	[na'i:f]
distraído	zerstreut	[tsɛɛ'ʃtʁɔɪt]
engraçado	drollig, komisch	['dʁɔlɪç], ['ko:mɪʃ]

ganância (f)	Gier (f)	[gi:ɐ]
ganancioso	habgierig	['ha:p‚gi:ʁɪç]
avarento	geizig	['gaɪtsɪç]
mau	böse	['bø:zə]
teimoso	hartnäckig	['haʁt‚nɛkɪç]
desagradável	unangenehm	['ʊn?angə‚ne:m]

egoísta (m)	Egoist (m)	[ego'ɪst]
egoísta	egoistisch	[ego'ɪstɪʃ]
cobarde (m)	Feigling (m)	['faɪklɪŋ]
cobarde	feige	['faɪgə]

63. O sono. Sonhos

dormir (vi)	schlafen (vi)	['ʃla:fən]
sono (m)	Schlaf (m)	[ʃla:f]
sonho (m)	Traum (m)	[tʁaʊm]
sonhar (vi)	träumen (vi, vt)	['tʁɔɪmən]
sonolento	verschlafen	[fɛɛ'ʃla:fən]

cama (f)	Bett (n)	[bɛt]
colchão (m)	Matratze (f)	[ma'tʁatsə]
cobertor (m)	Decke (f)	['dɛkə]
almofada (f)	Kissen (n)	['kɪsən]
lençol (m)	Laken (n)	['la:kən]

insónia (f)	Schlaflosigkeit (f)	['ʃla:flo:zɪçkaɪt]
insone	schlaflos	['ʃla:flo:s]
sonífero (m)	Schlafmittel (n)	['ʃla:f‚mɪtəl]
tomar um sonífero	Schlafmittel nehmen	['ʃla:f‚mɪtəl 'ne:mən]
estar sonolento	schlafen wollen	['ʃla:fən 'vɔlən]

bocejar (vi)	gähnen (vi)	['gɛ:nən]
ir para a cama	schlafen gehen	['ʃla:fən 'ge:ən]
fazer a cama	das Bett machen	[das bɛt 'maxən]
adormecer (vi)	einschlafen (vi)	['aɪnʃaltən]

pesadelo (m)	Alptraum (m)	['alpˌtraʊm]
ronco (m)	Schnarchen (n)	['ʃnaʁçən]
roncar (vi)	schnarchen (vi)	['ʃnaʁçən]

despertador (m)	Wecker (m)	['vɛkɐ]
acordar, despertar (vt)	aufwecken (vt)	['aʊfˌvɛkən]
acordar (vi)	erwachen (vi)	[ɛɐ'vaxən]
levantar-se (vr)	aufstehen (vi)	['aʊfʃte:ən]
lavar-se (vr)	sich waschen	[zɪç 'vaʃən]

64. Humor. Riso. Alegria

humor (m)	Humor (m)	[hu'mo:ɐ]
sentido (m) de humor	Sinn (m) für Humor	[zɪn fy:ɐ hu'mo:ɐ]
divertir-se (vr)	sich amüsieren	[zɪç amy'zi:ʁən]
alegre	froh	[fʁo:]
alegria (f)	Fröhlichkeit (f)	['fʁø:lɪçˌkaɪt]

sorriso (m)	Lächeln (n)	['lɛçəln]
sorrir (vi)	lächeln (vi)	['lɛçəln]
começar a rir	auflachen (vi)	['aʊflaxən]
rir (vi)	lachen (vi)	['laxən]
riso (m)	Lachen (n)	['laxən]

anedota (f)	Anekdote, Witz (m)	[anɛk'do:tə], [vɪts]
engraçado	lächerlich	['lɛçɐlɪç]
ridículo	komisch	['ko:mɪʃ]

brincar, fazer piadas	Witz machen	[vɪts 'maxən]
piada (f)	Spaß (m)	[ʃpa:s]
alegria (f)	Freude (f)	['fʁɔɪdə]
regozijar-se (vr)	sich freuen	[zɪç 'fʁɔɪən]
alegre	froh	[fʁo:]

65. Discussão, conversação. Parte 1

| comunicação (f) | Kommunikation (f) | [kɔmunika'tsɪo:n] |
| comunicar-se (vr) | kommunizieren (vi) | [kɔmuni'tsi:ʁən] |

conversa (f)	Konversation (f)	[kɔnvɛʁza'tsjo:n]
diálogo (m)	Dialog (m)	[dia'lo:k]
discussão (f)	Diskussion (f)	[dɪskʊ'sjo:n]
debate (m)	Streitgespräch (n)	['ʃtʁaɪt·gə'ʃpʁɛ:ç]
debater (vt)	streiten (vi)	['ʃtʁaɪtən]

| interlocutor (m) | Gesprächspartner (m) | [gə'ʃpʁɛ:çsˌpaʁtnɐ] |
| tema (m) | Thema (n) | ['te:ma] |

ponto (m) de vista	Gesichtspunkt (m)	[gə'zɪçts͵pʊŋkt]
opinião (f)	Meinung (f)	['maɪnʊŋ]
discurso (m)	Rede (f)	['ʀe:də]

discussão (f)	Besprechung (f)	[bə'ʃpʀɛçʊŋ]
discutir (vt)	besprechen (vt)	[bə'ʃpʀɛçən]
conversa (f)	Gespräch (n)	[gə'ʃpʀɛ:ç]
conversar (vi)	Gespräche führen	[gə'ʃpʀɛ:çə 'fy:ʀən]
encontro (m)	Treffen (n)	['tʀɛfən]
encontrar-se (vr)	sich treffen	[zɪç 'tʀɛfən]

provérbio (m)	Sprichwort (n)	['ʃpʀɪç͵vɔʁt]
ditado (m)	Redensart (f)	['ʀe:dəns͵ʔa:ɐt]
adivinha (f)	Rätsel (n)	['ʀɛ:tsəl]
dizer uma adivinha	ein Rätsel aufgeben	[aɪn 'ʀɛ:tsəl 'aʊf͵ge:bən]
senha (f)	Parole (f)	[pa'ʀo:lə]
segredo (m)	Geheimnis (n)	[gə'haɪmnɪs]

juramento (m)	Eid (m), Schwur (m)	[aɪt], [ʃvu:ɐ]
jurar (vi)	schwören (vi, vt)	['ʃvø:ʀən]
promessa (f)	Versprechen (n)	[fɛɐ'ʃpʀɛçən]
prometer (vt)	versprechen (vt)	[fɛɐ'ʃpʀɛçən]

conselho (m)	Rat (m)	[ʀa:t]
aconselhar (vt)	raten (vt)	['ʀa:tən]
seguir o conselho	einen Rat befolgen	['aɪnən ʀa:t bə'fɔlgən]
escutar (~ os conselhos)	gehorchen (vi)	[gə'hɔʁçən]

novidade, notícia (f)	Neuigkeit (f)	['nɔjɪçkaɪt]
sensação (f)	Sensation (f)	[zɛnza'tsjo:n]
informação (f)	Informationen (pl)	[ɪnfɔʁma'tsjo:nən]
conclusão (f)	Schlussfolgerung (f)	['ʃlʊs͵fɔlgəʀʊŋ]
voz (f)	Stimme (f)	['ʃtɪmə]
elogio (m)	Kompliment (n)	[͵kɔmpli'mɛnt]
amável	freundlich	['fʀɔɪntlɪç]

palavra (f)	Wort (n)	[vɔʁt]
frase (f)	Phrase (f)	['fʀa:zə]
resposta (f)	Antwort (f)	['antvɔʁt]

| verdade (f) | Wahrheit (f) | ['va:ɐhaɪt] |
| mentira (f) | Lüge (f) | ['ly:gə] |

pensamento (m)	Gedanke (m)	[gə'daŋkə]
ideia (f)	Idee (f)	[i'de:]
fantasia (f)	Phantasie (f)	[fanta'zi:]

66. Discussão, conversação. Parte 2

estimado	angesehen	['angə͵ze:ən]
respeitar (vt)	respektieren (vt)	[ʀɛspɛk'ti:ʀən]
respeito (m)	Respekt (m)	[ʀe'spɛkt]
Estimado ..., Caro ...	Sehr geehrter ...	[ze:ɐ gə'le:ɐtɐ]
apresentar (vt)	bekannt machen	[bə'kant 'maxən]

travar conhecimento	kennenlernen (vt)	['kɛnən͵lɛʁnən]
intenção (f)	Absicht (f)	['apzɪçt]
tencionar (vt)	beabsichtigen (vt)	[bə'ʔapzɪçtɪgən]
desejo (m)	Wunsch (m)	[vʊnʃ]
desejar (ex. ~ boa sorte)	wünschen (vt)	['vʏnʃən]
surpresa (f)	Staunen (n)	['ʃtaunən]
surpreender (vt)	erstaunen (vt)	[ɛɐ'ʃtaunən]
surpreender-se (vr)	staunen (vi)	['ʃtaunən]
dar (vt)	geben (vt)	['ge:bən]
pegar (tomar)	nehmen (vt)	['ne:mən]
devolver (vt)	herausgeben (vt)	[hɛ'raus͵ge:bən]
retornar (vt)	zurückgeben (vt)	[tsu'rʏk͵ge:bən]
desculpar-se (vr)	sich entschuldigen	[zɪç ɛnt'ʃʊldɪgən]
desculpa (f)	Entschuldigung (f)	[ɛnt'ʃʊldɪgʊŋ]
perdoar (vt)	verzeihen (vt)	[fɛɐ'tsaɪən]
falar (vi)	sprechen (vi)	['ʃprɛçən]
escutar (vt)	hören (vt), zuhören (vi)	['hø:ʁən], ['tsu:͵hø:ʁən]
ouvir até o fim	sich anhören	[zɪç 'an͵hø:ʁən]
compreender (vt)	verstehen (vt)	[fɛɐ'ʃte:ən]
mostrar (vt)	zeigen (vt)	['tsaɪgən]
olhar para ...	ansehen (vt)	['anze:ən]
chamar (dizer em voz alta o nome)	rufen (vt)	['ru:fən]
distrair (vt)	belästigen (vt)	[bə'lɛstɪgən]
perturbar (vt)	stören (vt)	['ʃtø:ʁən]
entregar (~ em mãos)	übergeben (vt)	[y:bɐ'ge:bən]
pedido (m)	Bitte (f)	['bɪtə]
pedir (ex. ~ ajuda)	bitten (vt)	['bɪtən]
exigência (f)	Verlangen (n)	[fɛɐ'laŋən]
exigir (vt)	verlangen (vt)	[fɛɐ'laŋən]
chamar nomes (vt)	necken (vt)	['nɛkən]
zombar (vt)	spotten (vi)	['ʃpotən]
zombaria (f)	Spott (m)	[ʃpot]
alcunha (f)	Spitzname (m)	['ʃpɪts͵na:mə]
insinuação (f)	Andeutung (f)	['an͵dɔɪtʊŋ]
insinuar (vt)	andeuten (vt)	['an͵dɔɪtən]
subentender (vt)	meinen (vt)	['maɪnən]
descrição (f)	Beschreibung (f)	[bə'ʃraɪbʊŋ]
descrever (vt)	beschreiben (vt)	[bə'ʃraɪbən]
elogio (m)	Lob (n)	[lo:p]
elogiar (vt)	loben (vt)	['lo:bən]
desapontamento (m)	Enttäuschung (f)	[ɛnt'tɔɪʃʊŋ]
desapontar (vt)	enttäuschen (vt)	[ɛnt'tɔɪʃən]
desapontar-se (vr)	enttäuscht sein	[ɛnt'tɔɪʃt zaɪn]
suposição (f)	Vermutung (f)	[fɛɐ'mu:tʊŋ]
supor (vt)	vermuten (vt)	[fɛɐ'mu:tən]

| advertência (f) | Warnung (f) | ['vaʁnʊŋ] |
| advertir (vt) | warnen (vt) | ['vaʁnən] |

67. Discussão, conversação. Parte 3

| convencer (vt) | überreden (vt) | [y:bɐ'ʀe:dən] |
| acalmar (vt) | beruhigen (vt) | [bə'ʀu:ɪgən] |

silêncio (o ~ é de ouro)	Schweigen (n)	['ʃvaɪgən]
ficar em silêncio	schweigen (vi)	['ʃvaɪgən]
sussurrar (vt)	flüstern (vt)	['flʏstɐn]
sussurro (m)	Flüstern (n)	['flʏstɐn]

| francamente | offen | ['ɔfən] |
| a meu ver ... | meiner Meinung nach ... | ['maɪnə 'maɪnʊŋ na:χ] |

detalhe (~ da história)	Detail (n)	[de'taɪ]
detalhado	ausführlich	['aʊsˌfy:ɐlɪç]
detalhadamente	ausführlich	['aʊsˌfy:ɐlɪç]

| dica (f) | Tipp (m) | [tɪp] |
| dar uma dica | einen Tipp geben | ['aɪnən tɪp 'ge:bən] |

olhar (m)	Blick (m)	[blɪk]
dar uma vista de olhos	anblicken (vt)	['anblikən]
fixo (olhar ~)	starr	[ʃtaʁ]
piscar (vi)	blinzeln (vi)	['blɪntsəln]
pestanejar (vt)	zwinkern (vi)	['tsvɪŋkɐn]
acenar (com a cabeça)	nicken (vi)	['nɪkən]

suspiro (m)	Seufzer (m)	['zɔɪftsɐ]
suspirar (vi)	aufseufzen (vi)	['aʊfˌzɔɪftsən]
estremecer (vi)	zusammenzucken (vi)	[tsu'zamənˌtsʊkən]
gesto (m)	Geste (f)	['gɛstə]
tocar (com as mãos)	berühren (vt)	[bə'ʀy:rən]
agarrar (~ pelo braço)	ergreifen (vt)	[ɛɐ'gʀaɪfən]
bater de leve	klopfen (vt)	['klɔpfən]

Cuidado!	Vorsicht!	['fo:ɐˌzɪçt]
A sério?	Wirklich?	['vɪʁklɪç]
Boa sorte!	Viel Glück!	[fi:l glʏk]
Compreendi!	Klar!	[kla:ɐ]
Que pena!	Schade!	['ʃa:də]

68. Acordo. Recusa

consentimento (~ mútuo)	Einverständnis (n)	['aɪnfɛɐˌʃtɛntnɪs]
consentir (vi)	zustimmen (vi)	['tsu:ˌʃtɪmən]
aprovação (f)	Billigung (f)	['bɪlɪgʊŋ]
aprovar (vt)	billigen (vt)	['bɪlɪgən]
recusa (f)	Absage (f)	['apˌza:gə]
negar-se (vt)	sich weigern	[zɪç 'vaɪgɐn]

Está ótimo!	Ausgezeichnet!	['ausgə‚tsaɪçnət]
Muito bem!	Ganz recht!	[gants ʀɛçt]
Está bem! De acordo!	Gut! Okay!	[guːt], [oˈkeː]

proibido	verboten	[fɛɐˈboːtən]
é proibido	Es ist verboten	[ɛs ist fɛɐˈboːtən]
é impossível	Es ist unmöglich	[ɛs ist ˈʊnmøːklɪç]
incorreto	falsch	[falʃ]

rejeitar (~ um pedido)	ablehnen (vt)	[ˈapˌleːnən]
apoiar (vt)	unterstützen (vt)	[ˌʊntɐˈʃtʏtsən]
aceitar (desculpas, etc.)	akzeptieren (vt)	[ˌaktsɛpˈtiːʀən]

confirmar (vt)	bestätigen (vt)	[bəˈʃtɛːtɪgən]
confirmação (f)	Bestätigung (f)	[bəˈʃtɛːtɪgʊŋ]
permissão (f)	Erlaubnis (f)	[ɛɐˈlaupnɪs]
permitir (vt)	erlauben (vt)	[ɛɐˈlaubən]
decisão (f)	Entscheidung (f)	[ɛntˈʃaɪdʊŋ]
não dizer nada	schweigen (vi)	[ˈʃvaɪgən]

condição (com uma ~)	Bedingung (f)	[bəˈdɪŋʊŋ]
pretexto (m)	Ausrede (f)	[ˈausˌʀeːdə]
elogio (m)	Lob (n)	[loːp]
elogiar (vt)	loben (vt)	[ˈloːbən]

69. Sucesso. Boa sorte. Insucesso

êxito, sucesso (m)	Erfolg (m)	[ɛɐˈfɔlk]
com êxito	erfolgreich	[ɛɐˈfɔlkʀaɪç]
bem sucedido	erfolgreich	[ɛɐˈfɔlkʀaɪç]

| sorte (fortuna) | Glück (n) | [glʏk] |
| Boa sorte! | Viel Glück! | [fiːl glʏk] |

| de sorte | Glücks- | [glʏks] |
| sortudo, felizardo | glücklich | [ˈglʏklɪç] |

fracasso (m)	Misserfolg (m)	[ˈmɪsʔɛɐˌfɔlk]
pouca sorte (f)	Missgeschick (n)	[ˈmɪsgəˌʃɪk]
azar (m), má sorte (f)	Unglück (n)	[ˈʊnˌglʏk]

| mal sucedido | missglückt | [mɪsˈglʏkt] |
| catástrofe (f) | Katastrophe (f) | [ˌkatasˈtʀoːfə] |

orgulho (m)	Stolz (m)	[ʃtɔlts]
orgulhoso	stolz	[ʃtɔlts]
estar orgulhoso	stolz sein	[ʃtɔlts zaɪn]

vencedor (m)	Sieger (m)	[ˈziːgɐ]
vencer (vi)	siegen (vi)	[ˈziːgən]
perder (vt)	verlieren (vt)	[fɛɐˈliːʀən]
tentativa (f)	Versuch (m)	[fɛɐˈzuːχ]
tentar (vt)	versuchen (vt)	[fɛɐˈzuːχən]
chance (m)	Chance (f)	[ˈʃaŋsə]

70. Conflitos. Emoções negativas

grito (m)	Schrei (m)	[ʃRaɪ]
gritar (vi)	schreien (vi)	[ˈʃRaɪən]
começar a gritar	beginnen zu schreien	[bəˈgɪnən tsu ˈʃRaɪən]

discussão (f)	Zank (m)	[tsaŋk]
discutir (vt)	sich zanken	[zɪç ˈtsaŋkən]
escândalo (m)	Riesenkrach (m)	[ˈRiːzənˌkRaχ]
criar escândalo	Krach haben	[ˈkRaχ haːbən]
conflito (m)	Konflikt (m)	[kɔnˈflɪkt]
mal-entendido (m)	Missverständnis (n)	[ˈmɪsfɛɐʃtɛntnɪs]

insulto (m)	Kränkung (f)	[ˈkRɛŋkʊŋ]
insultar (vt)	kränken (vt)	[ˈkRɛŋkən]
insultado	gekränkt	[gəˈkRɛŋkt]
ofensa (f)	Beleidigung (f)	[bəˈlaɪdɪgʊŋ]
ofender (vt)	beleidigen (vt)	[bəˈlaɪdɪgən]
ofender-se (vr)	sich beleidigt fühlen	[zɪç bəˈlaɪdɪçt ˈfyːlən]

indignação (f)	Empörung (f)	[ɛmˈpøːRʊŋ]
indignar-se (vr)	sich empören	[zɪç ɛmˈpøːRən]
queixa (f)	Klage (f)	[ˈklaːgə]
queixar-se (vr)	klagen (vi)	[ˈklaːgən]

desculpa (f)	Entschuldigung (f)	[ɛntˈʃʊldɪgʊŋ]
desculpar-se (vr)	sich entschuldigen	[zɪç ɛntˈʃʊldɪgən]
pedir perdão	um Entschuldigung bitten	[ʊm ɛntˈʃʊldɪgʊŋ ˈbɪtən]

crítica (f)	Kritik (f)	[kRiˈtiːk]
criticar (vt)	kritisieren (vt)	[kRitiˈziːRən]
acusação (f)	Anklage (f)	[ˈanklaːgə]
acusar (vt)	anklagen (vt)	[ˈanˌklaːgən]

vingança (f)	Rache (f)	[ˈRaχə]
vingar (vt)	rächen (vt)	[ˈRɛçən]
vingar-se (vr)	sich rächen	[zɪç ˈRɛçən]

desprezo (m)	Verachtung (f)	[fɛɐˈʔaχtʊŋ]
desprezar (vt)	verachten (vt)	[fɛɐˈʔaχtən]
ódio (m)	Hass (m)	[has]
odiar (vt)	hassen (vt)	[ˈhasən]

nervoso	nervös	[nɛɐˈvøːs]
estar nervoso	nervös sein	[nɛɐˈvøːs zaɪn]
zangado	verärgert	[fɛɐˈɛɐgɐt]
zangar (vt)	ärgern (vt)	[ˈɛɐgɐn]

humilhação (f)	Erniedrigung (f)	[ɛɐˈniːdRɪgʊŋ]
humilhar (vt)	erniedrigen (vt)	[ɛɐˈniːdRɪgən]
humilhar-se (vr)	sich erniedrigen	[zɪç ɛɐˈniːdRɪgən]

choque (m)	Schock (m)	[ʃɔk]
chocar (vt)	schockieren (vt)	[ʃɔˈkiːRən]
aborrecimento (m)	Ärger (m)	[ˈɛɐgɐ]

desagradável	unangenehm	['ʊn?angə‚ne:m]
medo (m)	Angst (f)	['aŋst]
terrível (tempestade, etc.)	furchtbar	['fʊʁçtba:ɐ]
assustador (ex. história ~a)	schrecklich	['ʃʁɛklɪç]
horror (m)	Entsetzen (n)	[ɛnt'zɛtsən]
horrível (crime, etc.)	entsetzlich	[ɛnt'zɛtslɪç]

começar a tremer	zittern (vi)	['tsɪtən]
chorar (vi)	weinen (vi)	['vaɪnən]
começar a chorar	anfangen zu weinen	['an‚faŋən tsu: 'vaɪnən]
lágrima (f)	Träne (f)	['tʁɛ:nə]

falta (f)	Schuld (f)	[ʃʊlt]
culpa (f)	Schuldgefühl (n)	['ʃʊltgə‚fy:l]
desonra (f)	Schmach (f)	[ʃma:χ]
protesto (m)	Protest (m)	[pʁo'tɛst]
stresse (m)	Stress (m)	[stʁɛs]

perturbar (vt)	stören (vt)	['ʃtø:ʁən]
zangar-se com ...	sich ärgern	[zɪç 'ɛʁgən]
zangado	ärgerlich	['ɛʁgə‚lɪç]
terminar (vt)	abbrechen (vi)	['ap‚bʁɛçən]
praguejar	schelten (vi)	['ʃɛltən]

assustar-se	erschrecken (vi)	[ɛɐ'ʃʁɛkən]
golpear (vt)	schlagen (vt)	['ʃla:gən]
brigar (na rua, etc.)	sich prügeln	[zɪç 'pʁy:gəln]

resolver (o conflito)	beilegen (vt)	['baɪ‚le:gən]
descontente	unzufrieden	['ʊntsu‚fʁi:dən]
furioso	wütend	['vy:tənt]

| Não está bem! | Das ist nicht gut! | [das is nɪçt gu:t] |
| É mau! | Das ist schlecht! | [das is ʃlɛçt] |

Medicina

71. Doenças

doença (f)	Krankheit (f)	['kʀaŋkhaɪt]
estar doente	krank sein	[kʀaŋk zaɪn]
saúde (f)	Gesundheit (f)	[gə'zʊnthaɪt]

nariz (m) a escorrer	Schnupfen (m)	['ʃnʊpfən]
amigdalite (f)	Angina (f)	[aŋ'gi:na]
constipação (f)	Erkältung (f)	[ɛɐ'kɛltʊŋ]
constipar-se (vr)	sich erkälten	[zɪç ɛɐ'kɛltən]

bronquite (f)	Bronchitis (f)	[bʀɔn'çi:tɪs]
pneumonia (f)	Lungenentzündung (f)	['lʊŋən?ɛnt,tsʏndʊŋ]
gripe (f)	Grippe (f)	['gʀɪpə]

míope	kurzsichtig	['kʊɐts,zɪçtɪç]
presbita	weitsichtig	['vaɪt,zɪçtɪç]
estrabismo (m)	Schielen (n)	['ʃi:lən]
estrábico	schielend	['ʃi:lənt]
catarata (f)	grauer Star (m)	['gʀaʊɐ ʃta:ɐ]
glaucoma (m)	Glaukom (n)	[glau'ko:m]

AVC (m), apoplexia (f)	Schlaganfall (m)	['ʃla:k?an,fal]
ataque (m) cardíaco	Infarkt (m)	[ɪn'faʁkt]
enfarte (m) do miocárdio	Herzinfarkt (m)	['hɛɐts?ɪn,faʁkt]
paralisia (f)	Lähmung (f)	['lɛ:mʊŋ]
paralisar (vt)	lähmen (vt)	['lɛ:mən]

alergia (f)	Allergie (f)	[,alɛʁ'gi:]
asma (f)	Asthma (n)	['astma]
diabetes (f)	Diabetes (m)	[dia'be:tɛs]

dor (f) de dentes	Zahnschmerz (m)	['tsa:n,ʃmɛʁts]
cárie (f)	Karies (f)	['ka:ʁiɛs]

diarreia (f)	Durchfall (m)	['dʊʁç,fal]
prisão (f) de ventre	Verstopfung (f)	[fɛɐ'ʃtɔpfʊŋ]
desarranjo (m) intestinal	Magenverstimmung (f)	['ma:gən·fɛɐʃtɪmʊŋ]
intoxicação (f) alimentar	Vergiftung (f)	[fɛɐ'gɪftʊŋ]
intoxicar-se	Vergiftung bekommen	[fɛɐ'gɪftʊŋ bə'kɔmən]

artrite (f)	Arthritis (f)	[aʁ'tʀi:tɪs]
raquitismo (m)	Rachitis (f)	[ʀa'χi:tɪs]
reumatismo (m)	Rheumatismus (m)	[ʀɔɪma'tɪsmʊs]
arteriosclerose (f)	Atherosklerose (f)	[atɛʁoskle'ʀo:zə]

gastrite (f)	Gastritis (f)	[gas'tʀi:tɪs]
apendicite (f)	Blinddarmentzündung (f)	['blɪntdaʁm?ɛnt,tsʏndʊŋ]

colecistite (f)	**Cholezystitis** (f)	[çoletsʏsˈtiːtɪs]
úlcera (f)	**Geschwür** (n)	[gəˈʃvyːɐ]
sarampo (m)	**Masern** (pl)	[ˈmaːzɐn]
rubéola (f)	**Röteln** (pl)	[ˈʀøːtəln]
iterícia (f)	**Gelbsucht** (f)	[ˈgɛlpˌzʊχt]
hepatite (f)	**Hepatitis** (f)	[ˌhepaˈtiːtɪs]
esquizofrenia (f)	**Schizophrenie** (f)	[ʃitsofʀeˈniː]
raiva (f)	**Tollwut** (f)	[ˈtɔlˌvuːt]
neurose (f)	**Neurose** (f)	[nɔɪˈʀoːzə]
comoção (f) cerebral	**Gehirnerschütterung** (f)	[gəˈhɪʀnʔɛɐʃʏtəʀʊŋ]
cancro (m)	**Krebs** (m)	[kʀeːps]
esclerose (f)	**Sklerose** (f)	[skleˈʀoːzə]
esclerose (f) múltipla	**multiple Sklerose** (f)	[mʊlˈtiːplə skleˈʀoːzə]
alcoolismo (m)	**Alkoholismus** (m)	[ˌalkohoˈlɪsmʊs]
alcoólico (m)	**Alkoholiker** (m)	[alkoˈhoːlikɐ]
sífilis (f)	**Syphilis** (f)	[ˈzyːfilɪs]
SIDA (f)	**AIDS**	[ˈeɪts]
tumor (m)	**Tumor** (m)	[ˈtuːmoːɐ]
maligno	**bösartig**	[ˈbøːsˌʔaːɐtɪç]
benigno	**gutartig**	[ˈguːtˌʔaːɐtɪç]
febre (f)	**Fieber** (n)	[ˈfiːbɐ]
malária (f)	**Malaria** (f)	[maˈlaːʀɪa]
gangrena (f)	**Gangrän** (f, n)	[ɡaŋˈɡʀɛːn]
enjoo (m)	**Seekrankheit** (f)	[ˈzeːˌkʀaŋkhaɪt]
epilepsia (f)	**Epilepsie** (f)	[epilɛˈpsiː]
epidemia (f)	**Epidemie** (f)	[epideˈmiː]
tifo (m)	**Typhus** (m)	[ˈtyːfʊs]
tuberculose (f)	**Tuberkulose** (f)	[tubɛʀkuˈloːzə]
cólera (f)	**Cholera** (f)	[ˈkoːleʀa]
peste (f)	**Pest** (f)	[pɛst]

72. Sintomas. Tratamentos. Parte 1

sintoma (m)	**Symptom** (n)	[zʏmpˈtoːm]
temperatura (f)	**Temperatur** (f)	[tɛmpəʀaˈtuːɐ]
febre (f)	**Fieber** (n)	[ˈfiːbɐ]
pulso (m)	**Puls** (m)	[pʊls]
vertigem (f)	**Schwindel** (m)	[ˈʃvɪndəl]
quente (testa, etc.)	**heiß**	[haɪs]
calafrio (m)	**Schüttelfrost** (m)	[ˈʃʏtəlˌfʀɔst]
pálido	**blass**	[blas]
tosse (f)	**Husten** (m)	[ˈhuːstən]
tossir (vi)	**husten** (vi)	[ˈhuːstən]
espirrar (vi)	**niesen** (vi)	[ˈniːzən]
desmaio (m)	**Ohnmacht** (f)	[ˈoːnˌmaχt]
desmaiar (vi)	**ohnmächtig werden**	[ˈoːnˌmɛçtɪç ˈveːɐdən]

nódoa (f) negra	blauer Fleck (m)	['blauɐ flɛk]
galo (m)	Beule (f)	['bɔɪlə]
magoar-se (vr)	sich stoßen	[zɪç 'ʃtoːsən]
pisadura (f)	Prellung (f)	['pʀɛluŋ]
aleijar-se (vr)	sich stoßen	[zɪç 'ʃtoːsən]

coxear (vi)	hinken (vi)	['hɪŋkən]
deslocação (f)	Verrenkung (f)	[fɛɐ'ʀɛnkuŋ]
deslocar (vt)	ausrenken (vt)	['aus‚ʀɛŋkən]
fratura (f)	Fraktur (f)	[fʀak'tuːɐ]
fraturar (vt)	brechen (vt)	['bʀɛçən]

corte (m)	Schnittwunde (f)	['ʃnɪt‚vundə]
cortar-se (vr)	sich schneiden	[zɪç 'ʃnaɪdən]
hemorragia (f)	Blutung (f)	['bluːtuŋ]

queimadura (f)	Verbrennung (f)	[fɛɐ'bʀɛnuŋ]
queimar-se (vr)	sich verbrennen	[zɪç fɛɐ'bʀɛnən]

picar (vt)	stechen (vt)	['ʃtɛçən]
picar-se (vr)	sich stechen	[zɪç 'ʃtɛçən]
lesionar (vt)	verletzen (vt)	[fɛɐ'lɛtsən]
lesão (m)	Verletzung (f)	[fɛɐ'lɛtsuŋ]
ferida (f), ferimento (m)	Wunde (f)	['vundə]
trauma (m)	Trauma (n)	['tʀauma]

delirar (vi)	irrereden (vi)	['ɪʀə‚ʀeːdən]
gaguejar (vi)	stottern (vi)	['ʃtɔtən]
insolação (f)	Sonnenstich (m)	['zɔnənʃtɪç]

73. Sintomas. Tratamentos. Parte 2

dor (f)	Schmerz (m)	[ʃmɛʁts]
farpa (no dedo)	Splitter (m)	['ʃplɪtɐ]

suor (m)	Schweiß (m)	[ʃvaɪs]
suar (vi)	schwitzen (vi)	['ʃvɪtsən]
vómito (m)	Erbrechen (n)	[ɛɐ'bʀɛçən]
convulsões (f pl)	Krämpfe (pl)	['kʀɛmpfə]

grávida	schwanger	['ʃvaŋɐ]
nascer (vi)	geboren sein	[gə'boːʀən zaɪn]
parto (m)	Geburt (f)	[gə'buːɐt]
dar à luz	gebären (vt)	[gə'bɛːʀən]
aborto (m)	Abtreibung (f)	['ap‚tʀaɪbuŋ]

respiração (f)	Atem (m)	['aːtəm]
inspiração (f)	Atemzug (m)	['aːtəm‚tsuːk]
expiração (f)	Ausatmung (f)	['aus?aːtmuŋ]
expirar (vi)	ausatmen (vt)	['aus‚?aːtmən]
inspirar (vi)	einatmen (vt)	['aɪn‚?aːtmən]

inválido (m)	Invalide (m)	[ɪnva'liːdə]
aleijado (m)	Krüppel (m)	['kʀʏpəl]

toxicodependente (m)	Drogenabhängiger (m)	['dʀo:gən,ʔaphɛŋɪgə]
surdo	taub	[taʊp]
mudo	stumm	[ʃtʊm]
surdo-mudo	taubstumm	['taʊpʃtʊm]

louco (adj.)	verrückt	[fɛɐ'ʀʏkt]
louco (m)	Irre (m)	['ɪʀə]
louca (f)	Irre (f)	['ɪʀə]
ficar louco	den Verstand verlieren	[den fɛɐ'ʃtant fɛɐ'li:ʀən]

gene (m)	Gen (n)	[ge:n]
imunidade (f)	Immunität (f)	[ɪmuni'tɛ:t]
hereditário	erblich	['ɛʁplɪç]
congénito	angeboren	['angə,bo:ʀən]

vírus (m)	Virus (m, n)	['vi:ʀʊs]
micróbio (m)	Mikrobe (f)	[mi'kʀo:bə]
bactéria (f)	Bakterie (f)	[bak'te:ʀɪə]
infeção (f)	Infektion (f)	[ɪnfɛk'tsjo:n]

74. Sintomas. Tratamentos. Parte 3

hospital (m)	Krankenhaus (n)	['kʀaŋkən,haʊs]
paciente (m)	Patient (m)	[pa'tsɪɛnt]

diagnóstico (m)	Diagnose (f)	[dia'gno:zə]
cura (f)	Heilung (f)	['haɪlʊŋ]
tratamento (m) médico	Behandlung (f)	[bə'handlʊŋ]
curar-se (vr)	Behandlung bekommen	[bə'handlʊŋ bə'kɔmən]
tratar (vt)	behandeln (vt)	[bə'handəln]
cuidar (pessoa)	pflegen (vt)	['pfle:gən]
cuidados (m pl)	Pflege (f)	['pfle:gə]

operação (f)	Operation (f)	[opəʀa'tsjo:n]
enfaixar (vt)	verbinden (vt)	[fɛɐ'bɪndən]
enfaixamento (m)	Verband (m)	[fɛɐ'bant]

vacinação (f)	Impfung (f)	['ɪmpfʊŋ]
vacinar (vt)	impfen (vt)	['ɪmpfən]
injeção (f)	Spritze (f)	['ʃpʀɪtsə]
dar uma injeção	eine Spritze geben	['aɪnə 'ʃpʀɪtsə 'ge:bən]

ataque (~ de asma, etc.)	Anfall (m)	['an,fal]
amputação (f)	Amputation (f)	[amputa'tsjo:n]
amputar (vt)	amputieren (vt)	[ampu'ti:ʀən]
coma (f)	Koma (n)	['ko:ma]
estar em coma	im Koma liegen	[ɪm 'ko:ma 'li:gən]
reanimação (f)	Reanimation (f)	[ʀe'ʔanima'tsjo:n]

recuperar-se (vr)	genesen von ...	[gə'ne:zən fɔn]
estado (~ de saúde)	Zustand (m)	['tsu:ʃtant]
consciência (f)	Bewusstsein (n)	[bə'vʊstzaɪn]
memória (f)	Gedächtnis (n)	[gə'dɛçtnɪs]
tirar (vt)	ziehen (vt)	['tsi:ən]

73

| chumbo (m), obturação (f) | Plombe (f) | ['plɔmbə] |
| chumbar, obturar (vt) | plombieren (vt) | [plɔm'biːʀən] |

| hipnose (f) | Hypnose (f) | [hʏp'noːzə] |
| hipnotizar (vt) | hypnotisieren (vt) | [hʏpnoti'ziːʀən] |

75. Médicos

médico (m)	Arzt (m)	[aʁtst]
enfermeira (f)	Krankenschwester (f)	[kʀaŋkən‚ʃvɛstə]
médico (m) pessoal	Privatarzt (m)	[pʀi'vaːt‚ʔaʁtst]

dentista (m)	Zahnarzt (m)	['tsaːn‚ʔaʁtst]
oculista (m)	Augenarzt (m)	['aʊgən‚ʔaʁtst]
terapeuta (m)	Internist (m)	[ɪntɐ'nɪst]
cirurgião (m)	Chirurg (m)	[çi'ʀuʁk]

psiquiatra (m)	Psychiater (m)	[psy'çiaːtɐ]
pediatra (m)	Kinderarzt (m)	['kɪndɐ‚ʔaʁtst]
psicólogo (m)	Psychologe (m)	[psyço'loːgə]
ginecologista (m)	Frauenarzt (m)	['fʀaʊən‚ʔaʁtst]
cardiologista (m)	Kardiologe (m)	[kaʁdɪo'loːgə]

76. Medicina. Drogas. Acessórios

medicamento (m)	Arznei (f)	[aʁts'naɪ]
remédio (m)	Heilmittel (n)	['haɪl‚mɪtəl]
receitar (vt)	verschreiben (vt)	[fɛɐ'ʃʀaɪbən]
receita (f)	Rezept (n)	[ʀe'tsɛpt]

comprimido (m)	Tablette (f)	[tab'letə]
pomada (f)	Salbe (f)	['zalbə]
ampola (f)	Ampulle (f)	[am'pʊlə]
preparado (m)	Mixtur (f)	[mɪks'tuːɐ]
xarope (m)	Sirup (m)	['ziːʀʊp]
cápsula (f)	Pille (f)	['pɪlə]
remédio (m) em pó	Pulver (n)	['pʊlfɐ]

ligadura (f)	Verband (m)	[fɛɐ'bant]
algodão (m)	Watte (f)	['vatə]
iodo (m)	Jod (n)	[joːt]

penso (m) rápido	Pflaster (n)	['pflastɐ]
conta-gotas (m)	Pipette (f)	[pi'pɛtə]
termómetro (m)	Thermometer (n)	[tɛʁmo'meːtɐ]
seringa (f)	Spritze (f)	['ʃpʀɪtsə]

| cadeira (f) de rodas | Rollstuhl (m) | ['ʀɔlˌʃtuːl] |
| muletas (f pl) | Krücken (pl) | ['kʀʏkən] |

| analgésico (m) | Betäubungsmittel (n) | [bə'tɔɪbʊŋsˌmɪtəl] |
| laxante (m) | Abführmittel (n) | ['apfyːɐˌmɪtəl] |

álcool (m) etílico	Spiritus (m)	['spi:ritʊs]
ervas (f pl) medicinais	Heilkraut (n)	['haɪl‚kraʊt]
de ervas (chá ~)	Kräuter-	['krɔɪtə]

77. Fumar. Produtos tabágicos

tabaco (m)	Tabak (m)	['ta:bak]
cigarro (m)	Zigarette (f)	[tsiga'rɛtə]
charuto (m)	Zigarre (f)	[tsi'garə]
cachimbo (m)	Pfeife (f)	['pfaɪfə]
maço (~ de cigarros)	Packung (f)	['pakʊŋ]

fósforos (m pl)	Streichhölzer (pl)	['ʃtraɪç‚hœltsə]
caixa (f) de fósforos	Streichholzschachtel (f)	['ʃtraɪç·hɔlts‚ʃaχtəl]
isqueiro (m)	Feuerzeug (n)	['fɔre‚tsɔɪk]
cinzeiro (m)	Aschenbecher (m)	['aʃən·bɛçə]
cigarreira (f)	Zigarettenetui (n)	[tsiga'rɛtən?ɛt‚vi:]

| boquilha (f) | Mundstück (n) | ['mʊntʃtʏk] |
| filtro (m) | Filter (n) | ['fɪltə] |

fumar (vi, vt)	rauchen (vi, vt)	['raʊχən]
acender um cigarro	anrauchen (vt)	['an‚raʊχən]
tabagismo (m)	Rauchen (n)	['raʊχən]
fumador (m)	Raucher (m)	['raʊχə]

beata (f)	Stummel (m)	['ʃtʊməl]
fumo (m)	Rauch (m)	[raʊχ]
cinza (f)	Asche (f)	['aʃə]

HABITAT HUMANO

Cidade

78. Cidade. Vida na cidade

cidade (f)	Stadt (f)	[ʃtat]
capital (f)	Hauptstadt (f)	['haʊptˌʃtat]
aldeia (f)	Dorf (n)	[dɔʁf]
mapa (m) da cidade	Stadtplan (m)	['ʃtatˌplaːn]
centro (m) da cidade	Stadtzentrum (n)	['ʃtatˌtsɛntʁʊm]
subúrbio (m)	Vorort (m)	['foːɐˌʔɔʁt]
suburbano	Vorort-	['foːɐˌʔɔʁt]
periferia (f)	Stadtrand (m)	['ʃtatˌʁant]
arredores (m pl)	Umgebung (f)	[ʊm'geːbʊŋ]
quarteirão (m)	Stadtviertel (n)	['ʃtatˌfɪʁtəl]
quarteirão (m) residencial	Wohnblock (m)	['voːnˌblɔk]
tráfego (m)	Straßenverkehr (m)	['ʃtʁaːsənˌfɛɐˌkeːɐ]
semáforo (m)	Ampel (f)	['ampəl]
transporte (m) público	Stadtverkehr (m)	['ʃtatˌfɛɐ'keːɐ]
cruzamento (m)	Straßenkreuzung (f)	['ʃtʁaːsənˌkʁɔɪtsʊŋ]
passadeira (f)	Übergang (m)	['yːbɐˌgaŋ]
passagem (f) subterrânea	Fußgängerunterführung (f)	['fuːsˌgɛŋɐˌʊntɐ'fyːʁʊŋ]
cruzar, atravessar (vt)	überqueren (vt)	[yːbɐ'kveːʁən]
peão (m)	Fußgänger (m)	['fuːsˌgɛŋɐ]
passeio (m)	Gehweg (m)	['geːˌveːk]
ponte (f)	Brücke (f)	['bʁʏkə]
margem (f) do rio	Kai (m)	[kaɪ]
fonte (f)	Springbrunnen (m)	['ʃpʁɪŋˌbʁʊnən]
alameda (f)	Allee (f)	[a'leː]
parque (m)	Park (m)	[paʁk]
bulevar (m)	Boulevard (m)	[bulə'vaːɐ]
praça (f)	Platz (m)	[plats]
avenida (f)	Avenue (f)	[avə'nyː]
rua (f)	Straße (f)	['ʃtʁaːsə]
travessa (f)	Gasse (f)	['gasə]
beco (m) sem saída	Sackgasse (f)	['zakˌgasə]
casa (f)	Haus (n)	[haʊs]
edifício, prédio (m)	Gebäude (n)	[gə'bɔɪdə]
arranha-céus (m)	Wolkenkratzer (m)	['vɔlkənˌkʁatsɐ]
fachada (f)	Fassade (f)	[fa'saːdə]
telhado (m)	Dach (n)	[daχ]

janela (f)	Fenster (n)	['fɛnstɐ]
arco (m)	Bogen (m)	['boːgən]
coluna (f)	Säule (f)	['zɔɪlə]
esquina (f)	Ecke (f)	['ɛkə]

montra (f)	Schaufenster (n)	['ʃaʊ̯ˌfɛnstɐ]
letreiro (m)	Firmenschild (n)	['fɪʁmənˌʃɪlt]
cartaz (m)	Anschlag (m)	['anʃlaːk]
cartaz (m) publicitário	Werbeposter (m)	['vɛʁbəˌpoːstɐ]
painel (m) publicitário	Werbeschild (n)	['vɛʁbəˌʃɪlt]

lixo (m)	Müll (m)	[mʏl]
cesta (f) do lixo	Mülleimer (m)	['mʏlˌʔaɪmɐ]
jogar lixo na rua	Abfall wegwerfen	['apfal 'vɛkˌvɛʁfən]
aterro (m) sanitário	Mülldeponie (f)	['mʏlˈdepoˌniː]

cabine (f) telefónica	Telefonzelle (f)	[teleˈfoːnˌtsɛlə]
candeeiro (m) de rua	Straßenlaterne (f)	['ʃtʁaːsən·laˌtɛʁnə]
banco (m)	Bank (f)	[baŋk]

polícia (m)	Polizist (m)	[poliˈtsɪst]
polícia (instituição)	Polizei (f)	[ˌpoliˈtsaɪ]
mendigo (m)	Bettler (m)	['bɛtlɐ]
sem-abrigo (m)	Obdachlose (m)	['ɔpdaχˌloːzə]

79. Instituições urbanas

loja (f)	Laden (m)	['laːdən]
farmácia (f)	Apotheke (f)	[apoˈteːkə]
ótica (f)	Optik (f)	['ɔptɪk]
centro (m) comercial	Einkaufszentrum (n)	['aɪnkaʊ̯fsˌtsɛntʁʊm]
supermercado (m)	Supermarkt (m)	['zuːpɐˌmaʁkt]

padaria (f)	Bäckerei (f)	[ˌbɛkəˈʁaɪ]
padeiro (m)	Bäcker (m)	['bɛkɐ]
pastelaria (f)	Konditorei (f)	[ˌkɔndɪtoˈʁaɪ]
mercearia (f)	Lebensmittelladen (m)	['leːbənsˌmɪtəl·laːdən]
talho (m)	Metzgerei (f)	[mɛtsgəˈʁaɪ]

| loja (f) de legumes | Gemüseladen (m) | [gəˈmyːzəˌlaːdən] |
| mercado (m) | Markt (m) | [maʁkt] |

café (m)	Kaffeehaus (n)	[kaˈfeːˌhaʊs]
restaurante (m)	Restaurant (n)	[ʁɛstoˈʁaŋ]
bar (m), cervejaria (f)	Bierstube (f)	['biːɐ̯ʃtuːbə]
pizzaria (f)	Pizzeria (f)	[pɪtseˈʁiːa]

salão (m) de cabeleireiro	Friseursalon (m)	[fʁiˈzøːɐ̯·zaˌlɔŋ]
correios (m pl)	Post (f)	[pɔst]
lavandaria (f)	chemische Reinigung (f)	[çeːmiʃə 'ʁaɪnɪgʊŋ]
estúdio (m) fotográfico	Fotostudio (n)	['fotoʃtuːdɪo]

| sapataria (f) | Schuhgeschäft (n) | ['ʃuːgəˌʃɛft] |
| livraria (f) | Buchhandlung (f) | ['buːχˌhandlʊŋ] |

loja (f) de artigos de desporto	Sportgeschäft (n)	['ʃpɔʁt·gə'ʃɛft]
reparação (f) de roupa	Kleiderreparatur (f)	['klaɪdə‚ʁepaʁa'tu:ɐ]
aluguer (m) de roupa	Bekleidungsverleih (m)	[bə'klaɪdʊŋs·fɛɐ'laɪ]
aluguer (m) de filmes	Videothek (f)	[video'te:k]

circo (m)	Zirkus (m)	['tsɪʁkʊs]
jardim (m) zoológico	Zoo (m)	['tso:]
cinema (m)	Kino (n)	['ki:no]
museu (m)	Museum (n)	[mu'ze:ʊm]
biblioteca (f)	Bibliothek (f)	[biblio'te:k]

teatro (m)	Theater (n)	[te'a:tɐ]
ópera (f)	Opernhaus (n)	['o:pɐn‚haʊs]
clube (m) noturno	Nachtklub (m)	['naxt‚klʊp]
casino (m)	Kasino (n)	[ka'zi:no]

mesquita (f)	Moschee (f)	[mɔ'ʃe:]
sinagoga (f)	Synagoge (f)	[zyna'go:gə]
catedral (f)	Kathedrale (f)	[kate'dʁa:lə]
templo (m)	Tempel (m)	['tɛmpəl]
igreja (f)	Kirche (f)	['kɪʁçə]

instituto (m)	Institut (n)	[ɪnsti'tu:t]
universidade (f)	Universität (f)	[univɛʁzi'tɛ:t]
escola (f)	Schule (f)	['ʃu:lə]

prefeitura (f)	Präfektur (f)	[pʁɛfɛk'tu:ɐ]
câmara (f) municipal	Rathaus (n)	['ʁa:t‚haʊs]
hotel (m)	Hotel (n)	[ho'tɛl]
banco (m)	Bank (f)	[baŋk]

embaixada (f)	Botschaft (f)	['bo:tʃaft]
agência (f) de viagens	Reisebüro (n)	['ʁaɪzə·by‚ʁo:]
agência (f) de informações	Informationsbüro (n)	[ɪnfɔʁma'tsjo:ns·by‚ʁo:]
casa (f) de câmbio	Wechselstube (f)	['vɛksəlˌʃtu:bə]

| metro (m) | U-Bahn (f) | ['u:ba:n] |
| hospital (m) | Krankenhaus (n) | ['kʁaŋkən‚haʊs] |

| posto (m) de gasolina | Tankstelle (f) | ['taŋkˌʃtɛlə] |
| parque (m) de estacionamento | Parkplatz (m) | ['paʁkˌplats] |

80. Sinais

letreiro (m)	Firmenschild (n)	['fɪʁmənˌʃɪlt]
inscrição (f)	Aufschrift (f)	['aʊfˌʃʁɪft]
cartaz, póster (m)	Plakat (n)	[pla'ka:t]
sinal (m) informativo	Wegweiser (m)	['vɛkˌvaɪzə]
seta (f)	Pfeil (m)	[pfaɪl]

aviso (advertência)	Vorsicht (f)	['fo:ɐˌzɪçt]
sinal (m) de aviso	Warnung (f)	['vaʁnʊŋ]
avisar, advertir (vt)	warnen (vt)	['vaʁnən]
dia (m) de folga	freier Tag (m)	['fʁaɪɐ ta:k]

| horário (m) | Fahrplan (m) | ['fa:ɐ̯pla:n] |
| horário (m) de funcionamento | Öffnungszeiten (pl) | ['œfnʊŋsˌtsaɪtən] |

BEM-VINDOS!	HERZLICH WILLKOMMEN!	['hɛʁtslɪç vɪl'kɔmən]
ENTRADA	EINGANG	['aɪnˌgaŋ]
SAÍDA	AUSGANG	['aʊsˌgaŋ]

EMPURRE	DRÜCKEN	['dʀʏkən]
PUXE	ZIEHEN	['tsi:ən]
ABERTO	GEÖFFNET	[gə'ʔœfnət]
FECHADO	GESCHLOSSEN	[gə'ʃlɔsən]

| MULHER | DAMEN, FRAUEN | ['da:mən], ['fʀaʊən] |
| HOMEM | HERREN, MÄNNER | ['hɛʀən], ['mɛnɐ] |

DESCONTOS	AUSVERKAUF	['aʊsfɛɐ̯kaʊf]
SALDOS	REDUZIERT	[ʀedu'tsi:ɐt]
NOVIDADE!	NEU!	[nɔɪ]
GRÁTIS	GRATIS	['gʀa:tɪs]

ATENÇÃO!	ACHTUNG!	['aχtʊŋ]
NÃO HÁ VAGAS	ZIMMER BELEGT	['tsɪmɐ bə'le:kt]
RESERVADO	RESERVIERT	[ʀezɛʁ'vi:ɐt]

| ADMINISTRAÇÃO | VERWALTUNG | [fɛɐ̯'valtʊŋ] |
| SOMENTE PESSOAL AUTORIZADO | NUR FÜR PERSONAL | [nu:ɐ fy:ɐ pɛʁzo'na:l] |

CUIDADO CÃO FEROZ	VORSICHT BISSIGER HUND	['fo:ɐ̯zɪçt 'bɪsɪgɐ hʊnt]
PROIBIDO FUMAR!	RAUCHEN VERBOTEN!	['ʀaʊχən fɛɐ'bo:tən]
NÃO TOCAR	BITTE NICHT BERÜHREN	['bɪtə nɪçt bə'ʀy:ʀən]

PERIGOSO	GEFÄHRLICH	[gə'fɛ:ɐlɪç]
PERIGO	VORSICHT!	['fo:ɐ̯zɪçt]
ALTA TENSÃO	HOCHSPANNUNG	['ho:χʃpanʊŋ]
PROIBIDO NADAR	BADEN VERBOTEN	['ba:dən fɛɐ'bo:tən]
AVARIADO	AUßER BETRIEB	[ˌaʊsɐ bə'tʀi:p]

INFLAMÁVEL	LEICHTENTZÜNDLICH	['laɪçt?ɛn'tsʏntlɪç]
PROIBIDO	VERBOTEN	[fɛɐ'bo:tən]
ENTRADA PROIBIDA	DURCHGANG VERBOTEN	['dʊʁçˌgaŋ fɛɐ'bo:tən]
CUIDADO TINTA FRESCA	FRISCH GESTRICHEN	[fʀɪʃ gə'ʃtʀɪçən]

81. Transportes urbanos

autocarro (m)	Bus (m)	[bʊs]
elétrico (m)	Straßenbahn (f)	['ʃtra:sənˌba:n]
troleicarro (m)	Obus (m)	['o:bʊs]
itinerário (m)	Linie (f)	['li:niə]
número (m)	Nummer (f)	['nʊmɐ]

| ir de ... (carro, etc.) | mit ... fahren | [mɪt ... 'fa:ʀən] |
| entrar (~ no autocarro) | einsteigen (vi) | ['aɪnˌʃtaɪgən] |

descer de ...	aussteigen (vi)	['aʊsˌʃtaɪɡən]
paragem (f)	Haltestelle (f)	['haltəˌʃtɛlə]
próxima paragem (f)	nächste Haltestelle (f)	['nɛːçstə 'haltəˌʃtɛlə]
ponto (m) final	Endhaltestelle (f)	['ɛntˌhaltəʃtɛlə]
horário (m)	Fahrplan (m)	['faːɐˌplaːn]
esperar (vt)	warten (vi, vt)	['vaʁtən]

| bilhete (m) | Fahrkarte (f) | ['faːɐˌkaʁtə] |
| custo (m) do bilhete | Fahrpreis (m) | ['faːɐˌpʁaɪs] |

bilheteiro (m)	Kassierer (m)	[ka'siːʁɐ]
controlo (m) dos bilhetes	Fahrkartenkontrolle (f)	['faːɐˌkaʁtən·kɔn'tʁɔlə]
revisor (m)	Kontrolleur (m)	[kɔntʁo'løːɐ]

atrasar-se (vr)	sich verspäten	[zɪç fɛɐ'ʃpɛːtən]
perder (o autocarro, etc.)	versäumen (vt)	[fɛɐ'zɔɪmən]
estar com pressa	sich beeilen	[zɪç bə'ʔaɪlən]

táxi (m)	Taxi (n)	['taksi]
taxista (m)	Taxifahrer (m)	['taksiˌfaːʁɐ]
de táxi (ir ~)	mit dem Taxi	[mɪt dem 'taksi]
praça (f) de táxis	Taxistand (m)	['taksiˌʃtant]
chamar um táxi	ein Taxi rufen	[aɪn 'taksi 'ʁuːfən]
apanhar um táxi	ein Taxi nehmen	[aɪn 'taksi 'neːmən]

tráfego (m)	Straßenverkehr (m)	['ʃtʁaːsən·fɛɐˌkeːɐ]
engarrafamento (m)	Stau (m)	[ʃtaʊ]
horas (f pl) de ponta	Hauptverkehrszeit (f)	['haʊpt·fɛɐ'keːɐsˌtsaɪt]
estacionar (vi)	parken (vi)	['paʁkən]
estacionar (vt)	parken (vt)	['paʁkən]
parque (m) de estacionamento	Parkplatz (m)	['paʁkˌplats]

metro (m)	U-Bahn (f)	['uːbaːn]
estação (f)	Station (f)	[ʃta'tsjoːn]
ir de metro	mit der U-Bahn fahren	[mɪt deːɐ 'uːbaːn 'faːʁən]
comboio (m)	Zug (m)	[tsuːk]
estação (f)	Bahnhof (m)	['baːnˌhoːf]

82. Turismo

monumento (m)	Denkmal (n)	['dɛŋkˌmaːl]
fortaleza (f)	Festung (f)	['fɛstʊŋ]
palácio (m)	Palast (m)	[pa'last]
castelo (m)	Schloss (n)	[ʃlɔs]
torre (f)	Turm (m)	[tʊʁm]
mausoléu (m)	Mausoleum (n)	[ˌmaʊzo'leːʊm]

arquitetura (f)	Architektur (f)	[aʁçitɛk'tuːɐ]
medieval	mittelalterlich	['mɪtəlˌʔaltɐlɪç]
antigo	alt	[alt]
nacional	national	[natsjo'naːl]
conhecido	berühmt	[bə'ʁyːmt]
turista (m)	Tourist (m)	[tu'ʁɪst]
guia (pessoa)	Fremdenführer (m)	['fʁɛmdənˌfyːʁɐ]

excursão (f)	Ausflug (m)	['aʊsˌfluːk]
mostrar (vt)	zeigen (vt)	['tsaɪɡən]
contar (vt)	erzählen (vt)	[ɛɐ'tsɛːlən]

encontrar (vt)	finden (vt)	['fɪndən]
perder-se (vr)	sich verlieren	[zɪç fɛɐ'liːbən]
mapa (~ do metrô)	Karte (f)	['kaʁtə]
mapa (~ da cidade)	Karte (f)	['kaʁtə]

lembrança (f), presente (m)	Souvenir (n)	[zuvəˌniːɐ]
loja (f) de presentes	Souvenirladen (m)	[zuvəˌniːɐ'laːdən]
fotografar (vt)	fotografieren (vt)	[fotoɡʁa'fiːʁən]
fotografar-se	sich fotografieren	[zɪç fotoɡʁa'fiːʁən]

83. Compras

comprar (vt)	kaufen (vt)	['kaufən]
compra (f)	Einkauf (m)	['aɪnˌkaʊf]
fazer compras	einkaufen gehen	['aɪnˌkaʊfən 'ɡeːən]
compras (f pl)	Einkaufen (n)	['aɪnˌkaʊfən]

| estar aberta (loja, etc.) | offen sein | ['ɔfən zaɪn] |
| estar fechada | zu sein | [tsu zaɪn] |

calçado (m)	Schuhe (pl)	['ʃuːə]
roupa (f)	Kleidung (f)	['klaɪdʊŋ]
cosméticos (m pl)	Kosmetik (f)	[kɔs'meːtɪk]
alimentos (m pl)	Lebensmittel (pl)	['leːbənsˌmɪtəl]
presente (m)	Geschenk (n)	[ɡə'ʃɛŋk]

| vendedor (m) | Verkäufer (m) | [fɛɐ'kɔɪfə] |
| vendedora (f) | Verkäuferin (f) | [fɛɐ'kɔɪfəʁɪn] |

caixa (f)	Kasse (f)	['kasə]
espelho (m)	Spiegel (m)	['ʃpiːɡəl]
balcão (m)	Ladentisch (m)	['laːdənˌtɪʃ]
cabine (f) de provas	Umkleidekabine (f)	['ʊmklaɪdə·kaˌbiːnə]

provar (vt)	anprobieren (vt)	['anpʁoˌbiːʁən]
servir (vi)	passen (vi)	['pasən]
gostar (apreciar)	gefallen (vi)	[ɡə'falən]

preço (m)	Preis (m)	[pʁaɪs]
etiqueta (f) de preço	Preisschild (n)	['pʁaɪsˌʃɪlt]
custar (vt)	kosten (vt)	['kɔstən]
Quanto?	Wie viel?	['viː fiːl]
desconto (m)	Rabatt (m)	[ʁa'bat]

não caro	preiswert	['pʁaɪsˌveːɐt]
barato	billig	['bɪlɪç]
caro	teuer	['tɔɪɐ]
É caro	Das ist teuer	[das is 'tɔɪɐ]
aluguer (m)	Verleih (m)	[fɛɐ'laɪ]
alugar (vestidos, etc.)	ausleihen (vt)	['aʊsˌlaɪən]

81

| crédito (m) | Kredit (m), Darlehen (n) | [kʀeˈdiːt], [ˈdaʀˌleːən] |
| a crédito | auf Kredit | [aʊf kʀeˈdiːt] |

84. Dinheiro

dinheiro (m)	Geld (n)	[gɛlt]
câmbio (m)	Austausch (m)	[ˈaʊsˌtaʊʃ]
taxa (f) de câmbio	Kurs (m)	[kʊʀs]
Caixa Multibanco (m)	Geldautomat (m)	[ˈgɛltʔaʊtoˌmaːt]
moeda (f)	Münze (f)	[ˈmʏntsə]

| dólar (m) | Dollar (m) | [ˈdɔlaʀ] |
| euro (m) | Euro (m) | [ˈɔɪʀo] |

lira (f)	Lira (f)	[ˈliːʀa]
marco (m)	Mark (f)	[maʀk]
franco (m)	Franken (m)	[ˈfʀaŋkən]
libra (f) esterlina	Pfund Sterling (n)	[pfʊnt ˈʃtɛʀlɪŋ]
iene (m)	Yen (m)	[jɛn]

dívida (f)	Schulden (pl)	[ˈʃʊldən]
devedor (m)	Schuldner (m)	[ˈʃʊldnɐ]
emprestar (vt)	leihen (vt)	[ˈlaɪən]
pedir emprestado	ausleihen (vt)	[ˈaʊsˌlaɪən]

banco (m)	Bank (f)	[baŋk]
conta (f)	Konto (n)	[ˈkɔnto]
depositar (vt)	einzahlen (vt)	[ˈaɪnˌtsaːlən]
depositar na conta	auf ein Konto einzahlen	[aʊf aɪn ˈkɔnto ˈaɪnˌtsaːlən]
levantar (vt)	abheben (vt)	[ˈapˌheːbən]

cartão (m) de crédito	Kreditkarte (f)	[kʀeˈdiːtˌkaʀtə]
dinheiro (m) vivo	Bargeld (n)	[ˈbaːɐˌgɛlt]
cheque (m)	Scheck (m)	[ʃɛk]
passar um cheque	einen Scheck schreiben	[ˈaɪnən ʃɛk ˈʃʀaɪbn]
livro (m) de cheques	Scheckbuch (n)	[ˈʃɛkˌbuːχ]

carteira (f)	Geldtasche (f)	[ˈgɛltˌtaʃə]
porta-moedas (m)	Geldbeutel (m)	[ˈgɛltˌbɔɪtəl]
cofre (m)	Safe (m)	[sɛɪf]

herdeiro (m)	Erbe (m)	[ˈɛʀbə]
herança (f)	Erbschaft (f)	[ˈɛʀpʃaft]
fortuna (riqueza)	Vermögen (n)	[fɛɐˈmøːgən]

arrendamento (m)	Pacht (f)	[paχt]
renda (f) de casa	Miete (f)	[ˈmiːtə]
alugar (vt)	mieten (vt)	[ˈmiːtən]

preço (m)	Preis (m)	[pʀaɪs]
custo (m)	Kosten (pl)	[ˈkɔstən]
soma (f)	Summe (f)	[ˈzʊmə]
gastar (vt)	ausgeben (vt)	[ˈaʊsˌgeːbən]
gastos (m pl)	Ausgaben (pl)	[ˈaʊsˌgaːbən]

| economizar (vi) | sparen (vt) | ['ʃpa:ʀən] |
| economico | sparsam | ['ʃpa:ɐza:m] |

pagar (vt)	zahlen (vt)	['tsa:lən]
pagamento (m)	Lohn (m)	[lo:n]
troco (m)	Wechselgeld (n)	['vɛksəl‚gɛlt]

imposto (m)	Steuer (f)	['ʃtɔɪɐ]
multa (f)	Geldstrafe (f)	['gɛlt‚ʃtʀa:fə]
multar (vt)	bestrafen (vt)	[bə'ʃtʀa:fən]

85. Correios. Serviço postal

correios (m pl)	Post (f)	[pɔst]
correio (m)	Post (f)	[pɔst]
carteiro (m)	Briefträger (m)	['bʀi:f‚tʀɛ:gɐ]
horário (m)	Öffnungszeiten (pl)	['œfnʊŋs‚tsaɪtən]

carta (f)	Brief (m)	[bʀi:f]
carta (f) registada	Einschreibebrief (m)	['aɪnʃʀaɪbə‚bʀi:f]
postal (m)	Postkarte (f)	['pɔst‚kaʁtə]
telegrama (m)	Telegramm (n)	[tele'gʀam]
encomenda (f) postal	Postpaket (n)	['pɔst·pa'ke:t]
remessa (f) de dinheiro	Geldanweisung (f)	['gɛlt‚anvaɪzʊŋ]

receber (vt)	bekommen (vt)	[bə'kɔmən]
enviar (vt)	abschicken (vt)	['apˌʃɪkən]
envio (m)	Absendung (f)	['apˌzɛndʊŋ]

endereço (m)	Postanschrift (f)	['pɔstˌanʃʀɪft]
código (m) postal	Postleitzahl (f)	['pɔstlaɪtˌtsa:l]
remetente (m)	Absender (m)	['apˌzɛndɐ]
destinatário (m)	Empfänger (m)	[ɛm'pfɛŋɐ]

| nome (m) | Vorname (m) | ['fo:ɐˌna:mə] |
| apelido (m) | Nachname (m) | ['na:xˌna:mə] |

tarifa (f)	Tarif (m)	[ta'ʀi:f]
ordinário	Standard-	['standaʁt]
económico	Spar-	['ʃpa:ɐ]

peso (m)	Gewicht (n)	[gə'vɪçt]
pesar (estabelecer o peso)	abwiegen (vt)	['apˌvi:gən]
envelope (m)	Briefumschlag (m)	['bʀi:fʔʊmˌʃla:k]
selo (m)	Briefmarke (f)	['bʀi:fˌmaʁkə]
colar o selo	Briefmarke aufkleben	['bʀi:fˌmaʁkə 'aʊfˌkle:bən]

Moradia. Casa. Lar

86. Casa. Habitação

casa (f)	Haus (n)	[haʊs]
em casa	zu Hause	[tsu 'haʊzə]
pátio (m)	Hof (m)	[hoːf]
cerca (f)	Zaun (m)	[tsaʊn]

tijolo (m)	Ziegel (m)	['tsiːgəl]
de tijolos	Ziegel-	['tsiːgəl]
pedra (f)	Stein (m)	[ʃtaɪn]
de pedra	Stein-	[ʃtaɪn]
betão (m)	Beton (m)	[be'tɔŋ]
de betão	Beton-	[be'tɔŋ]

novo	neu	[nɔɪ]
velho	alt	[alt]
decrépito	baufällig	['baʊˌfɛlɪç]
moderno	modern	[mo'dɛʁn]
de muitos andares	mehrstöckig	['meːɐˌʃtœkɪç]
alto	hoch	[hoːχ]

| andar (m) | Stock (m) | [ʃtɔk] |
| de um andar | einstöckig | ['aɪnˌʃtœkɪç] |

| andar (m) de baixo | Erdgeschoß (n) | ['eːɐt·gəˌʃoːs] |
| andar (m) de cima | oberster Stock (m) | ['obɛstə ʃtɔk] |

| telhado (m) | Dach (n) | [daχ] |
| chaminé (f) | Schlot (m) | [ʃloːt] |

telha (f)	Dachziegel (m)	['daχˌtsiːgəl]
de telha	Dachziegel-	['daχˌtsiːgəl]
sótão (m)	Dachboden (m)	['daχˌboːdən]

| janela (f) | Fenster (n) | ['fɛnstɐ] |
| vidro (m) | Glas (n) | [glaːs] |

| parapeito (m) | Fensterbrett (n) | ['fɛnstɐˌbʁɛt] |
| portadas (f pl) | Fensterläden (pl) | ['fɛnstɐˌlɛːdən] |

parede (f)	Wand (f)	[vant]
varanda (f)	Balkon (m)	[bal'koːn]
tubo (m) de queda	Regenfallrohr (n)	['ʁeːgənˌfalʁoːɐ]

em cima	nach oben	[naːχ 'oːbən]
subir (~ as escadas)	hinaufgehen (vi)	[hɪ'naʊfˌgeːən]
descer (vi)	herabsteigen (vi)	[hɛ'ʁapˌʃtaɪgən]
mudar-se (vr)	umziehen (vi)	['ʊmtsiːən]

87. Casa. Entrada. Elevador

entrada (f)	Eingang (m)	['aɪnˌɡaŋ]
escada (f)	Treppe (f)	['tʀɛpə]
degraus (m pl)	Stufen (pl)	['ʃtu:fən]
corrimão (m)	Geländer (n)	[ɡə'lɛndə]
hall (m) de entrada	Halle (f)	['halə]
caixa (f) de correio	Briefkasten (m)	['bʀi:fˌkastən]
caixote (m) do lixo	Müllkasten (m)	['mʏlˌkastən]
conduta (f) do lixo	Müllschlucker (m)	['mʏlʃlʊkə]
elevador (m)	Aufzug (m), Fahrstuhl (m)	['aʊfˌtsu:k], ['fa:ɐʃtu:l]
elevador (m) de carga	Lastenaufzug (m)	['lastən·'aʊfˌtsu:k]
cabine (f)	Aufzugkabine (f)	['aʊfˌtsu:k·ka'bi:nə]
pegar o elevador	Aufzug nehmen	['aʊfˌtsu:k 'ne:mən]
apartamento (m)	Wohnung (f)	['vo:nʊŋ]
moradores (m pl)	Mieter (pl)	['mi:tə]
vizinho (m)	Nachbar (m)	['naxˌba:ɐ]
vizinha (f)	Nachbarin (f)	['naxba:ʀɪn]
vizinhos (pl)	Nachbarn (pl)	['naxba:ɐn]

88. Casa. Eletricidade

eletricidade (f)	Elektrizität (f)	[elɛktʀitsl'tɛ:t]
lâmpada (f)	Glühbirne (f)	['ɡly:ˌbɪʁnə]
interruptor (m)	Schalter (m)	['ʃaltə]
fusível (m)	Sicherung (f)	['zɪçəʀʊŋ]
fio, cabo (m)	Draht (m)	[dʀa:t]
instalação (f) elétrica	Leitung (f)	['laɪtʊŋ]
contador (m) de eletricidade	Stromzähler (m)	['ʃtʀo:mˌtsɛ:lə]
indicação (f), registo (m)	Zählerstand (m)	['tsɛ:leʃtant]

89. Casa. Portas. Fechaduras

porta (f)	Tür (f)	[ty:ɐ]
portão (m)	Tor (n)	[to:ɐ]
maçaneta (f)	Griff (m)	[ɡʀɪf]
destrancar (vt)	aufschließen (vt)	['aʊfʃli:sən]
abrir (vt)	öffnen (vt)	['œfnən]
fechar (vt)	schließen (vt)	['ʃli:sən]
chave (f)	Schlüssel (m)	['ʃlʏsəl]
molho (m)	Bündel (n)	['bʏndəl]
ranger (vi)	knarren (vi)	['knaʁən]
rangido (m)	Knarren (n)	['knaʁən]
dobradiça (f)	Türscharnier (n)	['ty:ɐ ʃaʁ'ni:ɐ]
tapete (m) de entrada	Fußmatte (f)	['fu:sˌmatə]
fechadura (f)	Schloss (n)	[ʃlɔs]

buraco (m) da fechadura	Schlüsselloch (n)	['ʃlʏsəlˌlɔχ]
ferrolho (m)	Türriegel (m)	['tyːɐˌʀiːgəl]
fecho (ferrolho pequeno)	Riegel (m)	['ʀiːgəl]
cadeado (m)	Vorhängeschloss (n)	['foːɐhɛŋəˌʃlɔs]

tocar (vt)	klingeln (vi)	['klɪŋəln]
toque (m)	Klingel (f)	['klɪŋəl]
campainha (f)	Türklingel (f)	['tyːɐˌklɪŋəl]
botão (m)	Knopf (m)	[knɔpf]
batida (f)	Klopfen (n)	['klɔpfən]
bater (vi)	anklopfen (vi)	['anˌklɔpfən]

código (m)	Code (m)	[koːt]
fechadura (f) de código	Zahlenschloss (n)	['tsaːlənˌʃlɔs]
telefone (m) de porta	Sprechanlage (f)	['ʃpʀɛçʔanˌlaːgə]
número (m)	Nummer (f)	['nʊmɐ]
placa (f) de porta	Türschild (n)	['tyːɐʃɪlt]
vigia (f), olho (m) mágico	Türspion (m)	['tyːɐˈʃpiˌoːn]

90. Casa de campo

aldeia (f)	Dorf (n)	[dɔʁf]
horta (f)	Gemüsegarten (m)	[gəˈmyːzəˌgaʁtən]
cerca (f)	Zaun (m)	[tsaʊn]
paliçada (f)	Lattenzaun (m)	['latənˌtsaʊn]
cancela (f) do jardim	Zauntür (f)	['tsaʊŋˌtyːɐ]

celeiro (m)	Speicher (m)	['ʃpaɪçɐ]
adega (f)	Keller (m)	['kɛlɐ]
galpão, barracão (m)	Schuppen (m)	['ʃʊpən]
poço (m)	Brunnen (m)	['bʀʊnən]

fogão (m)	Ofen (m)	['oːfən]
atiçar o fogo	heizen (vt)	['haɪtsən]
lenha (carvão ou ~)	Holz (n)	[hɔlts]
acha (lenha)	Holzscheit (n)	['hɔltsˌʃaɪt]

varanda (f)	Veranda (f)	[veˈʀanda]
alpendre (m)	Terrasse (f)	[tɛˈʀasə]
degraus (m pl) de entrada	Außentreppe (f)	['aʊsənˌtʀɛpə]
balouço (m)	Schaukel (f)	['ʃaʊkəl]

91. Moradia. Mansão

casa (f) de campo	Landhaus (n)	['lantˌhaʊs]
vila (f)	Villa (f)	['vɪla]
ala (~ do edifício)	Flügel (m)	['flyːgəl]

jardim (m)	Garten (m)	['gaʁtən]
parque (m)	Park (m)	[paʁk]
estufa (f)	Orangerie (f)	[oʀaŋʒəˈʀiː]
cuidar de ...	pflegen (vt)	['pfleːgən]

piscina (f)	Schwimmbad (n)	['ʃvɪmbaːt]
ginásio (m)	Kraftraum (m)	['kʀaftˌʀaʊm]
campo (m) de ténis	Tennisplatz (m)	['tɛnɪsˌplats]
cinema (m)	Heimkinoraum (m)	['haɪmkiːnoˌʀaʊm]
garagem (f)	Garage (f)	[ga'ʀaːʒə]

| propriedade (f) privada | Privateigentum (n) | [pʀi'vaːtˌʔaɪgəntuːm] |
| terreno (m) privado | Privatgrundstück (n) | [pʀi'vaːtˌgʀʊntʃtʏk] |

| advertência (f) | Warnung (f) | ['vaʀnʊŋ] |
| sinal (m) de aviso | Warnschild (n) | ['vaʀnˌʃɪlt] |

guarda (f)	Bewachung (f)	[bə'vaχʊŋ]
guarda (m)	Wächter (m)	['vɛçtɐ]
alarme (m)	Alarmanlage (f)	[a'laʀmˌanˌlaːgə]

92. Castelo. Palácio

castelo (m)	Schloss (n)	[ʃlɔs]
palácio (m)	Palast (m)	[pa'last]
fortaleza (f)	Festung (f)	['fɛstʊŋ]
muralha (f)	Mauer (f)	['maʊɐ]
torre (f)	Turm (m)	[tʊʀm]
calabouço (m)	Bergfried (m)	['bɛʀkˌfʀiːt]

grade (f) levadiça	Fallgatter (n)	['falˌgatɐ]
passagem (f) subterrânea	Tunnel (n)	['tʊnəl]
fosso (m)	Graben (m)	['gʀaːbən]
corrente, cadeia (f)	Kette (f)	['kɛtə]
seteira (f)	Schießscharte (f)	['ʃiːsˌʃaʀtə]

magnífico	großartig, prächtig	['gʀoːsˌʔaːetɪç], ['pʀɛçtɪç]
majestoso	majestätisch	[majɛs'tɛːtɪʃ]
inexpugnável	unnahbar	[ʊn'naːbaːɐ]
medieval	mittelalterlich	['mɪtəlˌʔaltelɪç]

93. Apartamento

apartamento (m)	Wohnung (f)	['voːnʊŋ]
quarto (m)	Zimmer (n)	['tsɪmɐ]
quarto (m) de dormir	Schlafzimmer (n)	['ʃlaːfˌtsɪmɐ]
sala (f) de jantar	Esszimmer (n)	['ɛsˌtsɪmɐ]
sala (f) de estar	Wohnzimmer (n)	['voːnˌtsɪmɐ]
escritório (m)	Arbeitszimmer (n)	['aʀbaɪtsˌtsɪmɐ]

antessala (f)	Vorzimmer (n)	['foːɐˌtsɪmɐ]
quarto (m) de banho	Badezimmer (n)	['baːdəˌtsɪmɐ]
toilette (lavabo)	Toilette (f)	[toa'lɛtə]

teto (m)	Decke (f)	['dɛkə]
chão, soalho (m)	Fußboden (m)	['fuːsˌboːdən]
canto (m)	Ecke (f)	['ɛkə]

94. Apartamento. Limpeza

arrumar, limpar (vt)	aufräumen (vt)	['auf‚ʀɔɪmən]
guardar (no armário, etc.)	weglegen (vt)	['vɛk‚le:gən]
pó (m)	Staub (m)	[ʃtaʊp]
empoeirado	staubig	['ʃtaʊbɪç]
limpar o pó	Staub abwischen	[ʃtaʊp 'ap‚vɪʃən]
aspirador (m)	Staubsauger (m)	['ʃtaʊp‚zaʊgɐ]
aspirar (vt)	Staub saugen	[ʃtaʊp 'zaʊgən]

varrer (vt)	kehren, fegen (vt)	['ke:ʀən], ['fe:gən]
sujeira (f)	Kehricht (m, n)	['ke:ʀɪçt]
arrumação (f), ordem (f)	Ordnung (f)	['ɔʀdnʊŋ]
desordem (f)	Unordnung (f)	['ʊn‚ʔɔʀdnʊŋ]

esfregão (m)	Schrubber (m)	['ʃʀʊbɐ]
pano (m), trapo (m)	Lappen (m)	['lapən]
vassoura (f)	Besen (m)	['be:zən]
pá (f) de lixo	Kehrichtschaufel (f)	['ke:ʀɪçtʃaʊfəl]

95. Mobiliário. Interior

mobiliário (m)	Möbel (n)	['mø:bəl]
mesa (f)	Tisch (m)	[tɪʃ]
cadeira (f)	Stuhl (m)	[ʃtu:l]
cama (f)	Bett (n)	[bɛt]
divã (m)	Sofa (n)	['zo:fa]
cadeirão (m)	Sessel (m)	['zɛsəl]

estante (f)	Bücherschrank (m)	['by:çɐ‚ʃʀaŋk]
prateleira (f)	Regal (n)	[ʀe'ga:l]

guarda-vestidos (m)	Schrank (m)	[ʃʀaŋk]
cabide (m) de parede	Hakenleiste (f)	['ha:kən‚laɪstə]
cabide (m) de pé	Kleiderständer (m)	['klaɪdɐ‚ʃtɛndɐ]

cómoda (f)	Kommode (f)	[kɔ'mo:də]
mesinha (f) de centro	Couchtisch (m)	['kaʊtʃ‚tɪʃ]

espelho (m)	Spiegel (m)	['ʃpi:gəl]
tapete (m)	Teppich (m)	['tɛpɪç]
tapete (m) pequeno	Matte (f)	['matə]

lareira (f)	Kamin (m)	[ka'mi:n]
vela (f)	Kerze (f)	['kɛʀtsə]
castiçal (m)	Kerzenleuchter (m)	['kɛʀtsən‚lɔɪçtɐ]

cortinas (f pl)	Vorhänge (pl)	['fo:ɐhɛŋə]
papel (m) de parede	Tapete (f)	[ta'pe:tə]
estores (f pl)	Jalousie (f)	[ʒalu'zi:]

candeeiro (m) de mesa	Tischlampe (f)	['tɪʃ‚lampə]
candeeiro (m) de parede	Leuchte (f)	['lɔɪçtə]

| candeeiro (m) de pé | Stehlampe (f) | ['ʃteːˌlampə] |
| lustre (m) | Kronleuchter (m) | ['kʀoːnˌlɔɪçtɐ] |

pé (de mesa, etc.)	Bein (n)	[baɪn]
braço (m)	Armlehne (f)	['aʀmˌleːnə]
costas (f pl)	Lehne (f)	['leːnə]
gaveta (f)	Schublade (f)	['ʃuːpˌlaːdə]

96. Quarto de dormir

roupa (f) de cama	Bettwäsche (f)	['bɛtˌvɛʃə]
almofada (f)	Kissen (n)	['kɪsən]
fronha (f)	Kissenbezug (m)	['kɪsən·bəˌtsuːk]
cobertor (m)	Bettdecke (f)	['bɛtˌdɛkə]
lençol (m)	Laken (n)	['laːkən]
colcha (f)	Tagesdecke (f)	['taːgəsˌdɛkə]

97. Cozinha

cozinha (f)	Küche (f)	['kʏçə]
gás (m)	Gas (n)	[gaːs]
fogão (m) a gás	Gasherd (m)	['gaːsˌheːɐt]
fogão (m) elétrico	Elektroherd (m)	[e'lɛktʀoˌheːɐt]
forno (m)	Backofen (m)	['bakˌʔoːfən]
forno (m) de micro-ondas	Mikrowellenherd (m)	['mikʀovɛlənˌheːɐt]

frigorífico (m)	Kühlschrank (m)	['kyːlʃʀaŋk]
congelador (m)	Tiefkühltruhe (f)	['tiːfkyːlˌtʀuːə]
máquina (f) de lavar louça	Geschirrspülmaschine (f)	[gə'ʃɪʀ·ʃpyːl·maˌʃiːnə]

moedor (m) de carne	Fleischwolf (m)	['flaɪʃvɔlf]
espremedor (m)	Saftpresse (f)	['zaftˌpʀɛsə]
torradeira (f)	Toaster (m)	['toːstɐ]
batedeira (f)	Mixer (m)	['mɪksɐ]

máquina (f) de café	Kaffeemaschine (f)	['kafe·maˌʃiːnə]
cafeteira (f)	Kaffeekanne (f)	['kafeˌkanə]
moinho (m) de café	Kaffeemühle (f)	['kafeˌmyːlə]

chaleira (f)	Wasserkessel (m)	['vasɐˌkɛsəl]
bule (m)	Teekanne (f)	['teːˌkanə]
tampa (f)	Deckel (m)	['dɛkəl]
coador (m) de chá	Teesieb (n)	['teːˌziːp]

colher (f)	Löffel (m)	['lœfəl]
colher (f) de chá	Teelöffel (m)	['teːˌlœfəl]
colher (f) de sopa	Esslöffel (m)	['ɛsˌlœfəl]
garfo (m)	Gabel (f)	[gaːbəl]
faca (f)	Messer (n)	['mɛsɐ]

| louça (f) | Geschirr (n) | [gə'ʃɪʀ] |
| prato (m) | Teller (m) | ['tɛlɐ] |

pires (m)	Untertasse (f)	['ʊntɐˌtasə]
cálice (m)	Schnapsglas (n)	['ʃnapsˌglaːs]
copo (m)	Glas (n)	[glaːs]
chávena (f)	Tasse (f)	['tasə]

açucareiro (m)	Zuckerdose (f)	['tsʊkɐˌdoːzə]
saleiro (m)	Salzstreuer (m)	['zaltsˌʃtʀɔɪɐ]
pimenteiro (m)	Pfefferstreuer (m)	['pfɛfɐˌʃtʀɔɪɐ]
manteigueira (f)	Butterdose (f)	['bʊtɐˌdoːzə]

panela, caçarola (f)	Kochtopf (m)	['kɔχˌtɔpf]
frigideira (f)	Pfanne (f)	['pfanə]
concha (f)	Schöpflöffel (m)	['ʃœpfˌlœfəl]
passador (m)	Durchschlag (m)	['dʊʁçˌʃlaːk]
bandeja (f)	Tablett (n)	[ta'blɛt]

garrafa (f)	Flasche (f)	['flaʃə]
boião (m) de vidro	Einmachglas (n)	['aɪnmaχˌglaːs]
lata (f)	Dose (f)	['doːzə]

abre-garrafas (m)	Flaschenöffner (m)	['flaʃənˌʔœfnɐ]
abre-latas (m)	Dosenöffner (m)	['doːzənˌʔœfnɐ]
saca-rolhas (m)	Korkenzieher (m)	['kɔʁkənˌtsiːɐ]
filtro (m)	Filter (n)	['fɪltɐ]
filtrar (vt)	filtern (vt)	['fɪltɐn]

| lixo (m) | Müll (m) | [mʏl] |
| balde (m) do lixo | Mülleimer (m) | ['mʏlˌʔaɪmɐ] |

98. Casa de banho

quarto (m) de banho	Badezimmer (n)	['baːdəˌtsɪmɐ]
água (f)	Wasser (n)	['vasɐ]
torneira (f)	Wasserhahn (m)	['vasɐˌhaːn]
água (f) quente	Warmwasser (n)	['vaʁmˌvasɐ]
água (f) fria	Kaltwasser (n)	['kaltˌvasɐ]

pasta (f) de dentes	Zahnpasta (f)	['tsaːnˌpasta]
escovar os dentes	Zähne putzen	['tsɛːnə 'pʊtsən]
escova (f) de dentes	Zahnbürste (f)	['tsaːnˌbʏʁstə]

barbear-se (vr)	sich rasieren	[zɪç ʀa'ziːʀən]
espuma (f) de barbear	Rasierschaum (m)	[ʀa'ziːɐˌʃaʊm]
máquina (f) de barbear	Rasierer (m)	[ʀa'ziːʀɐ]

lavar (vt)	waschen (vt)	['vaʃən]
lavar-se (vr)	sich waschen	[zɪç 'vaʃən]
duche (m)	Dusche (f)	['duːʃə]
tomar um duche	sich duschen	[zɪç 'duːʃən]

banheira (f)	Badewanne (f)	['baːdəˌvanə]
sanita (f)	Klosettbecken (n)	[klo'zɛtˌbɛkən]
lavatório (m)	Waschbecken (n)	['vaʃˌbɛkən]
sabonete (m)	Seife (f)	['zaɪfə]

saboneteira (f)	Seifenschale (f)	['zaɪfənˌʃaːlə]
esponja (f)	Schwamm (m)	[ʃvam]
champô (m)	Shampoo (n)	['ʃampu]
toalha (f)	Handtuch (n)	['hantˌtuːx]
roupão (m) de banho	Bademantel (m)	['baːdəˌmantəl]

lavagem (f)	Wäsche (f)	['vɛʃə]
máquina (f) de lavar	Waschmaschine (f)	['vaʃˈmaʃiːnə]
lavar a roupa	waschen (vt)	['vaʃən]
detergente (m)	Waschpulver (n)	['vaʃˌpʊlvɐ]

99. Eletrodomésticos

televisor (m)	Fernseher (m)	['fɛʁnˌzeːɐ]
gravador (m)	Tonbandgerät (n)	['toːnbant·gəˌʁɛːt]
videogravador (m)	Videorekorder (m)	['vɪdeo·ʁeˌkɔʁdɐ]
rádio (m)	Empfänger (m)	[ɛm'pfɛŋɐ]
leitor (m)	Player (m)	['plɛɪɐ]

projetor (m)	Videoprojektor (m)	['viːdeo·pʁojɛktoːɐ]
cinema (m) em casa	Heimkino (n)	['haɪmkiːno]
leitor (m) de DVD	DVD-Player (m)	[defaʊ'deːˌplɛɪɐ]
amplificador (m)	Verstärker (m)	[fɛɐ'ʃtɛʁkɐ]
console (f) de jogos	Spielkonsole (f)	['ʃpiːl·kɔnˌzoːlə]

câmara (f) de vídeo	Videokamera (f)	['viːdeoˌkamɐʁa]
máquina (f) fotográfica	Kamera (f)	['kamɐʁa]
câmara (f) digital	Digitalkamera (f)	[digi'taːlˌkamɐʁa]

aspirador (m)	Staubsauger (m)	['ʃtaʊpˌzaʊgɐ]
ferro (m) de engomar	Bügeleisen (n)	['byːgəlˌʔaɪzən]
tábua (f) de engomar	Bügelbrett (n)	['byːgəlˌbʁɛt]

telefone (m)	Telefon (n)	[tele'foːn]
telemóvel (m)	Mobiltelefon (n)	[mo'biːl·teleˌfoːn]
máquina (f) de escrever	Schreibmaschine (f)	['ʃʁaɪp·maʃiːnə]
máquina (f) de costura	Nähmaschine (f)	['nɛː·maʃiːnə]

microfone (m)	Mikrophon (n)	[mikʁo'foːn]
auscultadores (m pl)	Kopfhörer (m)	['kɔpfˌhøːʁɐ]
controlo remoto (m)	Fernbedienung (f)	['fɛʁnbəˌdiːnʊŋ]

CD (m)	CD (f)	[tseː'deː]
cassete (f)	Kassette (f)	[ka'sɛtə]
disco (m) de vinil	Schallplatte (f)	['ʃalˌplatə]

100. Reparações. Renovação

renovação (f)	Renovierung (f)	[ʁeno'viːʁʊŋ]
renovar (vt), fazer obras	renovieren (vt)	[ʁeno'viːʁən]
reparar (vt)	reparieren (vt)	[ʁepa'ʁiːʁən]
consertar (vt)	in Ordnung bringen	[ɪn 'ɔʁdnʊŋ 'bʁɪŋən]

refazer (vt)	noch einmal machen	[nɔχ 'aɪnma:l 'maχən]
tinta (f)	Farbe (f)	['faʁbə]
pintar (vt)	streichen (vt)	['ʃtʁaɪçən]
pintor (m)	Anstreicher (m)	['anˌʃtʁaɪçə]
pincel (m)	Pinsel (m)	['pɪnzəl]
cal (f)	Kalkfarbe (f)	['kalkˌfaʁbə]
caiar (vt)	weißen (vt)	['vaɪsən]
papel (m) de parede	Tapete (f)	[ta'pe:tə]
colocar papel de parede	tapezieren (vt)	[tape'tsi:ʁən]
verniz (m)	Lack (m)	['lak]
envernizar (vt)	lackieren (vt)	[la'ki:ʁən]

101. Canalizações

água (f)	Wasser (n)	['vasə]
água (f) quente	Warmwasser (n)	['vaʁmˌvasə]
água (f) fria	Kaltwasser (n)	['kaltˌvasə]
torneira (f)	Wasserhahn (m)	['vasəˌha:n]
gota (f)	Tropfen (m)	['tʁɔpfən]
gotejar (vi)	tropfen (vi)	['tʁɔpfən]
vazar (vt)	durchsickern (vi)	['dʊʁçˌzɪkən]
vazamento (m)	Leck (n)	[lɛk]
poça (f)	Lache (f)	['la:χə]
tubo (m)	Rohr (n)	[ʁo:ɐ]
válvula (f)	Ventil (n)	[vɛn'ti:l]
entupir-se (vr)	sich verstopfen	[zɪç fɛɐ'ʃtɔpfən]
ferramentas (f pl)	Werkzeuge (pl)	['vɛʁkˌtsɔɪgə]
chave (f) inglesa	Engländer (m)	['ɛŋlɛndə]
desenroscar (vt)	abdrehen (vt)	['apˌdʁe:ən]
enroscar (vt)	zudrehen (vt)	[tsu:'dʁe:ən]
desentupir (vt)	reinigen (vt)	['ʁaɪnɪgən]
canalizador (m)	Klempner (m)	['klɛmpnə]
cave (f)	Keller (m)	['kɛlə]
sistema (m) de esgotos	Kanalisation (f)	[kanaliza'tsjo:n]

102. Fogo. Deflagração

incêndio (m)	Feuer (n)	['fɔɪə]
chama (f)	Flamme (f)	['flamə]
faísca (f)	Funke (m)	['fuŋkə]
fumo (m)	Rauch (m)	[ʁaʊχ]
tocha (f)	Fackel (f)	['fakəl]
fogueira (f)	Lagerfeuer (n)	['la:gəˌfɔɪə]
gasolina (f)	Benzin (n)	[bɛn'tsi:n]
querosene (m)	Kerosin (n)	[keʁo'zi:n]

inflamável	brennbar	['bʀɛnbaːɐ]
explosivo	explosiv	[ɛksplo'ziːf]
PROIBIDO FUMAR!	RAUCHEN VERBOTEN!	['ʀauχən fɛɐ'boːtən]

segurança (f)	Sicherheit (f)	['zɪçɐhaɪt]
perigo (m)	Gefahr (f)	[gə'faːɐ]
perigoso	gefährlich	[gə'fɛːɐlɪç]

incendiar-se (vr)	sich entflammen	[zɪç ɛnt'flamən]
explosão (f)	Explosion (f)	[ɛksplo'zjoːn]
incendiar (vt)	in Brand stecken	[ɪn bʀant 'ʃtɛkən]
incendiário (m)	Brandstifter (m)	['bʀantʃtɪftɐ]
incêndio (m) criminoso	Brandstiftung (f)	['bʀantʃtɪftʊŋ]

arder (vi)	flammen (vi)	['flamən]
queimar (vi)	brennen (vi)	['bʀɛnən]
queimar tudo (vi)	verbrennen (vi)	[fɛɐ'bʀɛnən]

chamar os bombeiros	die Feuerwehr rufen	[di 'fɔɪɐˌveːɐ 'ʀuːfən]
bombeiro (m)	Feuerwehrmann (m)	['fɔɪɐveːɐˌman]
carro (m) de bombeiros	Feuerwehrauto (n)	['fɔɪɐveːɐˌʔauto]
corpo (m) de bombeiros	Feuerwehr (f)	['fɔɪɐˌveːɐ]
escada (f) extensível	Drehleiter (f)	['dʀeːˌlaɪtɐ]

mangueira (f)	Schlauch (m)	[ʃlauχ]
extintor (m)	Feuerlöscher (m)	['fɔɪɐˌlœʃɐ]
capacete (m)	Helm (m)	[hɛlm]
sirene (f)	Sirene (f)	[ˌzi'ʀeːnə]

gritar (vi)	schreien (vi)	['ʃʀaɪən]
chamar por socorro	um Hilfe rufen	[ʊm 'hɪlfə 'ʀuːfən]
salvador (m)	Retter (m)	['ʀɛtɐ]
salvar, resgatar (vt)	retten (vt)	['ʀɛtən]

chegar (vi)	ankommen (vi)	['anˌkɔmən]
apagar (vt)	löschen (vt)	['lœʃən]
água (f)	Wasser (n)	['vasɐ]
areia (f)	Sand (m)	[zant]

ruínas (f pl)	Trümmer (pl)	['tʀʏmɐ]
ruir (vi)	zusammenbrechen (vi)	[tsu'zamənˌbʀɛçən]
desmoronar (vi)	einfallen (vi)	['aɪnˌfalən]
desabar (vi)	einstürzen (vi)	['aɪnʃtʏʁtsən]

| fragmento (m) | Bruchstück (n) | ['bʀuχʃtʏk] |
| cinza (f) | Asche (f) | ['aʃə] |

| sufocar (vi) | ersticken (vi) | [ɛɐ'ʃtɪkən] |
| perecer (vi) | ums Leben kommen | [ʊms 'leːbən 'kɔmən] |

ATIVIDADES HUMANAS

Emprego. Negócios. Parte 1

103. Escritório. O trabalho no escritório

escritório (~ de advogados)	Büro (n)	[by'ʀo:]
escritório (do diretor, etc.)	Büro (n)	[by'ʀo:]
receção (f)	Rezeption (f)	[ʀɛtsɛp'tsjo:n]
secretário (m)	Sekretär (m)	[zekʀe'tɛ:ɐ]
secretária (f)	Sekretärin (f)	[zekʀe'tɛ:ʀɪn]
diretor (m)	Direktor (m)	[di'ʀɛkto:ɐ]
gerente (m)	Manager (m)	['mɛnɪdʒɐ]
contabilista (m)	Buchhalter (m)	['bu:χˌhaltɐ]
empregado (m)	Mitarbeiter (m)	['mɪtʔaɐˌbaɪtɐ]
mobiliário (m)	Möbel (n)	['mø:bəl]
mesa (f)	Tisch (m)	[tɪʃ]
cadeira (f)	Schreibtischstuhl (m)	['ʃʀaɪptɪʃˌʃtu:l]
bloco (m) de gavetas	Rollcontainer (m)	['ʀɔl·kɔnˌte:nɐ]
cabide (m) de pé	Kleiderständer (m)	['klaɪdeˌʃtɛndɐ]
computador (m)	Computer (m)	[kɔm'pju:tɐ]
impressora (f)	Drucker (m)	['dʀʊkɐ]
fax (m)	Fax (m, n)	[faks]
fotocopiadora (f)	Kopierer (m)	[ko'pi:ʀɐ]
papel (m)	Papier (n)	[pa'pi:ɐ]
artigos (m pl) de escritório	Büromaterial (n)	[by'ʀo:mateˌʀia:l]
tapete (m) de rato	Mousepad (n)	['maʊspɛt]
folha (f) de papel	Blatt (n) Papier	[blat pa'pi:ɐ]
pasta (f)	Ordner (m)	['ɔɐdnɐ]
catálogo (m)	Katalog (m)	[kata'lo:k]
diretório (f) telefónico	Adressbuch (n)	[a'dʀɛsˌbu:χ]
documentação (f)	Dokumentation (f)	[dokumɛnta'tsjo:n]
brochura (f)	Broschüre (f)	[bʀɔ'ʃy:ʀə]
flyer (m)	Flugblatt (n)	['flu:kˌblat]
amostra (f)	Muster (n)	['mʊstɐ]
formação (f)	Training (n)	['tʀɛ:nɪŋ]
reunião (f)	Meeting (n)	['mi:tɪŋ]
hora (f) de almoço	Mittagspause (f)	['mɪta:ksˌpaʊzə]
fazer uma cópia	eine Kopie machen	['aɪnə ko'pi: 'maχən]
tirar cópias	vervielfältigen (vt)	[fɛɐ'fi:lˌfɛltɪgən]
receber um fax	ein Fax bekommen	[aɪn faks bə'kɔmən]
enviar um fax	ein Fax senden	[aɪn faks 'zɛndən]

fazer uma chamada	anrufen (vt)	['an‚ʀu:fən]
responder (vt)	antworten (vi)	['ant‚vɔʁtən]
passar (vt)	verbinden (vt)	[fɛɐ'bɪndən]

marcar (vt)	ausmachen (vt)	['aʊs‚maχən]
demonstrar (vt)	demonstrieren (vt)	[demɔn'stʀi:ʀən]
estar ausente	fehlen (vi)	['fe:lən]
ausência (f)	Abwesenheit (f)	['ap‚ve:zən·haɪt]

104. Processos negociais. Parte 1

negócio (m)	Geschäft (n)	[gə'ʃɛft]
ocupação (f)	Angelegenheit (f)	['angə‚le:gənhaɪt]
firma, empresa (f)	Firma (f)	['fɪʁma]
companhia (f)	Gesellschaft (f)	[gə'zɛlʃaft]
corporação (f)	Konzern (m)	[kɔn'tsɛʁn]
empresa (f)	Unternehmen (n)	[‚ʊntɐ'ne:mən]
agência (f)	Agentur (f)	[agɛn'tu:ɐ]

acordo (documento)	Vereinbarung (f)	[fɛɐ'ʔaɪnba:ʀʊŋ]
contrato (m)	Vertrag (m)	[fɛɐ'tʀa:k]
acordo (transação)	Geschäft (n)	[gə'ʃɛft]
encomenda (f)	Auftrag (m)	['aʊf‚tʀa:k]
cláusulas (f pl), termos (m pl)	Bedingung (f)	[bə'dɪŋʊŋ]

por grosso (adv)	en gros	[ɛn 'gʁo]
por grosso (adj)	Großhandels-	['gʀo:s‚handəls]
venda (f) por grosso	Großhandel (m)	['gʀo:s‚handəl]
a retalho	Einzelhandels-	['aɪntsəl‚handəls]
venda (f) a retalho	Einzelhandel (m)	['aɪntsəl‚handəl]

concorrente (m)	Konkurrent (m)	[kɔŋkʊ'ʀɛnt]
concorrência (f)	Konkurrenz (f)	[‚kɔŋkʊ'ʀɛnts]
competir (vi)	konkurrieren (vi)	[kɔŋkʊ'ʀi:ʀən]

| sócio (m) | Partner (m) | ['paʁtnɐ] |
| parceria (f) | Partnerschaft (f) | ['paʁtnɐʃaft] |

crise (f)	Krise (f)	['kʀi:zə]
bancarrota (f)	Bankrott (m)	[baŋ'kʀɔt]
entrar em falência	Bankrott machen	[baŋ'kʀɔt 'maχən]
dificuldade (f)	Schwierigkeit (f)	['ʃvi:ʀɪçkaɪt]
problema (m)	Problem (n)	[pʀo'ble:m]
catástrofe (f)	Katastrophe (f)	[‚katas'tʀo:fə]

economia (f)	Wirtschaft (f)	['vɪʁtʃaft]
económico	wirtschaftlich	['vɪʁtʃaftlɪç]
recessão (f) económica	Rezession (f)	[ʀetsɛ'sjo:n]

| objetivo (m) | Ziel (n) | [tsi:l] |
| tarefa (f) | Aufgabe (f) | ['aʊf‚ga:bə] |

| comerciar (vi, vt) | handeln (vi) | ['handəln] |
| rede (de distribuição) | Netz (n) | [nɛts] |

| estoque (m) | Lager (n) | ['la:gɐ] |
| sortimento (m) | Sortiment (n) | [zɔʁti'mɛnt] |

líder (m)	führende Unternehmen (n)	['fy:ʁəndə ʊntɐ'ne:mən]
grande (~ empresa)	groß	[gʁo:s]
monopólio (m)	Monopol (n)	[mono'po:l]

teoria (f)	Theorie (f)	[teo'ʁi:]
prática (f)	Praxis (f)	['pʁaksɪs]
experiência (falar por ~)	Erfahrung (f)	[ɛɐ'fa:ʁʊŋ]
tendência (f)	Tendenz (f)	[tɛn'dɛnts]
desenvolvimento (m)	Entwicklung (f)	[ɛnt'vɪklʊŋ]

105. Processos negociais. Parte 2

| rentabilidade (f) | Vorteil (m) | ['foʁ,taɪl] |
| rentável | vorteilhaft | ['foʁtaɪl,haft] |

delegação (f)	Delegation (f)	[delega'tsjo:n]
salário, ordenado (m)	Lohn (m)	[lo:n]
corrigir (um erro)	korrigieren (vt)	[kɔʁi'gi:ʁən]
viagem (f) de negócios	Dienstreise (f)	['di:nst,ʁaɪzə]
comissão (f)	Kommission (f)	[kɔmɪ'sjo:n]

controlar (vt)	kontrollieren (vt)	[kɔntʁo'li:ʁən]
conferência (f)	Konferenz (f)	[,kɔnfe'ʁɛnts]
licença (f)	Lizenz (f)	[li'tsɛnts]
confiável	zuverlässig	['tsu:fɐ,lɛsɪç]

empreendimento (m)	Initiative (f)	[initsɪa'ti:və]
norma (f)	Norm (f)	[nɔʁm]
circunstância (f)	Umstand (m)	['ʊmʃtant]
dever (m)	Pflicht (f)	[pflɪçt]

empresa (f)	Unternehmen (n)	[,ʊntɐ'ne:mən]
organização (f)	Organisation (f)	[,ɔʁganiza'tsjo:n]
organizado	organisiert	[ɔʁgani'zi:ɐt]
anulação (f)	Abschaffung (f)	['ap,ʃafʊŋ]
anular, cancelar (vt)	abschaffen (vt)	['ap,ʃafən]
relatório (m)	Bericht (m)	[bə'ʁɪçt]

patente (f)	Patent (n)	[pa'tɛnt]
patentear (vt)	patentieren (vt)	[patɛn'ti:ʁən]
planear (vt)	planen (vt)	['pla:nən]

prémio (m)	Prämie (f)	['pʁɛ:mɪə]
profissional	professionell	[pʁofɛsjo'nɛl]
procedimento (m)	Prozedur (f)	[,pʁotse'du:ɐ]

examinar (a questão)	prüfen (vt)	['pʁy:fən]
cálculo (m)	Berechnung (f)	[bə'ʁɛçnʊŋ]
reputação (f)	Ruf (m)	[ʁu:f]
risco (m)	Risiko (n)	['ʁi:ziko]
dirigir (~ uma empresa)	leiten (vt)	['laɪtən]

informação (f)	Informationen (pl)	[ɪnfoʁma'tsjo:nən]
propriedade (f)	Eigentum (n)	['aɪgəntu:m]
união (f)	Bund (m)	[bʊnt]

seguro (m) de vida	Lebensversicherung (f)	['le:bəns·fɛɐ̯ˌzɪçəʁʊŋ]
fazer um seguro	versichern (vt)	[fɛɐ̯'zɪçən]
seguro (m)	Versicherung (f)	[fɛɐ̯'zɪçəʁʊŋ]

leilão (m)	Auktion (f)	[aʊk'tsjo:n]
notificar (vt)	benachrichtigen (vt)	[bə'na:χˌʁɪçtɪgən]
gestão (f)	Verwaltung (f)	[fɛɐ̯'valtʊŋ]
serviço (indústria de ~s)	Dienst (m)	[di:nst]

fórum (m)	Forum (n)	['fo:ʁʊm]
funcionar (vi)	funktionieren (vi)	[fʊŋktsjo'ni:ʁən]
estágio (m)	Etappe (f)	[e'tapə]
jurídico	juristisch	[ju'ʁɪstɪʃ]
jurista (m)	Jurist (m)	[ju'ʁɪst]

106. Produção. Trabalhos

usina (f)	Werk (n)	[vɛʁk]
fábrica (f)	Fabrik (f)	[fa'bʁi:k]
oficina (f)	Werkstatt (f)	['vɛʁkˌʃtat]
local (m) de produção	Betrieb (m)	[bə'tʁi:p]

indústria (f)	Industrie (f)	[ɪndʊs'tʁi:]
industrial	Industrie-	[ɪndʊs'tʁi:]
indústria (f) pesada	Schwerindustrie (f)	['ʃve:ɐ̯ʔɪndʊsˌtʁi:]
indústria (f) ligeira	Leichtindustrie (f)	['laɪçtʔɪndʊsˌtʁi:]

produção (f)	Produktion (f)	[pʁodʊk'tsjo:n]
produzir (vt)	produzieren (vt)	[pʁodu'tsi:ʁən]
matérias-primas (f pl)	Rohstoff (m)	['ʁo:ˌʃtɔf]

chefe (m) de brigada	Vorarbeiter (m), Meister (m)	[fo:ʁ'ʔaʁbaɪtə], ['maɪstə]
brigada (f)	Arbeitsteam (n)	['aʁbaɪtsˌti:m]
operário (m)	Arbeiter (m)	['aʁbaɪtə]

dia (m) de trabalho	Arbeitstag (m)	['aʁbaɪtsˌta:k]
pausa (f)	Pause (f)	['paʊzə]
reunião (f)	Versammlung (f)	[fɛɐ̯'zamlʊŋ]
discutir (vt)	besprechen (vt)	[bə'ʃpʁɛçən]

plano (m)	Plan (m)	[pla:n]
cumprir o plano	den Plan erfüllen	[den pla:n ɛɐ̯'fʏlən]
taxa (f) de produção	Arbeitsertrag (m)	['aʁbaɪtsˌɛɐ̯'tʁa:k]
qualidade (f)	Qualität (f)	[kvali'tɛ:t]
controlo (m)	Prüfung, Kontrolle (f)	['pʁy:fʊŋ], [kɔn'tʁɔlə]
controlo (m) da qualidade	Gütekontrolle (f)	['gy:tə·kɔn'tʁɔlə]

segurança (f) no trabalho	Arbeitsplatzsicherheit (f)	['aʁbaɪts·platsˌzɪçəhaɪt]
disciplina (f)	Disziplin (f)	[dɪstsi'pli:n]
infração (f)	Übertretung (f)	[y:bɐ'tʁe:tʊŋ]

violar (as regras)	übertreten (vt)	[y:bɐ'tʀɛ:tən]
greve (f)	Streik (m)	[ʃtʀaɪk]
grevista (m)	Streikender (m)	['ʃtʀaɪkəndɐ]
estar em greve	streiken (vi)	['ʃtʀaɪkən]
sindicato (m)	Gewerkschaft (f)	[gə'vɛʁkʃaft]

inventar (vt)	erfinden (vt)	[ɛɐ'fɪndən]
invenção (f)	Erfindung (f)	[ɛɐ'fɪndʊŋ]
pesquisa (f)	Erforschung (f)	[ɛɐ'fɔʁʃʊŋ]
melhorar (vt)	verbessern (vt)	[fɛɐ'bɛsɐn]
tecnologia (f)	Technologie (f)	[tɛçnolo'gi:]
desenho (m) técnico	Zeichnung (f)	['tsaɪçnʊŋ]

carga (f)	Ladung (f)	['la:dʊŋ]
carregador (m)	Ladearbeiter (m)	['la:dəˌaʁbaɪtɐ]
carregar (vt)	laden (vt)	['la:dən]
carregamento (m)	Beladung (f)	[bə'la:dʊŋ]
descarregar (vt)	entladen (vt)	[ɛnt'la:dən]
descarga (f)	Entladung (f)	[ɛnt'la:dʊŋ]

transporte (m)	Transport (m)	[tʀans'pɔʁt]
companhia (f) de transporte	Transportunternehmen (n)	[tʀans'pɔʁt·ʊnte'ne:mən]
transportar (vt)	transportieren (vt)	[ˌtʀanspɔʁ'ti:ʀən]

vagão (m) de carga	Güterwagen (m)	['gy:tɐˌva:gən]
cisterna (f)	Zisterne (f)	[tsɪs'tɛʁnə]
camião (m)	Lastkraftwagen (m)	['lastkʀaftˌva:gən]

máquina-ferramenta (f)	Werkzeugmaschine (f)	['vɛʁktsɔɪk·maˌʃi:nə]
mecanismo (m)	Mechanismus (m)	[meça'nɪsmʊs]

resíduos (m pl) industriais	Industrieabfälle (pl)	[ɪndʊs'tʀi:ʔapˌfɛlə]
embalagem (f)	Verpacken (n)	[fɛɐ'pakən]
embalar (vt)	verpacken (vt)	[fɛɐ'pakən]

107. Contrato. Acordo

contrato (m)	Vertrag (m)	[fɛɐ'tʀa:k]
acordo (m)	Vereinbarung (f)	[fɛɐ'ʔaɪnba:ʀʊŋ]
adenda (f), anexo (m)	Anhang (m)	['anhaŋ]

assinar o contrato	einen Vertrag abschließen	['aɪnən fɛɐ'tʀa:k 'apˌʃli:sən]
assinatura (f)	Unterschrift (f)	['ʊnteˌʃʀɪft]
assinar (vt)	unterschreiben (vt)	[ˌʊnte'ʃʀaɪbən]
carimbo (m)	Stempel (m)	['ʃtɛmpəl]

objeto (m) do contrato	Vertragsgegenstand (m)	[fɛɐ'tʀa:ks·'ge:gənʃtant]
cláusula (f)	Punkt (m)	[pʊŋkt]
partes (f pl)	Parteien (pl)	[paʁ'taɪən]
morada (f) jurídica	rechtmäßige Anschrift (f)	['ʀɛçtˌmɛ:sɪgə 'anʃʀɪft]

violar o contrato	Vertrag brechen	[fɛɐ'tʀa:k 'bʀɛçən]
obrigação (f)	Verpflichtung (f)	[fɛɐ'pflɪçtʊŋ]
responsabilidade (f)	Verantwortlichkeit (f)	[fɛɐ'ʔantvɔʁtlɪçkaɪt]

força (f) maior	Force majeure (f)	[fɔʁsˑmaˈʒœːr]
litígio (m), disputa (f)	Streit (m)	[ʃtʁaɪt]
multas (f pl)	Strafsanktionen (pl)	[ˈʃtʁaːfˑzaŋkˈtsjoːnən]

108. Importação & Exportação

importação (f)	Import (m)	[ˌɪmˈpɔʁt]
importador (m)	Importeur (m)	[ɪmpɔʁˈtøːɐ]
importar (vt)	importieren (vt)	[ɪmpɔʁˈtiːʁən]
de importação	Import-	[ˌɪmˈpɔʁt]

exportação (f)	Export (m)	[ɛksˈpɔʁt]
exportador (m)	Exporteur (m)	[ɛkspɔʁˈtøːɐ]
exportar (vt)	exportieren (vt)	[ˌɛkspɔʁˈtiːʁən]
de exportação	Export-	[ɛksˈpɔʁt]

| mercadoria (f) | Waren (pl) | [ˈvaːʁən] |
| lote (de mercadorias) | Partie (f), Ladung (f) | [paʁˈtiː], [ˈlaːdʊŋ] |

peso (m)	Gewicht (n)	[ɡəˈvɪçt]
volume (m)	Volumen (n)	[voˈluːmən]
metro (m) cúbico	Kubikmeter (m)	[kuˈbiːkˌmeːtɐ]

produtor (m)	Hersteller (m)	[ˈheːɐˌʃtɛlɐ]
companhia (f) de transporte	Transportunternehmen (n)	[tʁansˈpɔʁtˑʊntɐˈneːmən]
contentor (m)	Container (m)	[ˌkɔnˈtɛɪnɐ]

fronteira (f)	Grenze (f)	[ˈɡʁɛntsə]
alfândega (f)	Zollamt (n)	[ˈtsɔlˌʔamt]
taxa (f) alfandegária	Zoll (m)	[tsɔl]
funcionário (m) da alfândega	Zollbeamter (m)	[ˈtsɔlˑbəˌʔamtɐ]
contrabando (atividade)	Schmuggel (m)	[ˈʃmʊɡəl]
contrabando (produtos)	Schmuggelware (f)	[ˈʃmʊɡəlˌvaːʁə]

109. Finanças

ação (f)	Aktie (f)	[ˈaktsiə]
obrigação (f)	Obligation (f)	[ɔbliɡaˈtsjoːn]
nota (f) promissória	Wechsel (m)	[ˈvɛksəl]

| bolsa (f) | Börse (f) | [ˈbœʁzə] |
| cotação (m) das ações | Aktienkurs (m) | [ˈaktsiənˑkuʁs] |

| tornar-se mais barato | billiger werden | [ˈbɪlɪɡɐ ˈveːɐdən] |
| tornar-se mais caro | teuer werden | [ˈtɔɪɐ ˈveːɐdən] |

| parte (f) | Anteil (m) | [ˈanˌtaɪl] |
| participação (f) maioritária | Mehrheitsbeteiligung (f) | [ˈmeːɐhaɪtsˑbəˈtaɪlɪɡʊŋ] |

investimento (m)	Investitionen (pl)	[ɪnvɛstiˈtsjoːnən]
investir (vt)	investieren (vt)	[ɪnvɛsˈtiːʁən]
percentagem (f)	Prozent (n)	[pʁoˈtsɛnt]

juros (m pl)	Zinsen (pl)	['tsɪnzən]
lucro (m)	Gewinn (m)	[gə'vɪn]
lucrativo	gewinnbringend	[gə'vɪn‿bʀɪŋənt]
imposto (m)	Steuer (f)	['ʃtɔɪʀə]

divisa (f)	Währung (f)	['vɛːʀʊŋ]
nacional	Landes-	['landəs]
câmbio (m)	Geldumtausch (m)	['gɛlt‿ʊmtaʊʃ]

| contabilista (m) | Buchhalter (m) | ['buːx‿haltə] |
| contabilidade (f) | Buchhaltung (f) | ['buːx‿haltʊŋ] |

bancarrota (f)	Bankrott (m)	[baŋ'kʀɔt]
falência (f)	Zusammenbruch (m)	[tsu'zamən‿bʀʊx]
ruína (f)	Pleite (f)	['plaɪtə]
arruinar-se (vr)	pleite gehen	['plaɪtə 'geːən]
inflação (f)	Inflation (f)	[ɪnfla'tsjoːn]
desvalorização (f)	Abwertung (f)	['ap‿veːetʊŋ]

capital (m)	Kapital (n)	[kapi'taːl]
rendimento (m)	Einkommen (n)	['aɪn‿kɔmən]
volume (m) de negócios	Umsatz (m)	['ʊm‿zats]
recursos (m pl)	Mittel (pl)	['mɪtəl]
recursos (m pl) financeiros	Geldmittel (pl)	['gɛlt‿mɪtəl]

| despesas (f pl) gerais | Gemeinkosten (pl) | [gə'maɪn‿kɔstən] |
| reduzir (vt) | reduzieren (vt) | [ʀedu'tsiːʀən] |

110. Marketing

marketing (m)	Marketing (n)	['maʀkətɪŋ]
mercado (m)	Markt (m)	[maʀkt]
segmento (m) do mercado	Marktsegment (n)	['maʀkt‿zɛ'gmɛnt]
produto (m)	Produkt (n)	[pʀo'dʊkt]
mercadoria (f)	Waren (pl)	['vaːʀən]

marca (f)	Schutzmarke (f)	['ʃʊts‿maʀkə]
marca (f) comercial	Handelsmarke (f)	['handəls‿maʀkə]
logotipo (m)	Firmenzeichen (n)	['fɪʀmən‿tsaɪçən]
logo (m)	Logo (m, n)	['loːgo]

demanda (f)	Nachfrage (f)	['naːx‿fʀaːgə]
oferta (f)	Angebot (n)	['angə‿boːt]
necessidade (f)	Bedürfnis (n)	[bə'dʏʀfnɪs]
consumidor (m)	Verbraucher (m)	[fɛɐ'bʀaʊxə]

análise (f)	Analyse (f)	[ana'lyːzə]
analisar (vt)	analysieren (vt)	[ˌanaly'ziːʀən]
posicionamento (m)	Positionierung (f)	[pozitsjo'niːʀʊŋ]
posicionar (vt)	positionieren (vt)	[pozitsjo'niːʀən]

preço (m)	Preis (m)	[pʀaɪs]
política (f) de preços	Preispolitik (f)	['pʀaɪs‿poli'tɪk]
formação (f) de preços	Preisbildung (f)	['pʀaɪs‿bɪldʊŋ]

111. Publicidade

publicidade (f)	Werbung (f)	['vɛʁbʊŋ]
publicitar (vt)	werben (vt)	['vɛʁbən]
orçamento (m)	Budget (n)	[by'dʒe:]

anúncio (m) publicitário	Werbeanzeige (f)	['vɛʁbə?an͵tsaɪɡə]
publicidade (f) televisiva	Fernsehwerbung (f)	['fɛʁnze:͵vɛʁbʊŋ]
publicidade (f) na rádio	Radiowerbung (f)	['ʁa:dɪo͵vɛʁbʊŋ]
publicidade (f) exterior	Außenwerbung (f)	['aʊsən͵vɛʁbʊŋ]

comunicação (f) de massa	Massenmedien (pl)	['masən͵me:dɪən]
periódico (m)	Zeitschrift (f)	['tsaɪtˌʃʁɪft]
imagem (f)	Image (n)	['ɪmɪdʒ]

slogan (m)	Losung (f)	['lo:zʊŋ]
mote (m), divisa (f)	Motto (n)	['moto]

campanha (f)	Kampagne (f)	[kam'panjə]
companha (f) publicitária	Werbekampagne (f)	['vɛʁbə·kam'panjə]
grupo (m) alvo	Zielgruppe (f)	['tsi:lˌɡʁʊpə]

cartão (m) de visita	Visitenkarte (f)	[vi'zi:tən͵kaʁtə]
flyer (m)	Flugblatt (n)	['flu:kˌblat]
brochura (f)	Broschüre (f)	[bʁo'ʃy:ʁə]
folheto (m)	Faltblatt (n)	['faltˌblat]
boletim (~ informativo)	Informationsblatt (n)	[ɪnfoʁma'tsjo:nsˌblat]

letreiro (m)	Firmenschild (n)	['fɪʁmənˌʃɪlt]
cartaz, póster (m)	Plakat (n)	[pla'ka:t]
painel (m) publicitário	Werbeschild (n)	['vɛʁbəˌʃɪlt]

112. Banca

banco (m)	Bank (f)	[baŋk]
sucursal, balcão (f)	Filiale (f)	[fi'lɪa:lə]

consultor (m)	Berater (m)	[bə'ʁa:tə]
gerente (m)	Leiter (m)	['laɪtə]

conta (f)	Konto (n)	['kɔnto]
número (m) da conta	Kontonummer (f)	['kɔnto͵nʊmə]
conta (f) corrente	Kontokorrent (n)	[kɔnto·ko'ʁɛnt]
conta (f) poupança	Sparkonto (n)	['ʃpa:ɐ͵kɔnto]

abrir uma conta	ein Konto eröffnen	[aɪn 'kɔnto ɛɐ'?œfnən]
fechar uma conta	das Konto schließen	[das 'kɔnto 'ʃli:sən]
depositar na conta	auf ein Konto einzahlen	[aʊf aɪn 'kɔnto 'aɪn͵tsa:lən]
levantar (vt)	abheben (vt)	['apˌhe:bən]

depósito (m)	Einzahlung (f)	['aɪn͵tsa:lʊŋ]
fazer um depósito	eine Einzahlung machen	['aɪnə 'aɪn͵tsa:lʊŋ 'maχən]
transferência (f) bancária	Überweisung (f)	[͵y:bɐ'vaɪzən]

transferir (vt)	überweisen (vt)	[ˌyːbɐˈvaɪzən]
soma (f)	Summe (f)	[ˈzʊmə]
Quanto?	Wie viel?	[ˈviː fiːl]

| assinatura (f) | Unterschrift (f) | [ˈʊntɐˌʃʀɪft] |
| assinar (vt) | unterschreiben (vt) | [ˌʊntɐˈʃʀaɪbən] |

cartão (m) de crédito	Kreditkarte (f)	[kʀeˈdiːtˌkaʁtə]
código (m)	Code (m)	[koːt]
número (m) do cartão de crédito	Kreditkartennummer (f)	[kʀeˈdiːtˌkaʁtəˈnʊmɐ]
Caixa Multibanco (m)	Geldautomat (m)	[ˈɡɛltʔautoˌmaːt]

cheque (m)	Scheck (m)	[ʃɛk]
passar um cheque	einen Scheck schreiben	[ˈaɪnən ʃɛk ˈʃʀaɪbn]
livro (m) de cheques	Scheckbuch (n)	[ˈʃɛkˌbuːx]

empréstimo (m)	Darlehen (m)	[ˈdaʁˌleːən]
pedir um empréstimo	ein Darlehen beantragen	[aɪn ˈdaʁˌleːən bəˈʔantʀaːɡən]
obter um empréstimo	ein Darlehen aufnehmen	[aɪn daʁˌleːən ˈaʊfˌneːmən]
conceder um empréstimo	ein Darlehen geben	[aɪn ˈdaʁˌleːən ˈɡeːbən]
garantia (f)	Sicherheit (f)	[ˈzɪçɐhaɪt]

113. Telefone. Conversação telefónica

telefone (m)	Telefon (n)	[teleˈfoːn]
telemóvel (m)	Mobiltelefon (n)	[moˈbiːlˌteleˌfoːn]
secretária (f) electrónica	Anrufbeantworter (m)	[ˈanʀuːfbəˌantˌvɔʁtɐ]

| fazer uma chamada | anrufen (vt) | [ˈanˌʀuːfən] |
| chamada (f) | Anruf (m) | [ˈanˌʀuːf] |

marcar um número	eine Nummer wählen	[ˈaɪnə ˈnʊmɐ ˈvɛːlən]
Alô!	Hallo!	[haˈloː]
perguntar (vt)	fragen (vt)	[ˈfʀaːɡən]
responder (vt)	antworten (vi)	[ˈantˌvɔʁtən]

ouvir (vt)	hören (vt)	[ˈhøːʀən]
bem	gut	[ɡuːt]
mal	schlecht	[ʃlɛçt]
ruído (m)	Störungen (pl)	[ˈʃtøːʀʊŋən]

auscultador (m)	Hörer (m)	[ˈhøːʀɐ]
pegar o telefone	den Hörer abnehmen	[den ˈhøːʀɐ ˈapˌneːmən]
desligar (vi)	auflegen (vt)	[ˈaʊfˌleːɡən]

ocupado	besetzt	[bəˈzɛtst]
tocar (vi)	läuten (vi)	[ˈlɔɪtən]
lista (f) telefónica	Telefonbuch (n)	[teleˈfoːnˌbuːx]
local	Orts-	[ɔʁts]
chamada (f) local	Ortsgespräch	[ɔʁtsˈɡəˈʃpʀɛːç]
de longa distância	Fern-	[fɛʁn]
chamada (f) de longa distância	Ferngespräch	[ˈfɛʁnˈɡəˈʃpʀɛːç]

| internacional | Auslands- | ['auslants] |
| chamada (f) internacional | Auslandsgespräch | ['auslants·gə'ʃpʀɛ:ç] |

114. Telefone móvel

telemóvel (m)	Mobiltelefon (n)	[mo'bi:l·tele,fo:n]
ecrã (m)	Display (n)	[dɪs'ple:]
botão (m)	Knopf (m)	[knɔpf]
cartão SIM (m)	SIM-Karte (f)	['zɪm,kaʁtə]

bateria (f)	Batterie (f)	[batə'ʀi:]
descarregar-se	leer sein	[le:ɐ zaɪn]
carregador (m)	Ladegerät (n)	['la:də·gə'ʀɛ:t]

| menu (m) | Menü (n) | [me'ny:] |
| definições (f pl) | Einstellungen (pl) | ['aɪnʃtɛlʊŋən] |

| melodia (f) | Melodie (f) | [melo'di:] |
| escolher (vt) | auswählen (vt) | ['aʊs,vɛ:lən] |

calculadora (f)	Rechner (m)	['ʀɛçnɐ]
correio (m) de voz	Anrufbeantworter (m)	['anʀu:fbə·ant,vɔʁtɐ]
despertador (m)	Wecker (m)	['vɛkɐ]
contatos (m pl)	Kontakte (pl)	[kɔn'taktə]

| mensagem (f) de texto | SMS-Nachricht (f) | [ɛs?ɛm'?ɛs 'na:x,ʀɪçt] |
| assinante (m) | Teilnehmer (m) | ['taɪl,ne:mɐ] |

115. Estacionário

| caneta (f) | Kugelschreiber (m) | ['ku:gəlʃʀaɪbɐ] |
| caneta (f) tinteiro | Federhalter (m) | ['fe:dɐ,haltɐ] |

lápis (m)	Bleistift (m)	['blaɪ,ʃtɪft]
marcador (m)	Faserschreiber (m)	['fa:zɐʃʀaɪbɐ]
caneta (f) de feltro	Filzstift (m)	['fɪlts,ʃtɪft]

| bloco (m) de notas | Notizblock (m) | [no'ti:ts,blɔk] |
| agenda (f) | Terminkalender (m) | [tɛʁ'mi:n·ka,lɛndɐ] |

régua (f)	Lineal (n)	[line'a:l]
calculadora (f)	Rechner (m)	['ʀɛçnɐ]
borracha (f)	Radiergummi (m)	[ʀa'di:ɐ,gʊmi]

| pionés (m) | Reißzwecke (f) | ['ʀaɪs·tsvɛkə] |
| clipe (m) | Heftklammer (f) | ['hɛft,klamɐ] |

| cola (f) | Klebstoff (m) | ['kle:p,ʃtɔf] |
| agrafador (m) | Hefter (m) | ['hɛftɐ] |

| furador (m) | Locher (m) | ['lɔxɐ] |
| afia-lápis (m) | Bleistiftspitzer (m) | ['blaɪʃtɪft,ʃpɪtsɐ] |

116. Vários tipos de documentos

relatório (m)	Bericht (m)	[bə'ʀɪçt]
acordo (m)	Abkommen (n)	['ap͜kɔmən]
ficha (f) de inscrição	Anmeldeformular (n)	['anmɛldə·fɔʀmuˌla:ɐ]
autêntico	Original-	[ɔʀigi'na:l]
crachá (m)	Namensschild (n)	['na:mənsˌʃɪlt]
cartão (m) de visita	Visitenkarte (f)	[vi'zi:tənˌkaʀtə]

certificado (m)	Zertifikat (n)	[tsɛʀtifi'ka:t]
cheque (m)	Scheck (m)	[ʃɛk]
conta (f)	Rechnung (f)	['ʀɛçnʊŋ]
constituição (f)	Verfassung (f)	[fɛɐ'fasʊŋ]

contrato (m)	Vertrag (m)	[fɛɐ'tʀa:k]
cópia (f)	Kopie (f)	[ko'pi:]
exemplar (m)	Kopie (f)	[ko'pi:]

declaração (f) alfandegária	Zolldeklaration (f)	['tsɔl·deklaʀa'tsjo:n]
documento (m)	Dokument (n)	[ˌdoku'mɛnt]
carta (f) de condução	Führerschein (m)	['fy:ʀəˌʃaɪn]
adenda (ao contrato)	Anlage (f)	['anˌla:gə]
questionário (m)	Fragebogen (m)	['fʀa:gəˌbo:gən]

bilhete (m) de identidade	Ausweis (m)	['aʊsˌvaɪs]
inquérito (m)	Anfrage (f)	['anˌfʀa:gə]
convite (m)	Einladungskarte (f)	['aɪnla:dʊŋsˌkaʀtə]
fatura (f)	Rechnung (f)	['ʀɛçnʊŋ]

lei (f)	Gesetz (n)	[gə'zɛts]
carta (correio)	Brief (m)	[bʀi:f]
papel (m) timbrado	Briefbogen (n)	['bʀi:fˌbo:gən]
lista (f)	Liste (f)	['lɪstə]
manuscrito (m)	Manuskript (n)	[manu'skʀɪpt]
boletim (~ informativo)	Informationsblatt (n)	[ɪnfɔʀma'tsjo:nsˌblat]
bilhete (mensagem breve)	Zettel (m)	['tsɛtəl]

passe (m)	Passierschein (m)	[pa'si:ɐˌʃaɪn]
passaporte (m)	Pass (m)	[pas]
permissão (f)	Erlaubnis (f)	[ɛɐ'laʊpnɪs]
CV, currículo (m)	Lebenslauf (m)	['le:bənsˌlaʊf]
vale (nota promissória)	Schuldschein (m)	['ʃʊltʃaɪn]
recibo (m)	Quittung (f)	['kvɪtʊŋ]
talão (f)	Kassenzettel (m)	['kasənˌtsɛtəl]
relatório (m)	Bericht (m)	[bə'ʀɪçt]

mostrar (vt)	vorzeigen (vt)	['fo:ɐˌtsaɪgən]
assinar (vt)	unterschreiben (vt)	[ˌʊntɐ'ʃʀaɪbən]
assinatura (f)	Unterschrift (f)	['ʊntɐˌʃʀɪft]
carimbo (m)	Stempel (m)	['ʃtɛmpəl]
texto (m)	Text (m)	[tɛkst]
bilhete (m)	Eintrittskarte (f)	['aɪntʀɪtsˌkaʀtə]

| riscar (vt) | streichen (vt) | ['ʃtʀaɪçən] |
| preencher (vt) | ausfüllen (vt) | ['aʊsˌfʏlən] |

| guia (f) de remessa | Frachtbrief (m) | ['fʀaχt‚bʀi:f] |
| testamento (m) | Testament (n) | [tɛsta'mɛnt] |

117. Tipos de negócios

serviços (m pl) de contabilidade	Buchführung (f)	['bu:χ‚fy:ʀʊŋ]
publicidade (f)	Werbung (f)	['vɛʁbʊŋ]
agência (f) de publicidade	Werbeagentur (f)	['vɛʁbə?agɛn‚tu:ɐ]
ar (m) condicionado	Klimaanlagen (pl)	['kli:ma‚?anla:gən]
companhia (f) aérea	Fluggesellschaft (f)	['flu:kgə‚zɛlʃaft]

bebidas (f pl) alcoólicas	Spirituosen (pl)	[ʃpiʀi'tʊo:zən]
comércio (m) de antiguidades	Antiquitäten (pl)	[antikvi'tɛ:tən]
galeria (f) de arte	Kunstgalerie (f)	['kʊnst‚galə'ʀi:]
serviços (m pl) de auditoria	Rechnungsprüfung (f)	['ʀɛçnʊŋs‚pʀy:fʊŋ]

negócios (m pl) bancários	Bankwesen (n)	['baŋk‚ve:zən]
bar (m)	Bar (f)	[ba:ɐ]
salão (m) de beleza	Schönheitssalon (m)	['ʃø:nhaɪts‚za'lɔŋ]
livraria (f)	Buchhandlung (f)	['bu:χ‚handlʊŋ]
cervejaria (f)	Bierbrauerei (f)	['bi:ɐ‚bʀaʊə‚ʀaɪ]
centro (m) de escritórios	Bürogebäude (n)	[by'ʀo:gə‚bɔɪdə]
escola (f) de negócios	Business-Schule (f)	['bɪznɛs‚'ʃu:lə]

casino (m)	Kasino (n)	[ka'zi:no]
construção (f)	Bau (m)	['baʊ]
serviços (m pl) de consultoria	Beratung (f)	[bə'ʀa:tʊŋ]

estomatologia (f)	Stomatologie (f)	[ʃtomatolo'gi:]
design (m)	Design (n)	[di'zaɪn]
farmácia (f)	Apotheke (f)	[apo'te:kə]
lavandaria (f)	chemische Reinigung (f)	[çe:miʃə 'ʀaɪnɪgʊŋ]
agência (f) de emprego	Personalagentur (f)	[pɛʁzo'na:l‚agɛn'tu:ɐ]

serviços (m pl) financeiros	Finanzdienstleistungen (pl)	[fi'nants‚'di:nst‚laɪstʊŋən]
alimentos (m pl)	Nahrungsmittel (pl)	['na:ʀʊŋs‚mɪtəl]
agência (f) funerária	Bestattungsinstitut (n)	[bə'ʃtatʊŋs?ɪnsti‚tu:t]
mobiliário (m)	Möbel (n)	['mø:bəl]
roupa (f)	Kleidung (f)	['klaɪdʊŋ]
hotel (m)	Hotel (n)	[ho'tɛl]

gelado (m)	Eis (n)	[aɪs]
indústria (f)	Industrie (f)	[ɪndʊs'tʀi:]
seguro (m)	Versicherung (f)	[fɛɐ'zɪçəʀʊŋ]
internet (f)	Internet (n)	['ɪntɐnɛt]
investimento (m)	Investitionen (pl)	[ɪnvɛsti'tsjo:nən]

joalheiro (m)	Juwelier (m)	[juve'li:ɐ]
joias (f pl)	Juwelierwaren (pl)	[juve'li:ɐ‚va:ʀən]
lavandaria (f)	Wäscherei (f)	[vɛʃə'ʀaɪ]
serviços (m pl) jurídicos	Rechtsberatung (f)	['ʀɛçts‚bə'ʀa:tʊŋ]
indústria (f) ligeira	Leichtindustrie (f)	['laɪçt?ɪndʊs‚tʀi:]
revista (f)	Zeitschrift (f)	['tsaɪt‚ʃʀɪft]

vendas (f pl) por catálogo	Versandhandel (m)	[fɛɐ'zant,handəl]
medicina (f)	Medizin (f)	[medi'tsi:n]
cinema (m)	Kino (n)	['ki:no]
museu (m)	Museum (n)	[mu'ze:ʊm]

agência (f) de notícias	Nachrichtenagentur (f)	['na:xrɪçtən?agɛn,tu:ɐ]
jornal (m)	Zeitung (f)	['tsaɪtʊŋ]
clube (m) noturno	Nachtklub (m)	['naxt,klʊp]

petróleo (m)	Erdöl (n)	['e:ɐt,?ø:l]
serviço (m) de encomendas	Kurierdienst (m)	[ku'ri:ɐ,di:nst]
indústria (f) farmacêutica	Pharmaindustrie (f)	['faɐma?ɪndʊs,tri:]
poligrafia (f)	Druckindustrie (f)	[drʊk·ɪndʊs'tri:]
editora (f)	Verlag (m)	[fɛɐ'la:k]

rádio (m)	Rundfunk (m)	['rʊntfʊŋk]
imobiliário (m)	Immobilien (pl)	[ɪmo'bi:lɪən]
restaurante (m)	Restaurant (n)	[rɛsto'raŋ]

empresa (f) de segurança	Sicherheitsagentur (f)	['zɪçɐhaɪts·agɛn'tu:ɐ]
desporto (m)	Sport (m)	[ʃpɔɐt]
bolsa (f)	Börse (f)	['bœɐzə]
loja (f)	Laden (m)	['la:dən]
supermercado (m)	Supermarkt (m)	['zu:pɐ,maɐkt]
piscina (f)	Schwimmbad (n)	['ʃvɪmba:t]

alfaiataria (f)	Atelier (n)	[ate'lie:]
televisão (f)	Fernsehen (n)	['fɛɐn,ze:ən]
teatro (m)	Theater (n)	[te'a:tɐ]
comércio (atividade)	Handel (m)	['handəl]
serviços (m pl) de transporte	Transporte (pl)	[trans'pɔɐtə]
viagens (f pl)	Reisen (pl)	['raɪzən]

veterinário (m)	Tierarzt (m)	['ti:ɐ,?aɐtst]
armazém (m)	Warenlager (n)	['va:rən,la:gɐ]
recolha (f) do lixo	Müllabfuhr (f)	['mʏl,?apfu:ɐ]

Emprego. Negócios. Parte 2

118. Espetáculo. Feira

| feira (f) | Ausstellung (f) | ['aʊsˌʃtɛlʊŋ] |
| feira (f) comercial | Handelsausstellung (f) | ['handəlsˌaʊsʃtɛlʊŋ] |

participação (f)	Teilnahme (f)	['taɪlˌnaːmə]
participar (vi)	teilnehmen (vi)	['taɪlˌneːmən]
participante (m)	Teilnehmer (m)	['taɪlˌneːmɐ]

diretor (m)	Direktor (m)	[di'Rɛktoːɐ]
direção (f)	Messeverwaltung (f)	['mɛsə·fɛɐ'valtʊŋ]
organizador (m)	Organisator (m)	[ɔʁgani'zaːtoːɐ]
organizar (vt)	veranstalten (vt)	[fɛɐ'ʔanʃtaltən]

ficha (f) de inscrição	Anmeldeformular (n)	['anmɛldə·fɔʁmuˌlaːɐ]
preencher (vt)	ausfüllen (vt)	['aʊsˌfʏlən]
detalhes (m pl)	Details (pl)	[de'taɪs]
informação (f)	Information (f)	[ɪnfɔʁma'tsjoːn]

preço (m)	Preis (m)	[pRaɪs]
incluindo	einschließlich	['aɪnʃliːslɪç]
incluir (vt)	einschließen (vt)	['aɪnʃliːsən]
pagar (vt)	zahlen (vt)	['tsaːlən]
taxa (f) de inscrição	Anmeldegebühr (f)	['anmɛldə·gəˌbyːɐ]

entrada (f)	Eingang (m)	['aɪnˌgaŋ]
pavilhão (m)	Pavillon (m)	['pavɪljɔŋ]
inscrever (vt)	registrieren (vt)	[Regɪs'tRiːRən]
crachá (m)	Namensschild (n)	['naːmənsˌʃɪlt]

| stand (m) | Stand (m) | [ʃtant] |
| reservar (vt) | reservieren (vt) | [Rezɛɐ'viːRən] |

vitrina (f)	Vitrine (f)	[vi'tRiːnə]
foco, spot (m)	Strahler (m)	['ʃtRaːlɐ]
design (m)	Design (n)	[di'zaɪn]
pôr, colocar (vt)	stellen (vt)	['ʃtɛlən]
ser colocado, -a	gelegen sein	[gə'leːgən zaɪn]

distribuidor (m)	Distributor (m)	[dɪstRi'buːtoːɐ]
fornecedor (m)	Lieferant (m)	[ˌliːfə'Rant]
fornecer (vt)	liefern (vt)	['liːfɐn]

país (m)	Land (n)	[lant]
estrangeiro	ausländisch	['aʊsˌlɛndɪʃ]
produto (m)	Produkt (m)	[pRo'dʊkt]
associação (f)	Assoziation (f)	[asɔtsia'tsjoːn]
sala (f) de conferências	Konferenzraum (m)	[kɔnfe'RɛntsˌRaʊm]

| congresso (m) | Kongress (m) | [kɔŋ'gʀɛs] |
| concurso (m) | Wettbewerb (m) | ['vɛtbə‚vɛʁp] |

visitante (m)	Besucher (m)	[bə'zu:χɐ]
visitar (vt)	besuchen (vt)	[bə'zu:χən]
cliente (m)	Auftraggeber (m)	['aʊftʀa:k‚ge:bɐ]

119. Media

jornal (m)	Zeitung (f)	['tsaɪtʊŋ]
revista (f)	Zeitschrift (f)	['tsaɪtʃʀɪft]
imprensa (f)	Presse (f)	['pʀɛsə]
rádio (m)	Rundfunk (m)	['ʀʊntfʊŋk]
estação (f) de rádio	Rundfunkstation (f)	['ʀʊntfʊŋkʃta'tsjo:n]
televisão (f)	Fernsehen (n)	['fɛʁn‚ze:ən]

apresentador (m)	Moderator (m)	[mode'ʀa:to:ɐ]
locutor (m)	Sprecher (m)	['ʃpʀɛçɐ]
comentador (m)	Kommentator (m)	[kɔmən'tato:ɐ]

jornalista (m)	Journalist (m)	[ʒʊʁna'lɪst]
correspondente (m)	Korrespondent (m)	[kɔʀɛspɔn'dɛnt]
repórter (m) fotográfico	Bildberichterstatter (m)	['bɪlt‚bə'ʀɪçt?ɛɐ‚ʃtatɐ]
repórter (m)	Reporter (m)	[ʀe'pɔʁtɐ]

| redator (m) | Redakteur (m) | [ʀedak'tø:ɐ] |
| redator-chefe (m) | Chefredakteur (m) | ['ʃɛf‚ʀedak‚tø:ɐ] |

assinar a …	abonnieren (vt)	[abɔ'ni:ʀən]
assinatura (f)	Abonnement (n)	[abɔnə'ma:ŋ]
assinante (m)	Abonnent (m)	[abo'nɛnt]
ler (vt)	lesen (vi, vt)	['le:zən]
leitor (m)	Leser (m)	['le:zɐ]

tiragem (f)	Auflage (f)	['aʊf‚la:gə]
mensal	monatlich	['mo:natlɪç]
semanal	wöchentlich	['vœçəntlɪç]
número (jornal, revista)	Ausgabe (f)	['aʊs‚ga:bə]
recente	neueste (~ Ausgabe)	['nɔɪstə]

manchete (f)	Titel (m)	['ti:təl]
pequeno artigo (m)	Notiz (f)	[no'ti:ts]
coluna (~ semanal)	Rubrik (f)	[ʀu'bʀi:k]
artigo (m)	Artikel (m)	[‚aʁ'ti:kl]
página (f)	Seite (f)	['zaɪtə]

reportagem (f)	Reportage (f)	[ʀepɔʁ'ta:ʒə]
evento (m)	Ereignis (n)	[ɛɐ'?aɪgnɪs]
sensação (f)	Sensation (f)	[zɛnza'tsjo:n]
escândalo (m)	Skandal (m)	[skan'da:l]
escandaloso	skandalös	[skanda'lø:s]
grande	groß	[gʀo:s]
programa (m) de TV	Sendung (f)	['zɛndʊŋ]
entrevista (f)	Interview (n)	['ɪntɐvju:]

| transmissão (f) em direto | Live-Übertragung (f) | ['laɪf?y:bɐˌtʀaːgʊŋ] |
| canal (m) | Kanal (m) | [ka'naːl] |

120. Agricultura

agricultura (f)	Landwirtschaft (f)	['lantvɪʁtʃaft]
camponês (m)	Bauer (m)	['baʊɐ]
camponesa (f)	Bäuerin (f)	['bɔɪɐʀɪn]
agricultor (m)	Farmer (m)	['faʁmɐ]

| trator (m) | Traktor (m) | ['tʀaktoːɐ] |
| ceifeira-debulhadora (f) | Mähdrescher (m) | ['mɛːˌdʀɛʃɐ] |

arado (m)	Pflug (m)	[pfluːk]
arar (vt)	pflügen (vt)	['pflyːgən]
campo (m) lavrado	Acker (m)	['akɐ]
rego (m)	Furche (f)	['fʊʁçə]

semear (vt)	säen (vt)	['zɛːən]
semeadora (f)	Sämaschine (f)	['zɛːˌma'ʃiːnə]
semeadura (f)	Saat (f)	['zaːt]

| gadanha (f) | Sense (f) | ['zɛnzə] |
| gadanhar (vt) | mähen (vt) | ['mɛːən] |

| pá (f) | Schaufel (f) | ['ʃaʊfəl] |
| cavar (vt) | graben (vt) | ['gʀaːbən] |

enxada (f)	Hacke (f)	['hakə]
carpir (vt)	jäten (vt)	['jɛːtən]
erva (f) daninha	Unkraut (n)	['ʊnˌkʀaʊt]

regador (m)	Gießkanne (f)	['giːsˌkanə]
regar (vt)	gießen (vt)	['giːsən]
rega (f)	Bewässerung (f)	[bə'vɛsəʀʊŋ]

| forquilha (f) | Heugabel (f) | ['hɔɪˌgaːbəl] |
| ancinho (m) | Rechen (m) | [ʀɛçən] |

fertilizante (m)	Dünger (m)	['dʏŋɐ]
fertilizar (vt)	düngen (vt)	['dʏŋən]
estrume (m)	Mist (m)	[mɪst]

campo (m)	Feld (n)	[fɛlt]
prado (m)	Wiese (f)	['viːzə]
horta (f)	Gemüsegarten (m)	[gə'myːzəˌgaʁtən]
pomar (m)	Obstgarten (m)	['oːpstˌgaʁtən]

pastar (vt)	weiden (vt)	['vaɪdən]
pastor (m)	Hirt (m)	[hɪʁt]
pastagem (f)	Weide (f)	['vaɪdə]

| pecuária (f) | Viehzucht (f) | ['fiːˌtsʊχt] |
| criação (f) de ovelhas | Schafzucht (f) | ['ʃaːfˌtsʊχt] |

plantação (f)	**Plantage** (f)	[plan'ta:ʒə]
canteiro (m)	**Beet** (n)	['be:t]
invernadouro (m)	**Treibhaus** (n)	['tʀaɪp͵haʊs]

seca (f)	**Dürre** (f)	['dʏʀə]
seco (verão ~)	**dürr, trocken**	[dʏʁ], 'tʀɔkən]

cereal (m)	**Getreide** (n)	[gə'tʀaɪdə]
cereais (m pl)	**Getreidepflanzen** (pl)	[gə'tʀaɪdə͵pflantsən]
colher (vt)	**ernten** (vt)	['ɛʁntən]

moleiro (m)	**Müller** (m)	['mʏlɐ]
moinho (m)	**Mühle** (f)	['my:lə]
moer (vt)	**mahlen** (vt)	['ma:lən]
farinha (f)	**Mehl** (n)	[me:l]
palha (f)	**Stroh** (n)	[ʃtʀo:]

121. Construção. Processo de construção

canteiro (m) de obras	**Baustelle** (f)	['baʊʃtɛlə]
construir (vt)	**bauen** (vt)	['baʊən]
construtor (m)	**Bauarbeiter** (m)	['baʊʔaʁ͵baɪtɐ]

projeto (m)	**Projekt** (n)	[pʀo'jɛkt]
arquiteto (m)	**Architekt** (m)	[aʁçi'tɛkt]
operário (m)	**Arbeiter** (m)	['aʁbaɪtɐ]

fundação (f)	**Fundament** (n)	[fʊnda'mɛnt]
telhado (m)	**Dach** (n)	[daχ]
estaca (f)	**Pfahl** (m)	[pfa:l]
parede (f)	**Wand** (f)	[vant]

varões (m pl) para betão	**Bewehrungsstahl** (m)	[bə've:ʀʊŋsʃta:l]
andaime (m)	**Gerüst** (n)	[gə'ʀʏst]

betão (m)	**Beton** (m)	[be'tɔŋ]
granito (m)	**Granit** (m)	[gʀa'ni:t]
pedra (f)	**Stein** (m)	[ʃtaɪn]
tijolo (m)	**Ziegel** (m)	['tsi:gəl]

areia (f)	**Sand** (m)	[zant]
cimento (m)	**Zement** (m, n)	[tse'mɛnt]
emboço (m)	**Putz** (m)	[pʊts]
emboçar (vt)	**verputzen** (vt)	[fɛɐ'pʊtsən]

tinta (f)	**Farbe** (f)	['faʁbə]
pintar (vt)	**färben** (vt)	['fɛʁbən]
barril (m)	**Fass** (n), **Tonne** (f)	[fas], ['tɔnə]

grua (f), guindaste (m)	**Kran** (m)	[kʀa:n]
erguer (vt)	**aufheben** (vt)	['aʊf͵he:bən]
baixar (vt)	**herunterlassen** (vt)	[hɛ'ʀʊntɐ͵lasən]
buldózer (m)	**Planierraupe** (f)	[pla'ni:ɐ͵ʀaʊpə]
escavadora (f)	**Bagger** (m)	['bagɐ]

caçamba (f)	Baggerschaufel (f)	['bagǝˌʃaʊfǝl]
escavar (vt)	graben (vt)	['gʀaːbǝn]
capacete (m) de proteção	Schutzhelm (m)	['ʃʊtsˌhɛlm]

122. Ciência. Investigação. Cientistas

ciência (f)	Wissenschaft (f)	['vɪsǝnˌʃaft]
científico	wissenschaftlich	['vɪsǝnˌʃaftlɪç]
cientista (m)	Wissenschaftler (m)	['vɪsǝnˌʃaftlɐ]
teoria (f)	Theorie (f)	[teo'ʀiː]

axioma (m)	Axiom (n)	[a'ksɪoːm]
análise (f)	Analyse (f)	[ana'lyːzǝ]
analisar (vt)	analysieren (vt)	[ˌanaly:'ziːʀǝn]
argumento (m)	Argument (n)	[aʁgu'mɛnt]
substância (f)	Substanz (f)	[zʊps'tants]

hipótese (f)	Hypothese (f)	[ˌhypo'teːzǝ]
dilema (m)	Dilemma (n)	[ˌdi'lɛma]
tese (f)	Dissertation (f)	[dɪsɛʁta'tsjoːn]
dogma (m)	Dogma (n)	['dɔgma]

doutrina (f)	Doktrin (f)	[dɔk'tʀiːn]
pesquisa (f)	Forschung (f)	['fɔʁʃʊŋ]
pesquisar (vt)	forschen (vi)	['fɔʁʃǝn]
teste (m)	Kontrolle (f)	[kɔn'tʀɔlǝ]
laboratório (m)	Labor (n)	[la'boːɐ]

método (m)	Methode (f)	[me'toːdǝ]
molécula (f)	Molekül (n)	[mole'kyːl]
monitoramento (m)	Monitoring (n)	['moːnitoːʀɪŋ]
descoberta (f)	Entdeckung (f)	[ɛnt'dɛkʊŋ]

postulado (m)	Postulat (n)	[pɔstu'laːt]
princípio (m)	Prinzip (n)	[pʀɪn'tsiːp]
prognóstico (previsão)	Prognose (f)	[pʀo'gnoːzǝ]
prognosticar (vt)	prognostizieren (vt)	[pʀognosti'tsiːʀǝn]

síntese (f)	Synthese (f)	[zyn'teːzǝ]
tendência (f)	Tendenz (f)	[tɛn'dɛnts]
teorema (m)	Theorem (n)	[teo'ʀeːm]

ensinamentos (m pl)	Lehre (f)	['leːʀǝ]
facto (m)	Tatsache (f)	['taːtˌzaχǝ]

expedição (f)	Expedition (f)	[ɛkspedi'tsjoːn]
experiência (f)	Experiment (n)	[ɛkspeʀi'mɛnt]

académico (m)	Akademiemitglied (n)	[akade'miː·mɪtˌgliːt]
bacharel (m)	Bachelor (m)	['bɛtʃǝlǝ]
doutor (m)	Doktor (m)	['dɔktoːɐ]
docente (m)	Dozent (m)	[do'tsɛnt]
mestre (m)	Magister (m)	[ma'gɪstɐ]
professor (m) catedrático	Professor (m)	[pʀo'fɛsoːɐ]

Profissões e ocupações

123. Procura de emprego. Demissão

trabalho (m)	Arbeit (f), Stelle (f)	['aʁbaɪt], ['ʃtɛlə]
equipa (f)	Belegschaft (f)	[bə'le:kʃaft]
pessoal (m)	Personal (n)	[pɛʁzo'naːl]
carreira (f)	Karriere (f)	[ka'ʁɪeːʀə]
perspetivas (f pl)	Perspektive (f)	[pɛʁspɛk'tiːvə]
mestria (f)	Können (n)	['kœnən]
seleção (f)	Auswahl (f)	['aʊsvaːl]
agência (f) de emprego	Personalagentur (f)	[pɛʁzo'naːl·agɛn'tuːɐ]
CV, currículo (m)	Lebenslauf (m)	['le:bəns‚laʊf]
entrevista (f) de emprego	Vorstellungsgespräch (n)	['foːɐʃtɛlʊŋs·gəˌʃpʀɛːç]
vaga (f)	Vakanz (f)	[va'kants]
salário (m)	Gehalt (n)	[gə'halt]
salário (m) fixo	festes Gehalt (n)	['fɛstəs gə'halt]
pagamento (m)	Arbeitslohn (m)	['aʁbaɪts‚loːn]
posto (m)	Stellung (f)	['ʃtɛlʊŋ]
dever (do empregado)	Pflicht (f), Aufgabe (f)	[pflɪçt], ['aʊfˌgaːbə]
gama (f) de deveres	Aufgabenspektrum (n)	['aʊfˌgaːbən'ʃpɛktʀʊm]
ocupado	beschäftigt	[‚bə'ʃɛftɪçt]
despedir, demitir (vt)	kündigen (vt)	['kʏndɪgən]
demissão (f)	Kündigung (f)	['kʏndɪgʊŋ]
desemprego (m)	Arbeitslosigkeit (f)	['aʁbaɪts‚loːzɪçkaɪt]
desempregado (m)	Arbeitslose (m)	['aʁbaɪts‚loːzə]
reforma (f)	Rente (f), Ruhestand (m)	['ʀɛntə], ['ʀuːəˌʃtant]
reformar-se	in Rente gehen	[ɪn 'ʀɛntə 'geːən]

124. Gente de negócios

diretor (m)	Direktor (m)	[di'ʀɛktoːɐ]
gerente (m)	Leiter (m)	['laɪtə]
patrão, chefe (m)	Boss (m)	[bɔs]
superior (m)	Vorgesetzte (m)	['foːɐgəˌzɛtstə]
superiores (m pl)	Vorgesetzten (pl)	['foːɐgəˌzɛtstən]
presidente (m)	Präsident (m)	[pʀɛzi'dɛnt]
presidente (m) de direção	Vorsitzende (m)	['foːɐˌzɪtsəndə]
substituto (m)	Stellvertreter (m)	['ʃtɛlfɛɐˌtʀeːtə]
assistente (m)	Helfer (m)	['hɛlfə]

secretário (m)	Sekretär (m)	[zekʀe'tɛ:ɐ]
secretário (m) pessoal	Privatsekretär (m)	[pʀi'va:t·zekʀe'tɛ:ɐ]

homem (m) de negócios	Geschäftsmann (m)	[gə'ʃɛfts͵man]
empresário (m)	Unternehmer (m)	[͵ʊntɐ'ne:mɐ]
fundador (m)	Gründer (m)	['gʀʏndɐ]
fundar (vt)	gründen (vt)	['gʀʏndən]

fundador, sócio (m)	Gründungsmitglied (n)	['gʀʏndʊŋs͵mɪtgli:t]
parceiro, sócio (m)	Partner (m)	['paʁtnɐ]
acionista (m)	Aktionär (m)	[aktsjo'nɛ:ɐ]

milionário (m)	Millionär (m)	[mɪljo'nɛ:ɐ]
bilionário (m)	Milliardär (m)	[͵mɪlɪaʁ'dɛ:ɐ]
proprietário (m)	Besitzer (m)	[bə'zɪtsɐ]
proprietário (m) de terras	Landbesitzer (m)	['lantbə͵zɪtsɐ]

cliente (m)	Kunde (m)	['kʊndə]
cliente (m) habitual	Stammkunde (m)	['ʃtam͵kʊndə]
comprador (m)	Käufer (m)	['kɔɪfɐ]
visitante (m)	Besucher (m)	[bə'zu:χɐ]

profissional (m)	Fachmann (m)	['faχ͵man]
perito (m)	Experte (m)	[ɛks'pɛʁtə]
especialista (m)	Spezialist (m)	[ʃpetsɪa'lɪst]

banqueiro (m)	Bankier (m)	[baŋ'kɪe:]
corretor (m)	Makler (m)	['ma:klɐ]

caixa (m, f)	Kassierer (m)	[ka'si:ʀɐ]
contabilista (m)	Buchhalter (m)	['bu:χ͵haltɐ]
guarda (m)	Wächter (m)	['vɛçtɐ]

investidor (m)	Investor (m)	[ɪn'vɛsto:ɐ]
devedor (m)	Schuldner (m)	['ʃʊldnɐ]
credor (m)	Gläubiger (m)	['glɔɪbɪgɐ]
mutuário (m)	Kreditnehmer (m)	[kʀe'di:t͵ne:mɐ]

importador (m)	Importeur (m)	[ɪmpɔʁ'tø:ɐ]
exportador (m)	Exporteur (m)	[ɛkspɔʁ'tø:ɐ]

produtor (m)	Hersteller (m)	['he:ɐʃtɛlɐ]
distribuidor (m)	Distributor (m)	[dɪstʀi'bu:to:ɐ]
intermediário (m)	Vermittler (m)	[fɛɐ'mɪtlɐ]

consultor (m)	Berater (m)	[bə'ʀa:tɐ]
representante (m)	Vertreter (m)	[fɛɐ'tʀe:tɐ]
agente (m)	Agent (m)	[agɛnt]
agente (m) de seguros	Versicherungsagent (m)	[fɛɐ'zɪçəʀʊŋs·a'gɛnt]

125. Profissões de serviços

cozinheiro (m)	Koch (m)	[kɔχ]
cozinheiro chefe (m)	Chefkoch (m)	['ʃɛf͵kɔχ]

padeiro (m)	Bäcker (m)	['bɛkɐ]
barman (m)	Barmixer (m)	['ba:ɐ‚mɪksɐ]
empregado (m) de mesa	Kellner (m)	['kɛlnɐ]
empregada (f) de mesa	Kellnerin (f)	['kɛlnəʀɪn]

advogado (m)	Rechtsanwalt (m)	['ʀɛçts?an‚valt]
jurista (m)	Jurist (m)	[ju'ʀɪst]
notário (m)	Notar (m)	[no'ta:ɐ]

eletricista (m)	Elektriker (m)	[‚e'lɛktʀikɐ]
canalizador (m)	Klempner (m)	['klɛmpnɐ]
carpinteiro (m)	Zimmermann (m)	['tsɪmɐ‚man]

massagista (m)	Masseur (m)	[ma'sø:ɐ]
massagista (f)	Masseurin (f)	[ma'sø:ʀɪn]
médico (m)	Arzt (m)	[aʀtst]

taxista (m)	Taxifahrer (m)	['taksi‚fa:ʀɐ]
condutor (automobilista)	Fahrer (m)	['fa:ʀɐ]
entregador (m)	Ausfahrer (m)	['aʊs‚fa:ʀɐ]

camareira (f)	Zimmermädchen (n)	['tsɪmɐ‚mɛ:tçən]
guarda (m)	Wächter (m)	['vɛçtɐ]
hospedeira (f) de bordo	Flugbegleiterin (f)	['flu:k·bə‚glaɪtəʀɪn]

professor (m)	Lehrer (m)	['le:ʀɐ]
bibliotecário (m)	Bibliothekar (m)	[bibliote‚ka:ɐ]
tradutor (m)	Übersetzer (m)	[‚y:bɐ'zɛtsɐ]
intérprete (m)	Dolmetscher (m)	['dɔlmɛtʃɐ]
guia (pessoa)	Fremdenführer (m)	['fʀɛmdən‚fy:ʀɐ]

cabeleireiro (m)	Friseur (m)	[fʀi'zø:ɐ]
carteiro (m)	Briefträger (m)	['bʀi:f‚tʀɛ:gɐ]
vendedor (m)	Verkäufer (m)	[fɛɐ'kɔɪfɐ]

jardineiro (m)	Gärtner (m)	['gɛʀtnɐ]
criado (m)	Diener (m)	['di:nɐ]
criada (f)	Magd (f)	[ma:kt]
empregada (f) de limpeza	Putzfrau (f)	['pʊts‚fʀaʊ]

126. Profissões militares e postos

soldado (m) raso	einfacher Soldat (m)	['aɪnfaχɐ zɔl'da:t]
sargento (m)	Feldwebel (m)	['fɛlt‚ve:bəl]
tenente (m)	Leutnant (m)	['lɔɪtnant]
capitão (m)	Hauptmann (m)	['haʊptman]

major (m)	Major (m)	[ma'jo:ɐ]
coronel (m)	Oberst (m)	['o:bɐst]
general (m)	General (m)	[genə'ʀa:l]
marechal (m)	Marschall (m)	['maʀʃal]
almirante (m)	Admiral (m)	[‚atmi'ʀa:l]
militar (m)	Militärperson (f)	[mili'tɛ:ɐ‚pɛʀ'zo:n]
soldado (m)	Soldat (m)	[zɔl'da:t]

oficial (m)	**Offizier** (m)	[ɔfi'tsi:ɐ]
comandante (m)	**Kommandeur** (m)	[kɔman'dø:ɐ]

guarda (m) fronteiriço	**Grenzsoldat** (m)	['gʀɛnts·zɔl,da:t]
operador (m) de rádio	**Funker** (m)	['fʊŋkɐ]
explorador (m)	**Aufklärer** (m)	['aʊf,klɛ:ʀɐ]
sapador (m)	**Pionier** (m)	[pɪo'ni:ɐ]
atirador (m)	**Schütze** (m)	['ʃʏtsə]
navegador (m)	**Steuermann** (m)	['ʃtɔɪɐ,man]

127. Oficiais. Padres

rei (m)	**König** (m)	['kø:nɪç]
rainha (f)	**Königin** (f)	['kø:nɪgɪn]
príncipe (m)	**Prinz** (m)	[pʀɪnts]
princesa (f)	**Prinzessin** (f)	[pʀɪn'tsɛsɪn]
czar (m)	**Zar** (m)	[tsa:ɐ]
czarina (f)	**Zarin** (f)	['tsa:ʀɪn]
presidente (m)	**Präsident** (m)	[pʀɛzi'dɛnt]
ministro (m)	**Minister** (m)	[mi'nɪstɐ]
primeiro-ministro (m)	**Ministerpräsident** (m)	[mi'nɪstɐ·pʀɛzi,dɛnt]
senador (m)	**Senator** (m)	[ze'na:to:ɐ]
diplomata (m)	**Diplomat** (m)	[,diplo'ma:t]
cônsul (m)	**Konsul** (m)	['kɔnzʊl]
embaixador (m)	**Botschafter** (m)	['bo:t,ʃaftɐ]
conselheiro (m)	**Ratgeber** (m)	['ʀa:t,ge:bɐ]
funcionário (m)	**Beamte** (m)	[bɐ'ʔamtə]
prefeito (m)	**Präfekt** (m)	[pʀɛ'fɛkt]
Presidente (m) da Câmara	**Bürgermeister** (m)	['bʏʁgɐ,maɪstɐ]
juiz (m)	**Richter** (m)	['ʀɪçtɐ]
procurador (m)	**Staatsanwalt** (m)	['ʃta:ts?an,valt]
missionário (m)	**Missionar** (m)	[,mɪsjo'na:ɐ]
monge (m)	**Mönch** (m)	[mœnç]
abade (m)	**Abt** (m)	[apt]
rabino (m)	**Rabbiner** (m)	[ʀa'bi:nɐ]
vizir (m)	**Wesir** (m)	[ve'zi:ɐ]
xá (m)	**Schah** (n)	[ʃaχ]
xeque (m)	**Scheich** (m)	[ʃaɪç]

128. Profissões agrícolas

apicultor (m)	**Bienenzüchter** (m)	['bi:nən,tsʏçtɐ]
pastor (m)	**Hirt** (m)	[hɪʁt]
agrónomo (m)	**Agronom** (m)	[agʀo'no:m]

| criador (m) de gado | Viehzüchter (m) | ['fiːˌtsʏçtɐ] |
| veterinário (m) | Tierarzt (m) | ['tiːɐˌʔaʁtst] |

agricultor (m)	Farmer (m)	['faʁmɐ]
vinicultor (m)	Winzer (m)	['vɪntsɐ]
zoólogo (m)	Zoologe (m)	[tsooˈloːɡə]
cowboy (m)	Cowboy (m)	['kaʊbɔɪ]

129. Profissões artísticas

| ator (m) | Schauspieler (m) | ['ʃaʊʃpiːlɐ] |
| atriz (f) | Schauspielerin (f) | ['ʃaʊʃpiːləʁɪn] |

| cantor (m) | Sänger (m) | ['zɛŋɐ] |
| cantora (f) | Sängerin (f) | ['zɛŋəʁɪn] |

| bailarino (m) | Tänzer (m) | ['tɛntsɐ] |
| bailarina (f) | Tänzerin (f) | ['tɛntsəʁɪn] |

| artista (m) | Künstler (m) | ['kʏnstlɐ] |
| artista (f) | Künstlerin (f) | ['kʏnstləʁɪn] |

músico (m)	Musiker (m)	['muːzikɐ]
pianista (m)	Pianist (m)	[pɪaˈnɪst]
guitarrista (m)	Gitarrist (m)	[gitaˈʁɪst]

maestro (m)	Dirigent (m)	[ˌdiʁiˈɡɛnt]
compositor (m)	Komponist (m)	[ˌkɔmpoˈnɪst]
empresário (m)	Manager (m)	['mɛnɪdʒɐ]

realizador (m)	Regisseur (m)	[ʁeʒɪˈsøːɐ]
produtor (m)	Produzent (m)	[pʁoduˈtsɛnt]
argumentista (m)	Drehbuchautor (m)	['dʁeːbuːxˌʔaʊtoːɐ]
crítico (m)	Kritiker (m)	['kʁiːtɪkɐ]

escritor (m)	Schriftsteller (m)	['ʃʁɪftˌʃtɛlɐ]
poeta (m)	Dichter (m)	['dɪçtɐ]
escultor (m)	Bildhauer (m)	['bɪltˌhaʊɐ]
pintor (m)	Maler (m)	['maːlɐ]

malabarista (m)	Jongleur (m)	[ʒɔŋˈɡløːɐ]
palhaço (m)	Clown (m)	[klaʊn]
acrobata (m)	Akrobat (m)	[akʁoˈbaːt]
mágico (m)	Zauberkünstler (m)	['tsaʊbɐˌkʏnstlɐ]

130. Várias profissões

médico (m)	Arzt (m)	[aʁtst]
enfermeira (f)	Krankenschwester (f)	[kʁaŋkənˈʃvɛstɐ]
psiquiatra (m)	Psychiater (m)	[psyˈçiaːtɐ]
estomatologista (m)	Zahnarzt (m)	['tsaːnˌʔaʁtst]
cirurgião (m)	Chirurg (m)	[çiˈʁuʁk]

astronauta (m)	Astronaut (m)	[astʁo'naʊt]
astrónomo (m)	Astronom (m)	[astʁo'no:m]
piloto (m)	Pilot (m)	[pi'lo:t]

motorista (m)	Fahrer (m)	['fa:ʁe]
maquinista (m)	Lokführer (m)	['lɔk͜fy:ʁe]
mecânico (m)	Mechaniker (m)	[me'ça:nike]

mineiro (m)	Bergarbeiter (m)	['bɛʁk͜ʔaʁˌbaɪte]
operário (m)	Arbeiter (m)	['aʁbaɪte]
serralheiro (m)	Schlosser (m)	['ʃlɔse]
marceneiro (m)	Tischler (m)	['tɪʃle]
torneiro (m)	Dreher (m)	['dʁe:e]
construtor (m)	Bauarbeiter (m)	['baʊʔaʁˌbaɪte]
soldador (m)	Schweißer (m)	['ʃvaɪse]

professor (m) catedrático	Professor (m)	[pʁo'fɛso:e]
arquiteto (m)	Architekt (m)	[aʁçi'tɛkt]
historiador (m)	Historiker (m)	[hɪs'to:ʁike]
cientista (m)	Wissenschaftler (m)	['vɪsənˌʃaftle]
físico (m)	Physiker (m)	['fy:zike]
químico (m)	Chemiker (m)	['çe:mike]

arqueólogo (m)	Archäologe (m)	[aʁçɛo'lo:gə]
geólogo (m)	Geologe (m)	[geo'lo:gə]
pesquisador (cientista)	Forscher (m)	['fɔʁʃe]

| babysitter (f) | Kinderfrau (f) | ['kɪndeˌfʁaʊ] |
| professor (m) | Lehrer (m) | ['le:ʁe] |

redator (m)	Redakteur (m)	[ʁedak'tø:e]
redator-chefe (m)	Chefredakteur (m)	['ʃɛf·ʁedakˌtø:e]
correspondente (m)	Korrespondent (m)	[kɔʁɛspon'dɛnt]
datilógrafa (f)	Schreibkraft (f)	['ʃʁaɪpˌkʁaft]

designer (m)	Designer (m)	[di'zaɪne]
especialista (m) em informática	Computerspezialist (m)	[kɔm'pju:te·ʃpetsɪa'lɪst]
programador (m)	Programmierer (m)	[pʁogʁa'mi:ʁe]
engenheiro (m)	Ingenieur (m)	[ɪnʒe'nɪø:e]

marujo (m)	Seemann (m)	['ze:man]
marinheiro (m)	Matrose (m)	[ma'tʁo:zə]
salvador (m)	Retter (m)	['ʁɛte]

bombeiro (m)	Feuerwehrmann (m)	['fɔɪeve:eˌman]
polícia (m)	Polizist (m)	[poli'tsɪst]
guarda-noturno (m)	Nachtwächter (m)	['naχtˌvɛçte]
detetive (m)	Detektiv (m)	[detɛk'ti:f]

funcionário (m) da alfândega	Zollbeamter (m)	['tsɔl·bəˌʔamte]
guarda-costas (m)	Leibwächter (m)	['laɪpˌvɛçte]
guarda (m) prisional	Gefängniswärter (m)	[gə'fɛŋnɪs·vɛʁte]
inspetor (m)	Inspektor (m)	[ɪn'spɛkto:e]
desportista (m)	Sportler (m)	['ʃpɔʁtle]
treinador (m)	Trainer (m)	['tʁɛ:ne]

talhante (m)	**Fleischer** (m)	['flaɪʃɐ]
sapateiro (m)	**Schuster** (m)	['ʃuːstɐ]
comerciante (m)	**Geschäftsmann** (m)	[gə'ʃɛfts‚man]
carregador (m)	**Ladearbeiter** (m)	['laːdə‚aʁbaɪtɐ]

estilista (m)	**Modedesigner** (m)	['moːdə·di'zaɪnɐ]
modelo (f)	**Modell** (n)	[mo'dɛl]

131. Ocupações. Estatuto social

aluno, escolar (m)	**Schüler** (m)	['ʃyːlɐ]
estudante (~ universitária)	**Student** (m)	[ʃtu'dɛnt]

filósofo (m)	**Philosoph** (m)	[filo'zoːf]
economista (m)	**Ökonom** (m)	[øko'noːm]
inventor (m)	**Erfinder** (m)	[ɛɛ'fɪndɐ]

desempregado (m)	**Arbeitslose** (m)	['aʁbaɪts‚loːzə]
reformado (m)	**Rentner** (m)	['ʀɛntnɐ]
espião (m)	**Spion** (m)	[ʃpi'oːn]

preso (m)	**Gefangene** (m)	[gə'faŋənə]
grevista (m)	**Streikender** (m)	['ʃtʀaɪkəndɐ]
burocrata (m)	**Bürokrat** (m)	[‚byʀo'kʀaːt]
viajante (m)	**Reisende** (m)	['ʀaɪzəndə]

homossexual (m)	**Homosexuelle** (m)	[homozɛ'ksuɛlə]
hacker (m)	**Hacker** (m)	['hɛkɐ]
hippie	**Hippie** (m)	['hɪpi]

bandido (m)	**Bandit** (m)	[ban'diːt]
assassino (m) a soldo	**Killer** (m)	['kɪlɐ]
toxicodependente (m)	**Drogenabhängiger** (m)	['dʀoːgən‚ʔaphɛŋɪgɐ]
traficante (m)	**Drogenhändler** (m)	['dʀoːgən‚hɛndlɐ]
prostituta (f)	**Prostituierte** (f)	[‚pʀostitu'iːɐtə]
chulo (m)	**Zuhälter** (m)	['tsuː‚hɛltɐ]

bruxo (m)	**Zauberer** (m)	['tsaʊbəʀɐ]
bruxa (f)	**Zauberin** (f)	['tsaʊbəʀɪn]
pirata (m)	**Seeräuber** (m)	['zeː‚ʀɔɪbɐ]
escravo (m)	**Sklave** (m)	['sklaːvə]
samurai (m)	**Samurai** (m)	[zamu'ʀaɪ]
selvagem (m)	**Wilde** (m)	['vɪldə]

Desportos

132. Tipos de desportos. Desportistas

desportista (m)	Sportler (m)	['ʃpɔʁtlɐ]
tipo (m) de desporto	Sportart (f)	['ʃpɔʁt?aːɐt]
basquetebol (m)	Basketball (m)	['baːskətbal]
jogador (m) de basquetebol	Basketballspieler (m)	['baːskətbalˌʃpiːlɐ]
beisebol (m)	Baseball (m, n)	['bɛɪsbɔːl]
jogador (m) de beisebol	Baseballspieler (m)	['bɛɪsbɔːlˌʃpiːlɐ]
futebol (m)	Fußball (m)	['fuːsbal]
futebolista (m)	Fußballspieler (m)	['fuːsbalˌʃpiːlɐ]
guarda-redes (m)	Torwart (m)	['toːɐˌvaʁt]
hóquei (m)	Eishockey (n)	['aɪsˌhɔki]
jogador (m) de hóquei	Eishockeyspieler (m)	['aɪshɔkiˌʃpiːlɐ]
voleibol (m)	Volleyball (m)	['vɔliˌbal]
jogador (m) de voleibol	Volleyballspieler (m)	['vɔlibalˌʃpiːlɐ]
boxe (m)	Boxen (n)	['bɔksən]
boxeador, pugilista (m)	Boxer (m)	['bɔksɐ]
luta (f)	Ringen (n)	['ʁɪŋən]
lutador (m)	Ringkämpfer (m)	['ʁɪŋˌkɛmpfɐ]
karaté (m)	Karate (n)	[ka'ʁaːtə]
karateca (m)	Karatekämpfer (m)	[ka'ʁaːtəˌkɛmpfɐ]
judo (m)	Judo (n)	['juːdɔ]
judoca (m)	Judoka (m)	[ju'dɔːka]
ténis (m)	Tennis (n)	['tɛnɪs]
tenista (m)	Tennisspieler (m)	['tɛnɪsˌʃpiːlɐ]
natação (f)	Schwimmen (n)	['ʃvɪmən]
nadador (m)	Schwimmer (m)	['ʃvɪmɐ]
esgrima (f)	Fechten (n)	['fɛçtən]
esgrimista (m)	Fechter (m)	['fɛçtɐ]
xadrez (m)	Schach (n)	[ʃax]
xadrezista (m)	Schachspieler (m)	['ʃaxˌʃpiːlɐ]
alpinismo (m)	Bergsteigen (n)	['bɛʁkˌʃtaɪgən]
alpinista (m)	Bergsteiger (m)	['bɛʁkˌʃtaɪgɐ]
corrida (f)	Lauf (m)	[laʊf]

corredor (m)	Läufer (m)	['lɔɪfɐ]
atletismo (m)	Leichtathletik (f)	['laɪçt?at̯le:tik]
atleta (m)	Athlet (m)	[at'le:t]

| hipismo (m) | Pferdesport (m) | ['pfe:ɐdə ʃpɔʁt] |
| cavaleiro (m) | Reiter (m) | ['ʀaɪtɐ] |

patinagem (f) artística	Eiskunstlauf (m)	['aɪskʊnst̯laʊf]
patinador (m)	Eiskunstläufer (m)	['aɪskʊnst̯lɔɪfɐ]
patinadora (f)	Eiskunstläuferin (f)	['aɪskʊnst̯lɔɪfəʀɪn]

| halterofilismo (m) | Gewichtheben (n) | [gə'vɪçt̯he:bən] |
| halterofilista (m) | Gewichtheber (m) | [gə'vɪçt̯he:bɐ] |

| corrida (f) de carros | Autorennen (n) | ['aʊtoʀɛnən] |
| piloto (m) | Rennfahrer (m) | ['ʀɛn̯fa:ʀɐ] |

| ciclismo (m) | Radfahren (n) | ['ʀa:t̯fa:ʀən] |
| ciclista (m) | Radfahrer (m) | ['ʀa:t̯fa:ʀɐ] |

salto (m) em comprimento	Weitsprung (m)	['vaɪt̯ʃpʀʊŋ]
salto (m) à vara	Stabhochsprung (m)	['ʃta:pho:x̯ʃpʀʊŋ]
atleta (m) de saltos	Springer (m)	['ʃpʀɪŋɐ]

133. Tipos de desportos. Diversos

futebol (m) americano	American Football (m)	[ɛ'mɛʀɪkən 'fʊtbo:l]
badminton (m)	Federballspiel (n)	['fe:dɐ̯bal·ʃpi:l]
biatlo (m)	Biathlon (n)	['bi:atlɔn]
bilhar (m)	Billard (n)	['bɪljaʁt]

bobsled (m)	Bob (m)	[bɔp]
musculação (f)	Bodybuilding (n)	['bɔdi̯bɪldɪŋ]
polo (m) aquático	Wasserballspiel (n)	['vasɐbal ʃpi:l]
andebol (m)	Handball (m)	['hant̯bal]
golfe (m)	Golf (n)	[gɔlf]

remo (m)	Rudern (n)	['ʀu:dɐn]
mergulho (m)	Tauchen (n)	['taʊxən]
corrida (f) de esqui	Skilanglauf (m)	['ʃi:lantlɔɪf]
ténis (m) de mesa	Tischtennis (n)	[tɪʃtɛnɪs]

vela (f)	Segelsport (m)	['ze:gəl ʃpɔʁt]
rali (m)	Rallye (f, n)	['ʀali]
râguebi (m)	Rugby (n)	['ʀakbi]
snowboard (m)	Snowboard (n)	['sno:̯bo:ɐt]
tiro (m) com arco	Bogenschießen (n)	['bo:gənʃi:sən]

134. Ginásio

| barra (f) | Hantel (f) | ['hantəl] |
| halteres (m pl) | Hanteln (pl) | ['hantəln] |

aparelho (m) de musculaçao	Trainingsgerät (n)	['tʀɛːnɪŋs·gə'ʀɛːt]
bicicleta (f) ergométrica	Fahrradtrainer (m)	['faːɐʀaːˌtʀɛːnɐ]
passadeira (f) de corrida	Laufband (n)	['laʊfˌbant]

barra (f) fixa	Reck (n)	[ʀɛk]
barras (f) paralelas	Barren (m)	['baʀən]
cavalo (m)	Sprungpferd (n)	['ʃpʀɪŋˌpfeːɐt]
tapete (m) de ginástica	Matte (f)	['matə]

corda (f) de saltar	Sprungseil (n)	['ʃpʀʊŋˌzaɪl]
aeróbica (f)	Aerobic (n)	[ɛ'ʀoːbɪk]
ioga (f)	Yoga (m, n)	['joːga]

135. Hóquei

hóquei (m)	Eishockey (n)	['aɪsˌhɔki]
jogador (m) de hóquei	Eishockeyspieler (m)	['aɪshɔkiˌʃpiːlɐ]
jogar hóquei	Hockey spielen	['hɔki 'ʃpiːlən]
gelo (m)	Eis (n)	[aɪs]

disco (m)	Puck (m)	[pʊk]
taco (m) de hóquei	Hockeyschläger (m)	['hɔkiˌʃlɛːgɐ]
patins (m pl) de gelo	Schlittschuhe (pl)	['ʃlɪtʃuːə]

muro (m)	Bord (m)	[bɔɐt]
tiro (m)	Schuss (m)	[ʃʊs]

guarda-redes (m)	Torwart (m)	['toːɐˌvaɐt]
golo (m)	Tor (n)	[toːɐ]
marcar um golo	ein Tor schießen	[aɪn 'toːɐ 'ʃiːsən]

tempo (m)	Drittel (n)	['dʀɪtəl]
segundo tempo (m)	zweites Drittel (n)	['tsvaɪtəs 'dʀɪtəl]
banco (m) de reservas	Ersatzbank (f)	[ɛɐ'zatsˌbaŋk]

136. Futebol

futebol (m)	Fußball (m)	['fuːsbal]
futebolista (m)	Fußballspieler (m)	['fuːsbalˌʃpiːlɐ]
jogar futebol	Fußball spielen	['fuːsbal 'ʃpiːlən]

Liga Principal (f)	Oberliga (f)	['oːbɐˌliːga]
clube (m) de futebol	Fußballclub (m)	['fuːsbalˌklʊp]
treinador (m)	Trainer (m)	['tʀɛːnɐ]
proprietário (m)	Besitzer (m)	[bə'zɪtsɐ]

equipa (f)	Mannschaft (f)	['manʃaft]
capitão (m) da equipa	Mannschaftskapitän (m)	['manʃafts·kapiˌtɛːn]
jogador (m)	Spieler (m)	['ʃpiːlɐ]
jogador (m) de reserva	Ersatzspieler (m)	[ɛɐ'zatsˌʃpiːlɐ]
atacante (m)	Stürmer (m)	['ʃtʏʀmɐ]
avançado (m) centro	Mittelstürmer (m)	['mɪtəlˌʃtʏʀmɐ]

marcador (m)	Torjäger (m)	['to:ɐ̯jɛ:gɐ]
defesa (m)	Verteidiger (m)	[fɛɐ̯'taɪdɪgɐ]
médio (m)	Läufer (m)	['lɔɪfɐ]

jogo (desafio)	Spiel (n)	[ʃpi:l]
encontrar-se (vr)	sich begegnen	[zɪç bə'ge:gnən]
final (m)	Finale (n)	[fi'na:lə]
meia-final (f)	Halbfinale (n)	['halp·fi‚na:lə]
campeonato (m)	Meisterschaft (f)	['maɪstɐʃaft]

tempo (m)	Halbzeit (f)	['halp‚tsaɪt]
primeiro tempo (m)	erste Halbzeit (f)	['ɛʁstə 'halp‚tsaɪt]
intervalo (m)	Halbzeit (f)	['halp‚tsaɪt]

baliza (f)	Tor (n)	[to:ɐ̯]
guarda-redes (m)	Torwart (m)	['to:ɐ̯‚vaʁt]
trave (f)	Torpfosten (m)	['to:ɐ̯‚pfɔstən]
barra (f) transversal	Torlatte (f)	['to:ɐ̯‚latə]
rede (f)	Netz (n)	[nɛts]
sofrer um golo	ein Tor zulassen	[aɪn 'to:ɐ̯ 'tsu:‚lasn]

bola (f)	Ball (m)	[bal]
passe (m)	Pass (m)	[pas]
chute (m)	Schuss (m)	[ʃʊs]
chutar (vt)	schießen (vi)	['ʃi:sən]
tiro (m) livre	Freistoß (m)	['fʀaɪʃto:s]
canto (m)	Eckball (m)	['ɛk‚bal]

ataque (m)	Attacke (f)	[a'takə]
contra-ataque (m)	Gegenangriff (m)	['ge:gən‚ʔangʀɪf]
combinação (f)	Kombination (f)	[kɔmbina'tsjo:n]

árbitro (m)	Schiedsrichter (m)	['ʃi:ts‚ʀɪçtɐ]
apitar (vi)	pfeifen (vi)	['pfaɪfən]
apito (m)	Pfeife (f)	['pfaɪfə]
falta (f)	Foul (n)	[faʊl]
cometer a falta	foulen (vt)	['faʊlən]
expulsar (vt)	vom Platz verweisen	[fɔm plats fɛɐ̯'vaɪzən]

cartão (m) amarelo	gelbe Karte (f)	['gɛlbə 'kaʁtə]
cartão (m) vermelho	rote Karte (f)	['ʀo:tə 'kaʁtə]
desqualificação (f)	Disqualifizierung (f)	[dɪskvalifi'tsi:ʀʊŋ]
desqualificar (vt)	disqualifizieren (vt)	[dɪskvalifi'tsi:ʀən]

penálti (m)	Elfmeter (m)	[ɛlf'me:tɐ]
barreira (f)	Mauer (f)	['maʊɐ]
marcar (vt)	ein Tor schießen	[aɪn 'to:ɐ̯ 'ʃi:sən]
golo (n)	Tor (n)	[to:ɐ̯]
marcar um golo	ein Tor schießen	[aɪn 'to:ɐ̯ 'ʃi:sən]

substituição (f)	Wechsel (m)	['vɛksəl]
substituir (vt)	ersetzen (vt)	[ɛɐ̯'zɛtsən]
regras (f pl)	Regeln (pl)	['ʀe:gəln]
tática (f)	Taktik (f)	['taktɪk]
estádio (m)	Stadion (n)	['ʃta:djɔn]
bancadas (f pl)	Tribüne (f)	[tʀi'by:nə]

| fã, adepto (m) | Anhänger (m) | ['an‚hɛŋɐ] |
| gritar (vi) | schreien (vi) | ['ʃʀaɪən] |

| marcador (m) | Anzeigetafel (f) | ['antsaɪgə‚taːfəl] |
| resultado (m) | Ergebnis (n) | [ɛɐ'geːpnɪs] |

derrota (f)	Niederlage (f)	['niːdə‚laːgə]
perder (vt)	verlieren (vt)	[fɛɐ'liːʀən]
empate (m)	Unentschieden (n)	['ʊnʔɛntʃiːdən]
empatar (vi)	unentschieden spielen	['ʊnʔɛntʃiːdən 'ʃpiːlən]

| vitória (f) | Sieg (m) | [ziːk] |
| ganhar, vencer (vi, vt) | gewinnen (vt) | [gə'vɪnən] |

campeão (m)	Meister (m)	['maɪstɐ]
melhor	der beste	[deːɐ 'bɛstə]
felicitar (vt)	gratulieren (vi)	[gʀatu'liːʀən]

comentador (m)	Kommentator (m)	[kɔmən'tatoːɐ]
comentar (vt)	kommentieren (vt)	[kɔmɛn'tiːʀən]
transmissão (f)	Übertragung (f)	[‚yːbɐ'tʀaːgʊŋ]

137. Esqui alpino

esqui (m)	Ski (pl)	[ʃiː]
esquiar (vi)	Ski laufen	['ʃiː 'laʊfən]
estância (f) de esqui	Skiort (m)	['ʃiː‚ʔɔɐt]
teleférico (m)	Skilift (m)	['ʃiː‚lɪft]

bastões (m pl) de esqui	Skistöcke (pl)	['ʃiː‚ʃtœkə]
declive (m)	Abhang (m)	['ap‚haŋ]
slalom (m)	Slalom (m)	['slaːlɔm]

138. Ténis. Golfe

golfe (m)	Golf (n)	[gɔlf]
clube (m) de golfe	Golfklub (m)	['gɔlf‚klʊp]
jogador (m) de golfe	Golfspieler (m)	['gɔlf‚ʃpiːlɐ]

buraco (m)	Loch (n)	[lɔх]
taco (m)	Schläger (m)	['ʃlɛːgɐ]
trolley (m)	Golfwagen (m)	['gɔlf‚vaːgən]

| ténis (m) | Tennis (n) | ['tɛnɪs] |
| quadra (f) de ténis | Tennisplatz (m) | ['tɛnɪs‚plats] |

| saque (m) | Aufschlag (m) | ['aʊfʃlaːk] |
| sacar (vi) | angeben (vt) | ['an‚geːbən] |

raquete (f)	Tennisschläger (m)	['tɛnɪsʃlɛːgɐ]
rede (f)	Netz (n)	[nɛts]
bola (f)	Ball (m)	[bal]

123

139. Xadrez

xadrez (m)	Schach (n)	[ʃaχ]
peças (f pl) de xadrez	Schachfiguren (pl)	[ˈʃaχˌfiˌguːʀən]
xadrezista (m)	Schachspieler (m)	[ˈʃaχˌʃpiːlɐ]
tabuleiro (m) de xadrez	Schachbrett (n)	[ˈʃaχˌbʀɛt]
peça (f) de xadrez	Figur (f)	[fiˈguːɐ]
brancas (f pl)	Weißen (pl)	[ˈvaɪsən]
pretas (f pl)	Schwarze (pl)	[ˈʃvaʁtsə]
peão (m)	Bauer (m)	[ˈbaʊɐ]
bispo (m)	Läufer (m)	[ˈlɔɪfɐ]
cavalo (m)	Springer (m)	[ˈʃpʀɪŋɐ]
torre (f)	Turm (m)	[tuʁm]
dama (f)	Königin (f)	[ˈkøːnɪgɪn]
rei (m)	König (m)	[ˈkøːnɪç]
vez (m)	Zug (m)	[tsuːk]
mover (vt)	einen Zug machen	[ˈaɪnən tsuːk ˈmaχən]
sacrificar (vt)	opfern (vt)	[ˈɔpfɐn]
roque (m)	Rochade (f)	[ʀɔˈχaːdə]
xeque (m)	Schach (n)	[ʃaχ]
xeque-mate (m)	Matt (n)	[mat]
torneio (m) de xadrez	Schachturnier (n)	[ˈʃaχˌtuʁˌniːɐ]
grão-mestre (m)	Großmeister (m)	[ˈgʀoːsˌmaɪstɐ]
combinação (f)	Kombination (f)	[kɔmbinaˈtsjoːn]
partida (f)	Partie (f)	[paʁˈtiː]
jogo (m) de damas	Damespiel (n)	[ˈdaːməˌʃpiːl]

140. Boxe

boxe (m)	Boxen (n)	[ˈbɔksən]
combate (m)	Boxkampf (m)	[ˈbɔksˌkampf]
duelo (m)	Zweikampf (m)	[ˈtsvaɪˌkampf]
round (m)	Runde (f)	[ˈʀʊndə]
ringue (m)	Ring (m)	[ʀɪŋ]
gongo (m)	Gong (m, n)	[gɔŋ]
murro, soco (m)	Schlag (m)	[ʃlaːk]
knockdown (m)	Knockdown (m)	[nɔkˈdaʊn]
nocaute (m)	Knockout (m)	[nɔkˈʔaʊt]
nocautear (vt)	k.o. schlagen (vt)	[kaˈʔoː ˈʃlaːgən]
luva (f) de boxe	Boxhandschuh (m)	[ˈbɔksˌhantˌʃuː]
árbitro (m)	Schiedsrichter (m)	[ˈʃiːtsˌʀɪçtɐ]
peso-leve (m)	Leichtgewicht (n)	[ˈlaɪçtˌgəˌvɪçt]
peso-médio (m)	Mittelgewicht (n)	[ˈmɪtəlˌgəˌvɪçt]
peso-pesado (m)	Schwergewicht (n)	[ˈʃveːɐˌgəˌvɪçt]

141. Desportos. Diversos

Jogos (m pl) Olímpicos	Olympische Spiele (pl)	[o'lʏmpɪʃə 'ʃpi:lə]
vencedor (m)	Sieger (m)	['zi:gɐ]
vencer (vi)	siegen (vi)	['zi:gən]
vencer, ganhar (vi)	gewinnen (vt)	[gə'vɪnən]
líder (m)	Tabellenführer (m)	[ta'bɛlən‚fy:ʀɐ]
liderar (vt)	führen (vi)	['fy:ʀən]
primeiro lugar (m)	der erste Platz	[de:ɐ 'ɛʁstə plats]
segundo lugar (m)	der zweite Platz	[de:ɐ 'tsvaɪtə plats]
terceiro lugar (m)	der dritte Platz	[de:ɐ 'dʀɪtə plats]
medalha (f)	Medaille (f)	[me'daljə]
troféu (m)	Trophäe (f)	[tʀo'fɛ:ə]
taça (f)	Pokal (m)	[pɔ'ka:l]
prémio (m)	Preis (m)	[pʀaɪs]
prémio (m) principal	Hauptpreis (m)	['haʊpt‚pʀaɪs]
recorde (m)	Rekord (m)	[ʀe'kɔʁt]
estabelecer um recorde	einen Rekord aufstellen	['aɪnən ʀe'kɔʁt 'aʊfʃtɛlən]
final (m)	Finale (n)	[fi'na:lə]
final	Final-	[fi'na:l]
campeão (m)	Meister (m)	['maɪstɐ]
campeonato (m)	Meisterschaft (f)	['maɪstɐʃaft]
estádio (m)	Stadion (n)	['ʃta:djɔn]
bancadas (f pl)	Tribüne (f)	[tʀi'by:nə]
fã, adepto (m)	Fan (m)	[fɛn]
adversário (m)	Gegner (m)	['ge:gnɐ]
partida (f)	Start (m)	[ʃtaʁt]
chegada, meta (f)	Ziel (n), Finish (n)	[tsi:l], ['fɪnɪʃ]
derrota (f)	Niederlage (f)	['ni:dɐ‚la:gə]
perder (vt)	verlieren (vt)	[fɛɐ'li:ʀən]
árbitro (m)	Schiedsrichter (m)	['ʃi:ts‚ʀɪçtɐ]
júri (m)	Jury (f)	['ʒy:ʀi]
resultado (m)	Ergebnis (n)	[ɛɐ'ge:pnɪs]
empate (m)	Unentschieden (n)	['ʊn?ɛntʃi:dən]
empatar (vi)	unentschieden spielen	['ʊn?ɛntʃi:dən 'ʃpi:lən]
ponto (m)	Punkt (m)	[pʊŋkt]
resultado (m) final	Ergebnis (n)	[ɛɐ'ge:pnɪs]
tempo, período (m)	Spielabschnitt (m)	['ʃpi:l‚?apʃnɪt]
intervalo (m)	Halbzeit (f), Pause (f)	['halp‚tsaɪt], ['paʊzə]
doping (m)	Doping (n)	['do:pɪŋ]
penalizar (vt)	bestrafen (vt)	[bə'ʃtʀa:fən]
desqualificar (vt)	disqualifizieren (vt)	[dɪskvalifi'tsi:ʀən]
aparelho (m)	Sportgerät (n)	['ʃpɔʁt·gə‚ʀɛ:t]
dardo (m)	Speer (m)	[ʃpe:ɐ]

peso (m)	**Kugel** (f)	['ku:gəl]
bola (f)	**Kugel** (f)	['ku:gəl]
alvo, objetivo (m)	**Ziel** (n)	[tsi:l]
alvo (~ de papel)	**Zielscheibe** (f)	['tsi:lʃaɪbə]
atirar, disparar (vi)	**schießen** (vi)	['ʃi:sən]
preciso (tiro ~)	**genau**	[gə'naʊ]
treinador (m)	**Trainer** (m)	['tʀɛ:nɐ]
treinar (vt)	**trainieren** (vt)	[tʀɛ'ni:ʀən]
treinar-se (vr)	**trainieren** (vi)	[tʀɛ'ni:ʀən]
treino (m)	**Training** (n)	['tʀɛ:nɪŋ]
ginásio (m)	**Turnhalle** (f)	['tʊʀn‚halə]
exercício (m)	**Übung** (f)	['y:bʊŋ]
aquecimento (m)	**Aufwärmen** (n)	['aʊf‚vɛʀmən]

Educação

142. Escola

escola (f)	Schule (f)	['ʃuːlə]
diretor (m) de escola	Schulleiter (m)	['ʃuːlˌlaɪtə]
aluno (m)	Schüler (m)	['ʃyːlə]
aluna (f)	Schülerin (f)	['ʃyːləʀɪn]
escolar (m)	Schuljunge (m)	['ʃuːlˌjʊŋə]
escolar (f)	Schulmädchen (f)	['ʃuːlˌmɛːtçən]
ensinar (vt)	lehren (vt)	['leːʀən]
aprender (vt)	lernen (vt)	['lɛʀnən]
aprender de cor	auswendig lernen	['ausˌvɛndɪç 'lɛʀnən]
estudar (vi)	lernen (vi)	['lɛʀnən]
andar na escola	in der Schule sein	[ɪn deːɐ 'ʃuːlə zaɪn]
ir à escola	die Schule besuchen	[di 'ʃuːlə bə'zuːxən]
alfabeto (m)	Alphabet (n)	[alfa'beːt]
disciplina (f)	Fach (n)	[faχ]
sala (f) de aula	Klassenraum (m)	['klasənˌʀaʊm]
lição (f)	Stunde (f)	['ʃtʊndə]
recreio (m)	Pause (f)	['paʊzə]
toque (m)	Schulglocke (f)	['ʃuːlˌɡlɔkə]
carteira (f)	Schulbank (f)	['ʃuːlˌbaŋk]
quadro (m) negro	Tafel (f)	['taːfəl]
nota (f)	Note (f)	['noːtə]
boa nota (f)	gute Note (f)	['ɡuːtə 'noːtə]
nota (f) baixa	schlechte Note (f)	['ʃlɛçtə 'noːtə]
dar uma nota	eine Note geben	['aɪnə 'noːtə 'ɡeːbən]
erro (m)	Fehler (m)	['feːlə]
fazer erros	Fehler machen	['feːlə 'maχən]
corrigir (vt)	korrigieren (vt)	[kɔʀi'ɡiːʀən]
cábula (f)	Spickzettel (m)	['ʃpɪkˌtsɛtəl]
dever (m) de casa	Hausaufgabe (f)	['hausʔaʊfˌɡaːbə]
exercício (m)	Übung (f)	['yːbʊŋ]
estar presente	anwesend sein	['anˌveːzənt zaɪn]
estar ausente	fehlen (vi)	['feːlən]
faltar às aulas	versäumen (vt)	[fɛɐ'zɔɪmən]
punir (vt)	bestrafen (vt)	[bə'ʃtʀaːfən]
punição (f)	Strafe (f)	['ʃtʀaːfə]
comportamento (m)	Benehmen (n)	[bə'neːmən]

boletim (m) escolar	Zeugnis (n)	['tsɔɪknɪs]
lápis (m)	Bleistift (m)	['blaɪˌʃtɪft]
borracha (f)	Radiergummi (m)	[ʀa'di:ɐˌgʊmi]
giz (m)	Kreide (f)	['kʀaɪdə]
estojo (m)	Federkasten (m)	['fe:dəˌkastən]

pasta (f) escolar	Schulranzen (m)	['ʃu:lˌʀantsən]
caneta (f)	Kugelschreiber, Stift (m)	['ku:gəlˌʃʀaɪbə], [ʃtɪft]
caderno (m)	Heft (n)	[hɛft]
manual (m) escolar	Lehrbuch (n)	['le:ɐˌbu:χ]
compasso (m)	Zirkel (m)	['tsɪʁkəl]

traçar (vt)	zeichnen (vt)	['tsaɪçnən]
desenho (m) técnico	Zeichnung (f)	['tsaɪçnʊŋ]

poesia (f)	Gedicht (n)	[gə'dɪçt]
de cor	auswendig	['aʊsˌvɛndɪç]
aprender de cor	auswendig lernen	['aʊsˌvɛndɪç 'lɛʁnən]

férias (f pl)	Ferien (pl)	['fe:ʀɪən]
estar de férias	in den Ferien sein	[ɪn den 'fe:ʀɪən zaɪn]
passar as férias	Ferien verbringen	['fe:ʀɪən fɛɐ'bʀɪŋən]

teste (m)	Test (m), Prüfung (f)	[tɛst], ['pʀy:fʊŋ]
composição, redação (f)	Aufsatz (m)	['aʊfˌzats]
ditado (m)	Diktat (n)	[dɪk'ta:t]
exame (m)	Prüfung (f)	['pʀy:fʊŋ]
fazer exame	Prüfungen ablegen	['pʀy:fʊŋən 'apˌle:gən]
experiência (~ química)	Experiment (n)	[ɛkspeʀi'mɛnt]

143. Colégio. Universidade

academia (f)	Akademie (f)	[akade'mi:]
universidade (f)	Universität (f)	[univɛʁzi'tɛ:t]
faculdade (f)	Fakultät (f)	[fakʊl'tɛ:t]

estudante (m)	Student (m)	[ʃtu'dɛnt]
estudante (f)	Studentin (f)	[ʃtu'dɛntɪn]
professor (m)	Lehrer (m)	['le:ʀə]

sala (f) de palestras	Hörsaal (m)	['hø:ɐˌza:l]
graduado (m)	Hochschulabsolvent (m)	['ho:χʃu:lʔapzɔlˌvɛnt]

diploma (m)	Diplom (n)	[di'plo:m]
tese (f)	Dissertation (f)	[dɪsɛʁta'tsjo:n]

estudo (obra)	Forschung (f)	['fɔʁʃʊŋ]
laboratório (m)	Labor (n)	[la'bo:ɐ]

palestra (f)	Vorlesung (f)	['fo:ɐˌle:zʊŋ]
colega (m) de curso	Kommilitone (m)	[ˌkɔmili'to:nə]

bolsa (f) de estudos	Stipendium (n)	[ʃti'pɛndɪʊm]
grau (m) académico	akademischer Grad (m)	[aka'de:mɪʃɐ gʀa:t]

144. Ciências. Disciplinas

matemática (f)	Mathematik (f)	[matema'ti:k]
álgebra (f)	Algebra (f)	['algebʀa]
geometria (f)	Geometrie (f)	[ˌgeome'tʀi:]
astronomia (f)	Astronomie (f)	[astʀono'mi:]
biologia (f)	Biologie (f)	[ˌbiolo'gi:]
geografia (f)	Erdkunde (f)	['e:ɐtˌkʊndə]
geologia (f)	Geologie (f)	[ˌgeolo'gi:]
história (f)	Geschichte (f)	[gə'ʃɪçtə]
medicina (f)	Medizin (f)	[medi'tsi:n]
pedagogia (f)	Pädagogik (f)	[pɛda'go:gɪk]
direito (m)	Recht (n)	[ʀɛçt]
física (f)	Physik (f)	[fy'zi:k]
química (f)	Chemie (f)	[çe'mi:]
filosofia (f)	Philosophie (f)	[filozo'fi:]
psicologia (f)	Psychologie (f)	[psyçolo'gi:]

145. Sistema de escrita. Ortografia

gramática (f)	Grammatik (f)	[gʀa'matɪk]
vocabulário (m)	Lexik (f)	['lɛksɪk]
fonética (f)	Phonetik (f)	[fo:'ne:tɪk]
substantivo (m)	Substantiv (n)	['zʊpstanti:f]
adjetivo (m)	Adjektiv (n)	['atjɛkti:f]
verbo (m)	Verb (n)	[vɛʁp]
advérbio (m)	Adverb (n)	[at'vɛʁp]
pronome (m)	Pronomen (n)	[pʀo'no:mən]
interjeição (f)	Interjektion (f)	[ˌɪntɐjɛk'tsjo:n]
preposição (f)	Präposition (f)	[pʀɛpozi'tsjo:n]
raiz (f) da palavra	Wurzel (f)	['vʊʁtsəl]
terminação (f)	Endung (f)	['ɛndʊŋ]
prefixo (m)	Vorsilbe (f)	['fo:ɐˌzɪlbə]
sílaba (f)	Silbe (f)	['zɪlbə]
sufixo (m)	Suffix (n), Nachsilbe (f)	['zʊfɪks], ['na:χˌzɪlbə]
acento (m)	Betonung (f)	[bə'to:nʊŋ]
apóstrofo (m)	Apostroph (m)	[apo'stʀo:f]
ponto (m)	Punkt (m)	[pʊŋkt]
vírgula (f)	Komma (n)	['kɔma]
ponto e vírgula (m)	Semikolon (n)	[zemi'ko:lɔn]
dois pontos (m pl)	Doppelpunkt (m)	['dɔpəlˌpʊŋkt]
reticências (f pl)	Auslassungspunkte (pl)	['aʊslasʊŋsˌpʊŋktə]
ponto (m) de interrogação	Fragezeichen (n)	['fʀa:gəˌtsaɪçən]
ponto (m) de exclamação	Ausrufezeichen (n)	['aʊsʀu:fəˌtsaɪçən]

aspas (f pl)	Anführungszeichen (pl)	['anfy:ʀʊŋsˌtsaɪçən]
entre aspas	in Anführungszeichen	[ɪn 'anfy:ʀʊŋsˌtsaɪçən]
parênteses (m pl)	runde Klammern (pl)	['ʀʊndə 'klamən]
entre parênteses	in Klammern	[ɪn 'klamən]

hífen (m)	Bindestrich (m)	['bɪndəˌʃtʀɪç]
travessão (m)	Gedankenstrich (m)	[gə'daŋkənˌʃtʀɪç]
espaço (m)	Leerzeichen (n)	['le:eˌtsaɪçən]

letra (f)	Buchstabe (m)	['bu:χˌʃta:bə]
letra (f) maiúscula	Großbuchstabe (m)	['gʀo:sbu:χˌʃta:bə]

vogal (f)	Vokal (m)	[vo'ka:l]
consoante (f)	Konsonant (m)	[ˌkɔnzo'nant]

frase (f)	Satz (m)	[zats]
sujeito (m)	Subjekt (n)	['zʊpjɛkt]
predicado (m)	Prädikat (n)	[pʀɛdi'ka:t]

linha (f)	Zeile (f)	['tsaɪlə]
em uma nova linha	in einer neuen Zeile	[ɪn 'aɪnɐ 'nɔɪən 'tsaɪlə]
parágrafo (m)	Absatz (m)	['apˌzats]

palavra (f)	Wort (n)	[vɔʁt]
grupo (m) de palavras	Wortverbindung (f)	['vɔʁtfɛɐˌbɪndʊŋ]
expressão (f)	Redensart (f)	['ʀe:dənsˌʔa:ɐt]
sinónimo (m)	Synonym (n)	[zyno'ny:m]
antónimo (m)	Antonym (n)	[anto'ny:m]

regra (f)	Regel (f)	['ʀe:gəl]
exceção (f)	Ausnahme (f)	['aʊsˌna:mə]
correto	richtig	['ʀɪçtɪç]

conjugação (f)	Konjugation (f)	[ˌkɔnjuga'tsjo:n]
declinação (f)	Deklination (f)	[ˌdeklina'tsjo:n]
caso (m)	Kasus (m)	['ka:zʊs]
pergunta (f)	Frage (f)	['fʀa:gə]
sublinhar (vt)	unterstreichen (vt)	[ˌʊntɐ'ʃtʀaɪçən]
linha (f) pontilhada	punktierte Linie (f)	[pʊŋk'ti:ɐtə 'li:nɪə]

146. Línguas estrangeiras

língua (f)	Sprache (f)	['ʃpʀa:χə]
estrangeiro	Fremd-	['fʀɛmt]
língua (f) estrangeira	Fremdsprache (f)	['fʀɛmtʃpʀa:χə]
estudar (vt)	studieren (vt)	[ʃtu'di:ʀən]
aprender (vt)	lernen (vt)	['lɛʁnən]

ler (vt)	lesen (vi, vt)	['le:zən]
falar (vi)	sprechen (vi, vt)	['ʃpʀɛçən]
compreender (vt)	verstehen (vt)	[fɛɐ'ʃte:ən]
escrever (vt)	schreiben (vi, vt)	['ʃʀaɪbən]
rapidamente	schnell	[ʃnɛl]
devagar	langsam	['laŋza:m]

fluentemente	fließend	['fli:sənt]
regras (f pl)	Regeln (pl)	['ʀe:gəln]
gramática (f)	Grammatik (f)	[gʀa'matɪk]
vocabulário (m)	Vokabular (n)	[vokabu'la:ɐ]
fonética (f)	Phonetik (f)	[fo:'ne:tɪk]

manual (m) escolar	Lehrbuch (n)	['le:ɐˌbuːχ]
dicionário (m)	Wörterbuch (n)	['vœʁtɐˌbu:χ]
manual (m) de autoaprendizagem	Selbstlernbuch (n)	['zɛlpstˌlɛʁnbu:χ]
guia (m) de conversação	Sprachführer (m)	['ʃpʀa:χˌfy:ʀɐ]

cassete (f)	Kassette (f)	[ka'sɛtə]
vídeo cassete (m)	Videokassette (f)	['vi:deo·ka'sɛtə]
CD (m)	CD (f)	[tse:'de:]
DVD (m)	DVD (f)	[defaʊ'de:]

alfabeto (m)	Alphabet (n)	[alfa'be:t]
soletrar (vt)	buchstabieren (vt)	[ˌbu:χʃta'bi:ʀən]
pronúncia (f)	Aussprache (f)	['aʊsˌʃpʀa:χə]

sotaque (m)	Akzent (m)	[ak'tsɛnt]
com sotaque	mit Akzent	[mɪt ak'tsɛnt]
sem sotaque	ohne Akzent	['o:nə ak'tsɛnt]

palavra (f)	Wort (n)	[vɔʁt]
sentido (m)	Bedeutung (f)	[bə'dɔɪtʊŋ]

cursos (m pl)	Kurse (pl)	['kuʁzə]
inscrever-se (vr)	sich einschreiben	[zɪç 'aɪnʃʀaɪbən]
professor (m)	Lehrer (m)	['le:ʀɐ]

tradução (processo)	Übertragung (f)	[ˌy:bɐ'tʀa:gʊŋ]
tradução (texto)	Übersetzung (f)	[ˌy:bɐ'zɛtsʊŋ]
tradutor (m)	Übersetzer (m)	[ˌy:bɐ'zɛtsɐ]
intérprete (m)	Dolmetscher (m)	['dɔlmɛtʃɐ]

poliglota (m)	Polyglott (m, f)	[poly'glɔt]
memória (f)	Gedächtnis (n)	[gə'dɛçtnɪs]

147. Personagens de contos de fadas

Pai (m) Natal	Weihnachtsmann (m)	['vaɪnaχtsˌman]
Cinderela (f)	Aschenputtel (n)	['aʃənpʊtəl]
sereia (f)	Nixe (f)	['nɪksə]
Neptuno (m)	Neptun (m)	[nɛp'tu:n]

mago (m)	Zauberer (m)	['tsaʊbəʀɐ]
fada (f)	Zauberin (f)	['tsaʊbəʀɪn]
mágico	magisch, Zauber-	['ma:gɪʃ], ['tsaʊbɐ]
varinha (f) mágica	Zauberstab (m)	['tsaʊbɐˌʃta:p]

conto (m) de fadas	Märchen (n)	['mɛ:ɐçən]
milagre (m)	Wunder (n)	['vʊndə]

| anão (m) | Zwerg (m) | [tsvɛʁk] |
| transformar-se em ... | sich verwandeln in ... | [zɪç fɛɐ'vandəln ɪn] |

fantasma (m)	Gespenst (n)	[gə'ʃpɛnst]
espetro (m)	Geist (m)	[gaɪst]
monstro (m)	Ungeheuer (n)	['ʊngə͵hɔɪɐ]
dragão (m)	Drache (m)	['dʀaχə]
gigante (m)	Riese (m)	['ʀiːzə]

148. Signos do Zodíaco

Carneiro	Widder (m)	['vɪdɐ]
Touro	Stier (m)	[ʃtiːɐ]
Gémeos	Zwillinge (pl)	['tsvɪlɪŋə]
Caranguejo	Krebs (m)	[kʀeːps]
Leão	Löwe (m)	['løːvə]
Virgem (f)	Jungfrau (f)	['jʊŋfʀaʊ]

Balança	Waage (f)	['vaːgə]
Escorpião	Skorpion (m)	[skɔʁ'pjoːn]
Sagitário	Schütze (m)	['ʃʏtsə]
Capricórnio	Steinbock (m)	['ʃtaɪn͵bɔk]
Aquário	Wassermann (m)	['vasɐ͵man]
Peixes	Fische (pl)	['fɪʃə]

caráter (m)	Charakter (m)	[ka'ʀaktɐ]
traços (m pl) do caráter	Charakterzüge (pl)	[ka'ʀaktɐ͵tsyːgə]
comportamento (m)	Benehmen (n)	[bə'neːmən]
predizer (vt)	wahrsagen (vt)	['vaː͵ɐ͵zaːgən]
adivinha (f)	Wahrsagerin (f)	['vaː͵ɐ͵zaːgəʀɪn]
horóscopo (m)	Horoskop (n)	[hoʀo'skoːp]

Artes

149. Teatro

Português	Alemão	Pronúncia
teatro (m)	Theater (n)	[te'a:tɐ]
ópera (f)	Oper (f)	['o:pɐ]
opereta (f)	Operette (f)	[opə'ʀɛtə]
balé (m)	Ballett (n)	[ba'lɛt]
cartaz (m)	Theaterplakat (n)	[te'a:tɐ·pla'ka:t]
companhia (f) teatral	Truppe (f)	['tʀʊpə]
turné (digressão)	Tournee (f)	[tʊʁ'ne:]
estar em turné	auf Tournee sein	[aʊf tʊʁ'ne: zaɪn]
ensaiar (vt)	proben (vt)	['pʀo:bən]
ensaio (m)	Probe (f)	['pʀo:bə]
repertório (m)	Spielplan (m)	['ʃpi:l,pla:n]
apresentação (f)	Aufführung (f)	['aʊffy:ʀʊŋ]
espetáculo (m)	Vorstellung (f)	['fo:ɐ,ʃtɛlʊŋ]
peça (f)	Theaterstück (n)	[te'a:tɐʃtʏk]
bilhete (m)	Karte (f)	['kaʁtə]
bilheteira (f)	Theaterkasse (f)	[te'a:tɐ'kasə]
hall (m)	Halle (f)	['halə]
guarda-roupa (m)	Garderobe (f)	[gaʁdə'ʀo:bə]
senha (f) numerada	Garderobennummer (f)	[gaʁdə'ʀobən,nʊmɐ]
binóculo (m)	Opernglas (n)	['o:pɐn,gla:s]
lanterninha (m)	Platzanweiser (m)	['plats?an,vaɪzɐ]
plateia (f)	Parkett (n)	[paʁ'kɛt]
balcão (m)	Balkon (m)	[bal'ko:n]
primeiro balcão (m)	der erste Rang	[de:ɐ 'ɛʁstə ʀaŋ]
camarote (m)	Loge (f)	['lo:ʒə]
fila (f)	Reihe (f)	['ʀaɪə]
assento (m)	Platz (m)	[plats]
público (m)	Publikum (n)	['pu:blikʊm]
espetador (m)	Zuschauer (m)	['tsu:ʃaʊɐ]
aplaudir (vt)	klatschen (vi)	['klatʃən]
aplausos (m pl)	Applaus (m)	[a'plaʊs]
ovação (f)	Ovation (f)	[ova'tsjo:n]
palco (m)	Bühne (f)	['by:nə]
pano (m) de boca	Vorhang (m)	['fo:ɐ,haŋ]
cenário (m)	Dekoration (f)	[dekoʀa'tsjo:n]
bastidores (m pl)	Kulissen (pl)	[ku'lɪsən]
cena (f)	Szene (f)	['stse:nə]
ato (m)	Akt (m)	[akt]
entreato (m)	Pause (f)	['paʊzə]

150. Cinema

ator (m)	Schauspieler (m)	['ʃaʊ̯ʃpiːlɐ]
atriz (f)	Schauspielerin (f)	['ʃaʊ̯ʃpiːlərɪn]
cinema (m)	Kino (n)	['kiːno]
filme (m)	Film (m)	[fɪlm]
episódio (m)	Folge (f)	['fɔlɡə]
filme (m) policial	Krimi (m)	['kʀɪmi]
filme (m) de ação	Actionfilm (m)	['ɛkʃən·film]
filme (m) de aventuras	Abenteuerfilm (m)	['aːbəntɔɪɐˌfɪlm]
filme (m) de ficção científica	Science-Fiction-Film (m)	[ˌsaɪəns'fɪkʃən·fɪlm]
filme (m) de terror	Horrorfilm (m)	['hɔʀoːɐˌfɪlm]
comédia (f)	Komödie (f)	[ko'møːdɪə]
melodrama (m)	Melodrama (n)	[melo'dʀaːma]
drama (m)	Drama (n)	['dʀaːma]
filme (m) ficcional	Spielfilm (m)	['ʃpiːl·fɪlm]
documentário (m)	Dokumentarfilm (m)	[dokumɛn'taːɐ·fɪlm]
desenho (m) animado	Zeichentrickfilm (m)	['tsaɪçənˌtʀɪk·fɪlm]
cinema (m) mudo	Stummfilm (m)	['ʃtʊm·fɪlm]
papel (m)	Rolle (f)	['ʀɔlə]
papel (m) principal	Hauptrolle (f)	['haʊ̯ptˌʀɔlə]
representar (vt)	spielen (vi)	['ʃpiːlən]
estrela (f) de cinema	Filmstar (m)	['fɪlmˌʃtaːɐ]
conhecido	bekannt	[bə'kant]
famoso	berühmt	[bə'ʀyːmt]
popular	populär	[popu'lɛːɐ]
argumento (m)	Drehbuch (n)	['dʀeːˌbuːχ]
argumentista (m)	Drehbuchautor (m)	['dʀeːbuːχˌʔaʊto:ɐ]
realizador (m)	Regisseur (m)	[ʀeʒɪ'søːɐ]
produtor (m)	Produzent (m)	[pʀodu'tsɛnt]
assistente (m)	Assistent (m)	[asɪs'tɛnt]
diretor (m) de fotografia	Kameramann (m)	['kaməʀaˌman]
duplo (m)	Stuntman (m)	['stantmɛn]
duplo (m) de corpo	Double (n)	['duːbəl]
filmar (vt)	einen Film drehen	['aɪnən fɪlm 'dʀeːən]
audição (f)	Probe (f)	['pʀoːbə]
filmagem (f)	Dreharbeiten (pl)	['dʀeːˌʔaʀˌbaɪtən]
equipe (f) de filmagem	Filmteam (n)	['fɪlmˌtiːm]
set (m) de filmagem	Filmset (m)	['fɪlmsɛt]
câmara (f)	Filmkamera (f)	['fɪlmˌkaməʀa]
cinema (m)	Kino (n)	['kiːno]
ecrã (m), tela (f)	Leinwand (f)	['laɪnˌvant]
exibir um filme	einen Film zeigen	['aɪnən fɪlm 'tsaɪɡən]
pista (f) sonora	Tonspur (f)	['toːnˌʃpuːɐ]
efeitos (m pl) especiais	Spezialeffekte (pl)	[ʃpe'tsɪaːl·ɛ'fɛktə]

legendas (f pl)	Untertitel (pl)	['ʊntɐˌtiːtəl]
crédito (m)	Abspann (m)	['apˌʃpan]
tradução (f)	Übersetzung (f)	[ˌyːbɐ'zɛtsʊŋ]

151. Pintura

arte (f)	Kunst (f)	[kʊnst]
belas-artes (f pl)	schönen Künste (pl)	['ʃøːnən 'kʏnstə]
galeria (f) de arte	Kunstgalerie (f)	['kʊnstˌɡaləˈʁiː]
exposição (f) de arte	Kunstausstellung (f)	['kʊnst·'aʊsˌʃtɛlʊŋ]

pintura (f)	Malerei (f)	[ˌmaːlə'ʁaɪ]
arte (f) gráfica	Graphik (f)	['ɡʁaːfɪk]
arte (f) abstrata	abstrakte Kunst (f)	[ap'stʁaktə kʊnst]
impressionismo (m)	Impressionismus (m)	[ɪmpʁɛsjo'nɪsmʊs]

pintura (f), quadro (m)	Bild (n)	[bɪlt]
desenho (m)	Zeichnung (f)	['tsaɪçnʊŋ]
cartaz, póster (m)	Plakat (n)	[pla'kaːt]

ilustração (f)	Illustration (f)	[ɪlustʁa'tsjoːn]
miniatura (f)	Miniatur (f)	[minɪa'tuːɐ]
cópia (f)	Kopie (f)	[ko'piː]
reprodução (f)	Reproduktion (f)	[ʁepʁodʊk'tsjoːn]

mosaico (m)	Mosaik (n)	[moza'iːk]
vitral (m)	Glasmalerei (f)	[ɡlaːsˌmaːlə'ʁaɪ]
fresco (m)	Fresko (n)	['fʁɛsko]
gravura (f)	Gravüre (f)	[ɡʁa'vyːʁə]

busto (m)	Büste (f)	['byːstə]
escultura (f)	Skulptur (f)	[skʊlp'tuːɐ]
estátua (f)	Statue (f)	['ʃtaːtuə]
gesso (m)	Gips (m)	[ɡɪps]
em gesso	aus Gips	[ˌaʊs 'ɡɪps]

retrato (m)	Porträt (n)	[pɔʁ'tʁɛː]
autorretrato (m)	Selbstporträt (n)	['zɛlpst·pɔʁˌtʁɛː]
paisagem (f)	Landschaftsbild (n)	['lantʃaftsˌbɪlt]
natureza (f) morta	Stillleben (n)	['ʃtɪlˌleːbən]
caricatura (f)	Karikatur (f)	[kaʁika'tuːɐ]
esboço (m)	Entwurf (m)	[ɛnt'vʊʁf]

tinta (f)	Farbe (f)	['faʁbə]
aguarela (f)	Aquarellfarbe (f)	[akva'ʁɛlˌfaʁbə]
óleo (m)	Öl (n)	[øːl]
lápis (m)	Bleistift (m)	['blaɪˌʃtɪft]
tinta da China (f)	Tusche (f)	['tʊʃə]
carvão (m)	Kohle (f)	['koːlə]

desenhar (vt)	zeichnen (vt)	['tsaɪçnən]
pintar (vt)	malen (vi, vt)	['maːlən]
posar (vi)	Modell stehen	[mo'dɛl 'ʃteːən]
modelo (m)	Modell (n)	[mo'dɛl]

modelo (f)	Modell (n)	[mo'dɛl]
pintor (m)	Maler (m)	['ma:lɐ]
obra (f)	Kunstwerk (n)	['kʊnst‚vɛʁk]
obra-prima (f)	Meisterwerk (n)	['maɪstɐ‚vɛʁk]
estúdio (m)	Atelier (n), Werkstatt (f)	[ate'lie:], ['vɛʁkʃtat]

tela (f)	Leinwand (f)	['laɪn‚vant]
cavalete (m)	Staffelei (f)	[ʃtafə'laɪ]
paleta (f)	Palette (f)	[pa'lɛtə]

moldura (f)	Rahmen (m)	['ʁa:mən]
restauração (f)	Restauration (f)	[ʁɛstaʊʁa'tsjo:n]
restaurar (vt)	restaurieren (vt)	[ʁɛstaʊ'ʁi:ʁən]

152. Literatura & Poesia

literatura (f)	Literatur (f)	[lɪtəʁa'tu:ɐ]
autor (m)	Autor (m)	['aʊto:ɐ]
pseudónimo (m)	Pseudonym (n)	[psɔɪdo'ny:m]

livro (m)	Buch (n)	[bu:χ]
volume (m)	Band (m)	[bant]
índice (m)	Inhaltsverzeichnis (n)	['ɪnhalts·fɛɐ‚tsaɪçnɪs]
página (f)	Seite (f)	['zaɪtə]
protagonista (m)	Hauptperson (f)	['haʊpt‚pɛɐ'zo:n]
autógrafo (m)	Autogramm (n)	[aʊto'gʁam]
conto (m)	Kurzgeschichte (f)	['kʊɐts·gə‚ʃɪçtə]
novela (f)	Erzählung (f)	[ɛɐ'tsɛ:lʊŋ]
romance (m)	Roman (m)	[ʁo'ma:n]
obra (f)	Werk (n)	[vɛʁk]
fábula (m)	Fabel (f)	['fa:bəl]
romance (m) policial	Krimi (m)	['kʁɪmi]

poesia (obra)	Gedicht (n)	[gə'dɪçt]
poesia (arte)	Dichtung (f), Poesie (f)	['dɪçtʊŋ], [‚poe'zi:]
poema (m)	Gedicht (n)	[gə'dɪçt]
poeta (m)	Dichter (m)	['dɪçtɐ]

ficção (f)	schöne Literatur (f)	['ʃø:nə lɪtəʁa'tu:ɐ]
ficção (f) científica	Science-Fiction (f)	[‚saɪəns'fɪkʃən]
aventuras (f pl)	Abenteuer (n)	['a:bəntɔɪɐ]
literatura (f) didática	Schülerliteratur (pl)	['ʃy:lɐ·lɪtəʁa‚tu:ɐ]
literatura (f) infantil	Kinderliteratur (f)	['kɪndɐ·lɪtəʁa‚tu:ɐ]

153. Circo

circo (m)	Zirkus (m)	['tsɪʁkʊs]
circo (m) ambulante	Wanderzirkus (m)	['vandɐ‚tsɪʁkʊs]
programa (m)	Programm (n)	[pʁo'gʁam]
apresentação (f)	Vorstellung (f)	['fo:ɐ‚ʃtɛlʊŋ]
número (m)	Nummer (f)	['nʊmɐ]
arena (f)	Manege (f)	[ma'ne:ʒə]

| pantomima (f) | Pantomime (f) | [,panto'mi:mə] |
| palhaço (m) | Clown (m) | [klaʊn] |

acrobata (m)	Akrobat (m)	[akʀo'ba:t]
acrobacia (f)	Akrobatik (f)	[akʀo'ba:tɪk]
ginasta (m)	Turner (m)	['tʊʁnɐ]
ginástica (f)	Turnen (n)	['tʊʁnən]
salto (m) mortal	Salto (m)	['zalto]

homem forte (m)	Kraftmensch (m)	['kʀaft,mɛnʃ]
domador (m)	Bändiger, Dompteur (m)	['bɛndɪgɐ], [dɔmp'tø:ɐ]
cavaleiro (m) equilibrista	Reiter (m)	['ʀaɪtɐ]
assistente (m)	Assistent (m)	[asɪs'tɛnt]

truque (m)	Trick (m)	[tʀɪk]
truque (m) de mágica	Zaubertrick (m)	['tsaʊbɐ,tʀɪk]
mágico (m)	Zauberkünstler (m)	['tsaʊbɐ,kʏnstlɐ]

malabarista (m)	Jongleur (m)	[ʒɔŋ'glø:ɐ]
fazer malabarismos	jonglieren (vi)	[ʒɔŋ'gli:ʀən]
domador (m)	Dresseur (m)	[dʀɛ'sø:ɐ]
adestramento (m)	Dressur (f)	[dʀɛ'su:ɐ]
adestrar (vt)	dressieren (vt)	[dʀɛ'si:ʀən]

154. Música. Música popular

música (f)	Musik (f)	[mu'zi:k]
músico (m)	Musiker (m)	['mu:zikɐ]
instrumento (m) musical	Musikinstrument (n)	[mu'zi:k?ɪnstʀu,mɛnt]
tocar ...	spielen (vt)	['ʃpi:lən]

guitarra (f)	Gitarre (f)	[,gi'ʀafə]
violino (m)	Geige (f)	['gaɪgə]
violoncelo (m)	Cello (n)	['tʃɛlo]
contrabaixo (m)	Kontrabass (m)	['kɔntʀa,bas]
harpa (f)	Harfe (f)	['haʁfə]

piano (m)	Klavier (n)	[kla'vi:ɐ]
piano (m) de cauda	Flügel (m)	['fly:gəl]
órgão (m)	Orgel (f)	['ɔʁgəl]

instrumentos (m pl) de sopro	Blasinstrumente (pl)	['bla:s?ɪnstʀu,mɛntə]
oboé (m)	Oboe (f)	[o'bo:e]
saxofone (m)	Saxophon (n)	[,zakso'fo:n]
clarinete (m)	Klarinette (f)	[klaʀi'nɛtə]
flauta (f)	Flöte (f)	['flø:tə]
trompete (m)	Trompete (f)	[tʀɔm'pe:tə]

| acordeão (m) | Akkordeon (n) | [a'kɔʁde,ɔn] |
| tambor (m) | Trommel (f) | ['tʀɔməl] |

duo, dueto (m)	Duo (n)	['du:o]
trio (m)	Trio (n)	['tʀi:o]
quarteto (m)	Quartett (n)	[kvaʁ'tɛt]

coro (m)	**Chor** (m)	[koːɐ]
orquestra (f)	**Orchester** (n)	[ɔʁ'kɛstɐ]
música (f) pop	**Popmusik** (f)	['pɔp·muˌziːk]
música (f) rock	**Rockmusik** (f)	['ʁɔk·muˌziːk]
grupo (m) de rock	**Rockgruppe** (f)	['ʁɔkˌgʁʊpə]
jazz (m)	**Jazz** (m)	[dʒɛs]
ídolo (m)	**Idol** (n)	[i'doːl]
fã, admirador (m)	**Verehrer** (m)	[fɛɐ'ʔeːʁɐ]
concerto (m)	**Konzert** (n)	[kɔn'tsɛɐt]
sinfonia (f)	**Sinfonie** (f)	[zɪnfo'niː]
composição (f)	**Komposition** (f)	[kɔmpozi'tsjoːn]
compor (vt)	**komponieren** (vt)	[kɔmpo'niːʁən]
canto (m)	**Gesang** (m)	[gə'zaŋ]
canção (f)	**Lied** (n)	[liːt]
melodia (f)	**Melodie** (f)	[melo'diː]
ritmo (m)	**Rhythmus** (m)	['ʁʏtmʊs]
blues (m)	**Blues** (m)	[bluːs]
notas (f pl)	**Noten** (pl)	['noːtən]
batuta (f)	**Taktstock** (m)	['taktˌʃtɔk]
arco (m)	**Bogen** (m)	['boːgən]
corda (f)	**Saite** (f)	['zaɪtə]
estojo (m)	**Koffer** (m)	['kɔfɐ]

Descanso. Entretenimento. Viagens

155. Viagens

turismo (m)	Tourismus (m)	[tuˈʀɪsmʊs]
turista (m)	Tourist (m)	[tuˈʀɪst]
viagem (f)	Reise (f)	[ˈʀaɪzə]
aventura (f)	Abenteuer (n)	[ˈaːbəntɔɪɐ]
viagem (f)	Fahrt (f)	[faːɐt]
férias (f pl)	Urlaub (m)	[ˈuːɐˌlaʊp]
estar de férias	auf Urlaub sein	[aʊf ˈuːɐˌlaʊp zaɪn]
descanso (m)	Erholung (f)	[ɛɐˈhoːlʊŋ]
comboio (m)	Zug (m)	[tsuːk]
de comboio (chegar ~)	mit dem Zug	[mɪt dem tsuːk]
avião (m)	Flugzeug (n)	[ˈfluːkˌtsɔɪk]
de avião	mit dem Flugzeug	[mɪt dem ˈfluːkˌtsɔɪk]
de carro	mit dem Auto	[mɪt dem ˈaʊto]
de navio	mit dem Schiff	[mɪt dem ʃɪf]
bagagem (f)	Gepäck (n)	[ɡəˈpɛk]
mala (f)	Koffer (m)	[ˈkɔfɐ]
carrinho (m)	Gepäckwagen (m)	[ɡəˈpɛkˌvaːɡən]
passaporte (m)	Pass (m)	[pas]
visto (m)	Visum (n)	[ˈviːzʊm]
bilhete (m)	Fahrkarte (f)	[ˈfaːɐˌkaʁtə]
bilhete (m) de avião	Flugticket (n)	[ˈfluːkˌtɪkət]
guia (m) de viagem	Reiseführer (m)	[ˈʀaɪzəˌfyːʀɐ]
mapa (m)	Landkarte (f)	[ˈlantˌkaʁtə]
local (m), area (f)	Gegend (f)	[ˈɡeːɡənt]
lugar, sítio (m)	Ort (m)	[ɔʁt]
exotismo (m)	Exotika (pl)	[ɛˈksoːtika]
exótico	exotisch	[ɛˈksoːtɪʃ]
surpreendente	erstaunlich	[ɛɐˈʃtaʊnlɪç]
grupo (m)	Gruppe (f)	[ˈɡʀʊpə]
excursão (f)	Ausflug (m)	[ˈaʊsˌfluːk]
guia (m)	Reiseleiter (m)	[ˈʀaɪzəˌlaɪtɐ]

156. Hotel

hotel (m)	Hotel (n)	[hoˈtɛl]
motel (m)	Motel (n)	[moˈtɛl]
três estrelas	drei Sterne	[dʀaɪ ˈʃtɛʁnə]

cinco estrelas	**fünf Sterne**	[fʏnf 'ʃtɛʁnə]
ficar (~ num hotel)	**absteigen** (vi)	['apˌʃtaɪɡən]
quarto (m)	**Hotelzimmer** (n)	[ho'tɛlˌtsɪmɐ]
quarto (m) individual	**Einzelzimmer** (n)	['aɪntselˌtsɪmɐ]
quarto (m) duplo	**Zweibettzimmer** (n)	['tsvaɪbɛtˌtsɪmɐ]
reservar um quarto	**reservieren** (vt)	[ʀɛzɛʁ'viːʀən]
meia pensão (f)	**Halbpension** (f)	['halp·panˌzjoːn]
pensão (f) completa	**Vollpension** (f)	['fɔl·panˌzjoːn]
com banheira	**mit Bad**	[mɪt 'baːt]
com duche	**mit Dusche**	[mɪt 'duːʃə]
televisão (m) satélite	**Satellitenfernsehen** (n)	[zatɛ'liːtənˌfɛʁnzeːən]
ar (m) condicionado	**Klimaanlage** (f)	['kliːmaˌʔanlaːɡə]
toalha (f)	**Handtuch** (n)	['hantˌtuːx]
chave (f)	**Schlüssel** (m)	['ʃlʏsəl]
administrador (m)	**Verwalter** (m)	[fɛʁ'valtɐ]
camareira (f)	**Zimmermädchen** (n)	['tsɪmɐˌmɛːtçən]
bagageiro (m)	**Träger** (m)	['tʀɛːɡɐ]
porteiro (m)	**Portier** (m)	[pɔʁ'tɪeː]
restaurante (m)	**Restaurant** (n)	[ʀɛsto'ʀaŋ]
bar (m)	**Bar** (f)	[baːɐ]
pequeno-almoço (m)	**Frühstück** (n)	['fʀyːʃtʏk]
jantar (m)	**Abendessen** (n)	['aːbəntˌʔɛsən]
buffet (m)	**Buffet** (n)	[bʏ'feː]
hall (m) de entrada	**Foyer** (n)	[foa'jeː]
elevador (m)	**Aufzug** (m), **Fahrstuhl** (m)	['aʊfˌtsuːk], ['faːɐˌʃtuːl]
NÃO PERTURBE	**BITTE NICHT STÖREN!**	['bɪtə nɪçt 'ʃtøːʀən]
PROIBIDO FUMAR!	**RAUCHEN VERBOTEN!**	['ʀaʊxən fɛʁ'boːtən]

157. Livros. Leitura

livro (m)	**Buch** (n)	[buːx]
autor (m)	**Autor** (m)	['aʊtoːɐ]
escritor (m)	**Schriftsteller** (m)	['ʃʀɪftˌʃtɛlɐ]
escrever (vt)	**verfassen** (vt)	[fɛʁ'fasən]
leitor (m)	**Leser** (m)	['leːzɐ]
ler (vt)	**lesen** (vi, vt)	['leːzən]
leitura (f)	**Lesen** (n)	['leːzən]
para si	**still**	[ʃtɪl]
em voz alta	**laut**	[laʊt]
publicar (vt)	**verlegen** (vt)	[fɛʁ'leːɡən]
publicação (f)	**Ausgabe** (f)	['aʊsˌɡaːbə]
editor (m)	**Herausgeber** (m)	[he'ʀaʊsˌɡeːbɐ]
editora (f)	**Verlag** (m)	[fɛʁ'laːk]
sair (vi)	**erscheinen** (vi)	[ɛʁ'ʃaɪnən]

lançamento (m)	Erscheinen (n)	[ɛɐ'ʃaɪnən]
tiragem (f)	Auflage (f)	['aʊf.la:gə]
livraria (f)	Buchhandlung (f)	['bu:x.handlʊŋ]
biblioteca (f)	Bibliothek (f)	[biblio'te:k]
novela (f)	Erzählung (f)	[ɛɐ'tsɛ:lʊŋ]
conto (m)	Kurzgeschichte (f)	['kʊɐts·gəʃɪçtə]
romance (m)	Roman (m)	[ʀo'ma:n]
romance (m) policial	Krimi (m)	['kʀɪmi]
memórias (f pl)	Memoiren (pl)	[me'moa:ʀən]
lenda (f)	Legende (f)	[le'gɛndə]
mito (m)	Mythos (m)	['my:tɔs]
poesia (f)	Gedichte (pl)	[gə'dɪçtə]
autobiografia (f)	Autobiographie (f)	[aʊtobiogʀa'fi:]
obras (f pl) escolhidas	ausgewählte Werke (pl)	['aʊsgə.vɛ:ltə 'vɛʀkə]
ficção (f) científica	Science-Fiction (f)	[.saɪəns'fɪkʃən]
título (m)	Titel (m)	['ti:təl]
introdução (f)	Einleitung (f)	['aɪnlaɪtʊŋ]
folha (f) de rosto	Titelseite (f)	['ti:təl.zaɪtə]
capítulo (m)	Kapitel (n)	[ka'pɪtəl]
excerto (m)	Auszug (m)	['aʊstsu:k]
episódio (m)	Episode (f)	[epi'zo:də]
tema (m)	Sujet (n)	[zy'ʒe:]
conteúdo (m)	Inhalt (m)	['ɪn.halt]
índice (m)	Inhaltsverzeichnis (n)	['ɪnhalts·fɛɐ.tsaɪçnɪs]
protagonista (m)	Hauptperson (f)	['haʊpt.pɛʀ'zo:n]
tomo, volume (m)	Band (m)	[bant]
capa (f)	Buchdecke (f)	['bu:x.dɛkə]
encadernação (f)	Einband (m)	['aɪn.bant]
marcador (m) de livro	Lesezeichen (n)	['le:zə.tsaɪçən]
página (f)	Seite (f)	['zaɪtə]
folhear (vt)	blättern (vi)	['blɛtən]
margem (f)	Ränder (pl)	['ʀɛndə]
anotação (f)	Notiz (f)	[no'ti:ts]
nota (f) de rodapé	Anmerkung (f)	['anmɛʀkʊŋ]
texto (m)	Text (m)	[tɛkst]
fonte (f)	Schrift (f)	[ʃʀɪft]
gralha (f)	Druckfehler (m)	['dʀʊk.fe:lə]
tradução (f)	Übersetzung (f)	[.y:bə'zɛtsʊŋ]
traduzir (vt)	übersetzen (vt)	[.y:bə'zɛtsən]
original (m)	Original (n)	[oʀigi'na:l]
famoso	berühmt	[bə'ʀy:mt]
desconhecido	unbekannt	['ʊnbəkant]
interessante	interessant	[ɪntəʀɛ'sant]
best-seller (m)	Bestseller (m)	['bɛst.zɛlə]

dicionário (m)	Wörterbuch (n)	['vœʁtɐˌbuːχ]
manual (m) escolar	Lehrbuch (n)	['leːɐˌbuːχ]
enciclopédia (f)	Enzyklopädie (f)	[ˌɛntsyklopɛ'diː]

158. Caça. Pesca

caça (f)	Jagd (f)	[jaːkt]
caçar (vi)	jagen (vi)	['jagən]
caçador (m)	Jäger (m)	['jɛːgɐ]

atirar (vi)	schießen (vi)	['ʃiːsən]
caçadeira (f)	Gewehr (n)	[gə'veːɐ]
cartucho (m)	Patrone (f)	[pa'tʁoːnə]
chumbo (m) de caça	Schrot (n)	[ʃʁoːt]

armadilha (f)	Falle (f)	['falə]
armadilha (com corda)	Schlinge (f)	['ʃlɪŋə]
cair na armadilha	in die Falle gehen	[ɪn di 'falə 'geːən]
pôr a armadilha	eine Falle stellen	['aɪnə 'falə 'ʃtɛlən]

caçador (m) furtivo	Wilddieb (m)	['vɪltˌdiːp]
caça (f)	Wild (n)	[vɪlt]
cão (m) de caça	Jagdhund (m)	['jaːktˌhʊnt]
safári (m)	Safari (f)	[za'faːʁi]
animal (m) empalhado	ausgestopftes Tier (n)	['aʊsˌgə'ʃtɔpftəs 'tiːɐ]

pescador (m)	Fischer (m)	['fɪʃɐ]
pesca (f)	Fischen (n)	['fɪʃən]
pescar (vt)	angeln, fischen (vt)	['aŋəln], ['fɪʃən]

cana (f) de pesca	Angel (f)	['aŋl]
linha (f) de pesca	Angelschnur (f)	['aŋlˌʃnuːɐ]
anzol (m)	Haken (m)	['haːkən]

| boia (f) | Schwimmer (m) | ['ʃvɪmɐ] |
| isca (f) | Köder (m) | ['køːdɐ] |

| lançar a linha | die Angel auswerfen | [di 'aŋl 'aʊsˌvɛʁfən] |
| morder (vt) | anbeißen (vi) | ['anbaɪsən] |

| pesca (f) | Fang (m) | [faŋ] |
| buraco (m) no gelo | Eisloch (n) | ['aɪsˌlɔχ] |

| rede (f) | Netz (n) | [nɛts] |
| barco (m) | Boot (n) | ['boːt] |

pescar com rede	mit dem Netz fangen	[mɪt dem 'nɛts 'faŋən]
lançar a rede	das Netz hineinwerfen	[das nɛts hɪ'naɪnˌvɛʁfən]
puxar a rede	das Netz einholen	[das nɛts 'aɪnˌhoːlən]
cair nas malhas	ins Netz gehen	[ɪns nɛts 'geːən]

baleeiro (m)	Walfänger (m)	['vaːlˌfɛŋɐ]
baleeira (f)	Walfangschiff (n)	['vaːlfaŋˌʃɪf]
arpão (m)	Harpune (f)	[haʁ'puːnə]

159. Jogos. Bilhar

bilhar (m)	Billard (n)	['bɪljaʁt]
sala (f) de bilhar	Billardzimmer (n)	['bɪljaʁt͵tsɪmə]
bola (f) de bilhar	Billardkugel (f)	['bɪljaʁt͵kuːgəl]
embolsar uma bola	eine Kugel einlochen	['aɪnə 'kuːgəl 'aɪnlɔχən]
taco (m)	Queue (n)	[køː]
caçapa (f)	Tasche (f), Loch (n)	['taʃə], [lɔχ]

160. Jogos. Jogar cartas

ouros (m pl)	Karo (n)	['kaːʁo]
espadas (f pl)	Pik (n)	[piːk]
copas (f pl)	Herz (n)	[hɛʁts]
paus (m pl)	Kreuz (n)	[kʁɔɪts]
ás (m)	As (n)	[as]
rei (m)	König (m)	['køːnɪç]
dama (f)	Dame (f)	['daːmə]
valete (m)	Bube (m)	['buːbə]
carta (f) de jogar	Spielkarte (f)	['ʃpiːl͵kaʁtə]
cartas (f pl)	Karten (pl)	['kaʁtən]
trunfo (m)	Trumpf (m)	[tʁʊmpf]
baralho (m)	Kartenspiel (n)	['kaʁtənʃpiːl]
ponto (m)	Punkt (m)	[pʊŋkt]
dar, distribuir (vt)	ausgeben (vt)	['aʊs͵geːbən]
embaralhar (vt)	mischen (vt)	['mɪʃən]
vez, jogada (f)	Zug (m)	[tsuːk]
batoteiro (m)	Falschspieler (m)	['falʃʃpiːlɐ]

161. Casino. Roleta

casino (m)	Kasino (n)	[ka'ziːno]
roleta (f)	Roulette (n)	[ʁu'lɛt]
aposta (f)	Einsatz (m)	['aɪn͵zats]
apostar (vt)	setzen (vt)	['zɛtsən]
vermelho (m)	Rot (n)	[ʁoːt]
preto (m)	Schwarz (n)	['ʃvaʁts]
apostar no vermelho	auf Rot setzen	[aʊf ʁoːt 'zɛtsən]
apostar no preto	auf Schwarz setzen	[aʊf ʃvaʁts 'zɛtsən]
crupiê (m, f)	Croupier (m)	[kʁu'pieː]
girar a roda	das Rad drehen	[das ʁaːt 'dʁeːən]
regras (f pl) do jogo	Spielregeln (pl)	['ʃpiːl͵ʁeːgəln]
ficha (f)	Spielmarke (f)	['ʃpiːl͵maʁkə]
ganhar (vi, vt)	gewinnen (vt)	[gə'vɪnən]
ganho (m)	Gewinn (m)	[gə'vɪn]

| perder (dinheiro) | verlieren (vt) | [fɛɐ̯'liːʁən] |
| perda (f) | Verlust (m) | [fɛɐ̯'lʊst] |

jogador (m)	Spieler (m)	['ʃpiːlɐ]
blackjack (m)	Blackjack (n)	['blɛkˌdʒɛk]
jogo (m) de dados	Würfelspiel (n)	['vʏʁfəlˌʃpiːl]
dados (m pl)	Würfeln (pl)	['vʏʁfəln]
máquina (f) de jogo	Spielautomat (m)	['ʃpiːlʔaʊtoˌmaːt]

162. Descanso. Jogos. Diversos

passear (vi)	spazieren gehen (vi)	[ʃpa'tsiːʁən 'geːən]
passeio (m)	Spaziergang (m)	[ʃpa'tsiːɐ̯ˌɡaŋ]
viagem (f) de carro	Fahrt (f)	[faːɐ̯t]
aventura (f)	Abenteuer (n)	['aːbəntɔɪ̯ɐ]
piquenique (m)	Picknick (n)	['pɪkˌnɪk]

jogo (m)	Spiel (n)	[ʃpiːl]
jogador (m)	Spieler (m)	['ʃpiːlɐ]
partida (f)	Partie (f)	[paʁ'tiː]

colecionador (m)	Sammler (m)	['zamlɐ]
colecionar (vt)	sammeln (vt)	['zaməln]
coleção (f)	Sammlung (f)	['zamlʊŋ]

palavras (f pl) cruzadas	Kreuzworträtsel (n)	['kʁɔɪ̯tsvɔʁtˌʁɛːtsəl]
hipódromo (m)	Rennbahn (f)	['ʁɛnˌbaːn]
discoteca (f)	Diskothek (f)	[dɪsko'teːk]

| sauna (f) | Sauna (f) | ['zaʊna] |
| lotaria (f) | Lotterie (f) | [lɔtə'ʁiː] |

campismo (m)	Wanderung (f)	['vandəʁʊŋ]
acampamento (m)	Lager (n)	['laːɡɐ]
tenda (f)	Zelt (n)	[tsɛlt]
bússola (f)	Kompass (m)	['kɔmpas]
campista (m)	Tourist (m)	[tu'ʁɪst]

ver (vt), assistir à ...	fernsehen (vi)	['fɛʁnˌzeːən]
telespectador (m)	Fernsehzuschauer (m)	['fɛʁnzeːˌtsuːʃaʊɐ]
programa (m) de TV	Fernsehsendung (f)	['fɛʁnzeːˌzɛndʊŋ]

163. Fotografia

| máquina (f) fotográfica | Kamera (f) | ['kaməʁa] |
| foto, fotografia (f) | Foto (n) | ['foːto] |

fotógrafo (m)	Fotograf (m)	[foto'ɡʁaːf]
estúdio (m) fotográfico	Fotostudio (n)	['fotoˌʃtuːdɪo]
álbum (m) de fotografias	Fotoalbum (n)	['fotoˌʔalbʊm]
objetiva (f)	Objektiv (n)	[ɔpjɛk'tiːf]
teleobjetiva (f)	Teleobjektiv (n)	['teleʔɔpjɛkˌtiːf]

| filtro (m) | Filter (n) | ['fɪltɐ] |
| lente (f) | Linse (f) | ['lɪnzə] |

ótica (f)	Optik (f)	['ɔptɪk]
abertura (f)	Blende (f)	['blɛndə]
exposição (f)	Belichtungszeit (f)	[bə'lɪçtʊŋs͵tsaɪt]
visor (m)	Sucher (m)	['zuːxɐ]

câmara (f) digital	Digitalkamera (f)	[digi'taːl͵kaməʀa]
tripé (m)	Stativ (n)	[ʃta'tiːf]
flash (m)	Blitzgerät (n)	['blɪts·gə͵ʀɛːt]

fotografar (vt)	fotografieren (vt)	[fotoɡʀa'fiːʀən]
tirar fotos	aufnehmen (vt)	['aʊf͵neːmən]
fotografar-se	sich fotografieren lassen	[zɪç fotoɡʀa'fiːʀən 'lasən]

foco (m)	Fokus (m)	['foːkʊs]
focar (vt)	den Fokus einstellen	[den 'foːkʊs 'aɪnʃtɛlən]
nítido	scharf	[ʃaʀf]
nitidez (f)	Schärfe (f)	['ʃɛʁfə]

| contraste (m) | Kontrast (m) | [kɔn'tʀast] |
| contrastante | kontrastreich | [kɔn'tʀast͵ʀaɪç] |

retrato (m)	Aufnahme (f)	['aʊf͵naːmə]
negativo (m)	Negativ (n)	['neːgatiːf]
filme (m)	Film (m)	[fɪlm]
fotograma (m)	Einzelbild (n)	['aintsəl·bilt]
imprimir (vt)	drucken (vt)	['dʀʊkən]

164. Praia. Natação

praia (f)	Strand (m)	[ʃtʀant]
areia (f)	Sand (m)	[zant]
deserto	menschenleer	['mɛnʃən͵leːɐ]

bronzeado (m)	Bräune (f)	['bʀɔɪnə]
bronzear-se (vr)	sich bräunen	[zɪç 'bʀɔɪnən]
bronzeado	gebräunt	[gə'bʀɔɪnt]
protetor (m) solar	Sonnencreme (f)	['zɔnən͵kʀɛːm]

biquíni (m)	Bikini (m)	[bi'kiːni]
fato (m) de banho	Badeanzug (m)	['baːdə͵ʔantsuːk]
calção (m) de banho	Badehose (f)	['baːdə͵hoːzə]

piscina (f)	Schwimmbad (n)	['ʃvɪmbaːt]
nadar (vi)	schwimmen (vi)	['ʃvɪmən]
duche (m)	Dusche (f)	['duːʃə]
mudar de roupa	sich umkleiden	[zɪç 'ʊmklaɪdən]
toalha (f)	Handtuch (n)	['hant͵tuːx]

barco (m)	Boot (n)	['boːt]
lancha (f)	Motorboot (n)	['moːtoːɐ͵boːt]
esqui (m) aquático	Wasserski (m)	['vasɐʃiː]

barco (m) de pedais	**Tretboot** (n)	['tʀe:t̪bo:t]
surf (m)	**Surfen** (n)	['sœːɐfən]
surfista (m)	**Surfer** (m)	['sœɐfɐ]
equipamento (m) de mergulho	**Tauchgerät** (n)	['taʊχ·gə'ʀɛ:t]
barbatanas (f pl)	**Schwimmflossen** (pl)	['ʃvɪm͵flɔsən]
máscara (f)	**Maske** (f)	['maskə]
mergulhador (m)	**Taucher** (m)	['taʊχɐ]
mergulhar (vi)	**tauchen** (vi)	['taʊχən]
debaixo d'água	**unter Wasser**	['ʊntɐ 'vasɐ]
guarda-sol (m)	**Sonnenschirm** (m)	['zɔnənʃɪɐm]
espreguiçadeira (f)	**Liege** (f)	['li:gə]
óculos (m pl) de sol	**Sonnenbrille** (f)	['zɔnən͵bʀɪlə]
colchão (m) de ar	**Schwimmmatratze** (f)	['ʃvɪm·ma'tʀatsə]
brincar (vi)	**spielen** (vi, vt)	['ʃpiːlən]
ir nadar	**schwimmen gehen**	['ʃvɪmən 'geːən]
bola (f) de praia	**Ball** (m)	[bal]
encher (vt)	**aufblasen** (vt)	['aʊf͵blaːzən]
inflável, de ar	**aufblasbar**	['aʊf͵blasbaːɐ]
onda (f)	**Welle** (f)	['vɛlə]
boia (f)	**Boje** (f)	['boːjə]
afogar-se (pessoa)	**ertrinken** (vi)	[ɛɐ'tʀɪŋkən]
salvar (vt)	**retten** (vt)	['ʀɛtən]
colete (m) salva-vidas	**Schwimmweste** (f)	['ʃvɪm͵vɛstə]
observar (vt)	**beobachten** (vt)	[bə'ʔoːbaχtən]
nadador-salvador (m)	**Bademeister** (m)	['baːdə͵maɪstɐ]

EQUIPAMENTO TÉCNICO. TRANSPORTES

Equipamento técnico. Transportes

165. Computador

computador (m)	Computer (m)	[kɔm'pjuːtɐ]
portátil (m)	Laptop (m), Notebook (n)	['lɛptɔp], ['nɔutbʊk]
ligar (vt)	einschalten (vt)	['aɪnˌʃaltən]
desligar (vt)	abstellen (vt)	['apʃtɛlən]
teclado (m)	Tastatur (f)	[tasta'tuːɐ]
tecla (f)	Taste (f)	['tastə]
rato (m)	Maus (f)	[maʊs]
tapete (m) de rato	Mousepad (n)	['maʊspɛt]
botão (m)	Knopf (m)	[knɔpf]
cursor (m)	Cursor (m)	['køːɐzɐ]
monitor (m)	Monitor (m)	['moːnitoːɐ]
ecrã (m)	Schirm (m)	[ʃɪ̯ɐm]
disco (m) rígido	Festplatte (f)	['fɛstplatə]
capacidade (f) do disco rígido	Festplattengröße (f)	['fɛstplatənˌgʁøːsə]
memória (f)	Speicher (m)	['ʃpaɪçɐ]
memória RAM (f)	Arbeitsspeicher (m)	['aʁbaɪtsˌʃpaɪçɐ]
ficheiro (m)	Datei (f)	[da'taɪ]
pasta (f)	Ordner (m)	['ɔʁdnɐ]
abrir (vt)	öffnen (vt)	['œfnən]
fechar (vt)	schließen (vt)	['ʃliːsən]
guardar (vt)	speichern (vt)	['ʃpaɪçɐn]
apagar, eliminar (vt)	löschen (vt)	['lœʃən]
copiar (vt)	kopieren (vt)	[ko'piːʁən]
ordenar (vt)	sortieren (vt)	[zɔʁ'tiːʁən]
copiar (vt)	transferieren (vt)	[tʁansfə'ʁiːʁən]
programa (m)	Programm (n)	[pʁo'gʁam]
software (m)	Software (f)	['sɔftwɛːɐ]
programador (m)	Programmierer (m)	[pʁogʁa'miːʁɐ]
programar (vt)	programmieren (vt)	[pʁogʁa'miːʁən]
hacker (m)	Hacker (m)	['hɛkɐ]
senha (f)	Kennwort (n)	['kɛnˌvɔʁt]
vírus (m)	Virus (m, n)	['viːʁʊs]
detetar (vt)	entdecken (vt)	[ɛnt'dɛkən]
byte (m)	Byte (n)	[baɪt]

megabyte (m)	Megabyte (n)	['me:ga͵baɪt]
dados (m pl)	Daten (pl)	['da:tən]
base (f) de dados	Datenbank (f)	['da:tən͵baŋk]

cabo (m)	Kabel (n)	['ka:bəl]
desconectar (vt)	trennen (vt)	['tʀɛnən]
conetar (vt)	anschließen (vt)	['anʃli:sən]

166. Internet. E-mail

internet (f)	Internet (n)	['ɪntɛnɛt]
browser (m)	Browser (m)	['bʀaʊzɐ]
motor (m) de busca	Suchmaschine (f)	['zu:x͵maʃi:nə]
provedor (m)	Provider (m)	[͵pʀo'vaɪdɐ]

webmaster (m)	Webmaster (m)	['vɛp͵ma:stɐ]
website, sítio web (m)	Website (f)	['vɛp͵saɪt]
página (f) web	Webseite (f)	['vɛp͵zaɪtə]

endereço (m)	Adresse (f)	[a'dʀɛsə]
livro (m) de endereços	Adressbuch (n)	[a'dʀɛs͵bu:x]

caixa (f) de correio	Mailbox (f)	['mɛjl͵bɔks]
correio (m)	Post (f)	[pɔst]
cheia (caixa de correio)	überfüllt	[y:bɐ'fʏlt]

mensagem (f)	Mitteilung (f)	['mɪt͵taɪlʊŋ]
mensagens (f pl) recebidas	eingehenden Nachrichten	['aɪn͵ge:əndən 'na:xʀɪçtən]
mensagens (f pl) enviadas	ausgehenden Nachrichten	['aʊs͵ge:əndən 'na:xʀɪçtən]

remetente (m)	Absender (m)	['ap͵zɛndɐ]
enviar (vt)	senden (vt)	['zɛndən]
envio (m)	Absendung (f)	['ap͵zɛndʊŋ]

destinatário (m)	Empfänger (m)	[ɛm'pfɛŋɐ]
receber (vt)	empfangen (vt)	[ɛm'pfaŋən]

correspondência (f)	Briefwechsel (m)	['bʀi:f͵vɛksəl]
corresponder-se (vr)	im Briefwechsel stehen	[ɪm 'bʀi:f͵vɛksəl 'ʃte:ən]

ficheiro (m)	Datei (f)	[da'taɪ]
fazer download, baixar	herunterladen (vt)	[hɛ'ʀʊntɐ͵la:dən]
criar (vt)	schaffen (vt)	['ʃafən]
apagar, eliminar (vt)	löschen (vt)	['lœʃən]
eliminado	gelöscht	[gə'lœʃt]

conexão (f)	Verbindung (f)	[fɛɐ'bɪndʊŋ]
velocidade (f)	Geschwindigkeit (f)	[gə'ʃvɪndɪç͵kaɪt]
modem (m)	Modem (m, n)	['mo:dɛm]
acesso (m)	Zugang (m)	['tsu:gaŋ]
porta (f)	Port (m)	[pɔʀt]
conexão (f)	Anschluss (m)	['anʃlʊs]

conetar (vi)	sich anschließen	[zɪç 'anʃliːsən]
escolher (vt)	auswählen (vt)	['aʊsˌvɛːlən]
buscar (vt)	suchen (vt)	['zuːxən]

167. Eletricidade

eletricidade (f)	Elektrizität (f)	[elɛktʀitsiˈtɛːt]
elétrico	elektrisch	[eˈlɛktʀɪʃ]
central (f) elétrica	Elektrizitätswerk (n)	[elɛktʀitsiˈtɛːtsˌvɛʁk]
energia (f)	Energie (f)	[enɛʁˈgiː]
energia (f) elétrica	Strom (m)	[ʃtʀoːm]

lâmpada (f)	Glühbirne (f)	['glyːˌbɪʁnə]
lanterna (f)	Taschenlampe (f)	['taʃənˌlampə]
poste (m) de iluminação	Straßenlaterne (f)	['ʃtʀaːsən·laˌtɛʁnə]

luz (f)	Licht (n)	[lɪçt]
ligar (vt)	einschalten (vt)	['aɪnʃaltən]
desligar (vt)	ausschalten (vt)	['aʊsʃaltən]
apagar a luz	das Licht ausschalten	[das lɪçt 'aʊsʃaltən]

fundir (vi)	durchbrennen (vi)	['dʊʁçˌbʀɛnən]
curto-circuito (m)	Kurzschluss (m)	['kuʁtsʃlʊs]
rutura (f)	Riß (m)	[ʀɪs]
contacto (m)	Kontakt (m)	[kɔnˈtakt]

interruptor (m)	Schalter (m)	['ʃaltə]
tomada (f)	Steckdose (f)	['ʃtɛkˌdoːzə]
ficha (f)	Stecker (m)	['ʃtɛkə]
extensão (f)	Verlängerung (f)	[fɛʁˈlɛŋəʀʊŋ]

fusível (m)	Sicherung (f)	['zɪçəʀʊŋ]
fio, cabo (m)	Draht (m)	[dʀaːt]
instalação (f) elétrica	Verdrahtung (f)	[fɛʁˈdʀaːtʊŋ]

ampere (m)	Ampere (n)	[amˈpeːʁ]
amperagem (f)	Stromstärke (f)	['ʃtʀoːmˌʃtɛʁkə]
volt (m)	Volt (n)	[vɔlt]
voltagem (f)	Voltspannung (f)	['vɔltʃpanʊŋ]

| aparelho (m) elétrico | Elektrogerät (n) | [eˈlɛktʀo·gəˌʀɛːt] |
| indicador (m) | Indikator (m) | [ɪndiˈkaːtoːʁ] |

eletricista (m)	Elektriker (m)	[ˌeˈlɛktʀikə]
soldar (vt)	löten (vt)	['løːtən]
ferro (m) de soldar	Lötkolben (m)	['løːtˌkɔlbən]
corrente (f) elétrica	Strom (m)	[ʃtʀoːm]

168. Ferramentas

| ferramenta (f) | Werkzeug (n) | ['vɛʁkˌtsɔɪk] |
| ferramentas (f pl) | Werkzeuge (pl) | ['vɛʁkˌtsɔɪgə] |

equipamento (m)	Ausrüstung (f)	['aus‚Rystʊŋ]
martelo (m)	Hammer (m)	['hamɐ]
chave (f) de fendas	Schraubenzieher (m)	['ʃʀaʊbəntsi:ɐ]
machado (m)	Axt (f)	[akst]

serra (f)	Säge (f)	['zɛ:gə]
serrar (vt)	sägen (vt)	['zɛ:gən]
plaina (f)	Hobel (m)	['ho:bl]
aplainar (vt)	hobeln (vt)	['ho:bəln]
ferro (m) de soldar	Lötkolben (m)	['lø:t‚kɔlbən]
soldar (vt)	löten (vt)	['lø:tən]

lima (f)	Feile (f)	['faɪlə]
tenaz (f)	Kneifzange (f)	['knaɪf‚tsaŋə]
alicate (m)	Flachzange (f)	['flaχ‚tsaŋə]
formão (m)	Stemmeisen (n)	['ʃtɛm‚ʔaɪzən]

broca (f)	Bohrer (m)	['bo:ʀɐ]
berbequim (f)	Bohrmaschine (f)	['bo:ɐ·maʃi:nə]
furar (vt)	bohren (vt)	['bo:ʀən]

faca (f)	Messer (n)	['mɛsɐ]
lâmina (f)	Klinge (f)	['klɪŋə]

afiado	scharf	[ʃaʊf]
cego	stumpf	[ʃtʊmpf]
embotar-se (vr)	stumpf werden (vi)	[ʃtʊmpf 've:ɐdən]
afiar, amolar (vt)	schärfen (vt)	['ʃɛʊfən]

parafuso (m)	Bolzen (m)	['bɔltsən]
porca (f)	Mutter (f)	['mʊtɐ]
rosca (f)	Gewinde (n)	[gə'vɪndə]
parafuso (m) para madeira	Holzschraube (f)	['hɔlts‚ʃʀaʊbə]

prego (m)	Nagel (m)	['na:gəl]
cabeça (f) do prego	Nagelkopf (m)	['na:gəl‚kɔpf]

régua (f)	Lineal (n)	[line'a:l]
fita (f) métrica	Metermaß (n)	['me:tɐ‚ma:s]
nível (m)	Wasserwaage (f)	['vasɐ‚va:gə]
lupa (f)	Lupe (f)	['lu:pə]

medidor (m)	Messinstrument (n)	['mɛsʔɪnstʀu‚mɛnt]
medir (vt)	messen (vt)	['mɛsən]
escala (f)	Skala (f)	['ska:la]
indicação (f), registo (m)	Ablesung (f)	['aple:zʊŋ]

compressor (m)	Kompressor (m)	[kɔm'pʀɛso:ɐ]
microscópio (m)	Mikroskop (n)	[mikʀo'sko:p]

bomba (f)	Pumpe (f)	['pʊmpə]
robô (m)	Roboter (m)	['ʀobotɐ]
laser (m)	Laser (m)	['le:zɐ]

chave (f) de boca	Schraubenschlüssel (m)	['ʃʀaʊbənʃlysəl]
fita (f) adesiva	Klebeband (n)	['kle:bə‚bant]

cola (f)	Klebstoff (m)	['kle:pˌʃtɔf]
lixa (f)	Sandpapier (n)	['zant·paˌpi:ɐ]
mola (f)	Sprungfeder (f)	['ʃpʀʊŋˌfe:dɐ]
íman (m)	Magnet (m)	[ma'gne:t]
luvas (f pl)	Handschuhe (pl)	['hantʃu:ə]

corda (f)	Leine (f)	['laɪnə]
cordel (m)	Schnur (f)	[ʃnu:ɐ]
fio (m)	Draht (m)	[dʀa:t]
cabo (m)	Kabel (n)	['ka:bəl]

marreta (f)	schwerer Hammer (m)	['ʃve:ʀɐ 'hamɐ]
pé de cabra (m)	Brecheisen (n)	['bʀɛçˌʔaɪzən]
escada (f) de mão	Leiter (f)	['laɪtɐ]
escadote (m)	Trittleiter (f)	['tʀɪtˌlaɪtɐ]

enroscar (vt)	zudrehen (vt)	[tsu:'dʀe:ən]
desenroscar (vt)	abdrehen (vt)	['apˌdʀe:ən]
apertar (vt)	zusammendrücken (vt)	[tsu'zamənˌdʀʏkən]
colar (vt)	ankleben (vt)	['anˌkle:bən]
cortar (vt)	schneiden (vt)	['ʃnaɪdən]

falha (mau funcionamento)	Störung (f)	['ʃtø:ʀʊŋ]
conserto (m)	Reparatur (f)	[ʀepaʀa'tu:ɐ]
consertar, reparar (vt)	reparieren (vt)	[ʀepa'ʀi:ʀən]
regular, ajustar (vt)	einstellen (vt)	['aɪnˌʃtɛlən]

verificar (vt)	prüfen (vt)	['pʀy:fən]
verificação (f)	Prüfung (f)	['pʀy:fʊŋ]
indicação (f), registo (m)	Ablesung (f)	['apleˌzʊŋ]

| seguro | sicher | ['zɪçɐ] |
| complicado | kompliziert | [kɔmpli'tsi:ɐt] |

enferrujar (vi)	verrosten (vi)	[fɛɐ'ʀɔstən]
enferrujado	rostig	['ʀɔstɪç]
ferrugem (f)	Rost (m)	[ʀɔst]

Transportes

169. Avião

avião (m)	**Flugzeug** (n)	['flu:k͵tsɔɪk]
bilhete (m) de avião	**Flugticket** (n)	['flu:k͵tɪkət]
companhia (f) aérea	**Fluggesellschaft** (f)	['flu:kgə͵zɛlʃaft]
aeroporto (m)	**Flughafen** (m)	['flu:k͵ha:fən]
supersónico	**Überschall-**	['y:bə͵ʃal]

comandante (m) do avião	**Flugkapitän** (m)	['flu:k·kapi͵tɛ:n]
tripulação (f)	**Besatzung** (f)	[bə'zatsʊn]
piloto (m)	**Pilot** (m)	[pi'lo:t]
hospedeira (f) de bordo	**Flugbegleiterin** (f)	['flu:k·bə͵glaɪtəʀɪn]
copiloto (m)	**Steuermann** (m)	['ʃtɔɪɐ͵man]

asas (f pl)	**Flügel** (pl)	['fly:gəl]
cauda (f)	**Schwanz** (m)	[ʃvants]
cabine (f) de pilotagem	**Kabine** (f)	[ka'bi:nə]
motor (m)	**Motor** (m)	['mo:to:ɐ]
trem (m) de aterragem	**Fahrgestell** (n)	['fa:ɐ·gə͵ʃtɛl]
turbina (f)	**Turbine** (f)	[tʊɐ'bi:nə]

hélice (f)	**Propeller** (m)	[pʀo'pɛlɐ]
caixa-preta (f)	**Flugschreiber** (m)	['flu:kʃʀaɪbɐ]
coluna (f) de controlo	**Steuerrad** (n)	['ʃtɔɪɐ͵ʀa:t]
combustível (m)	**Treibstoff** (m)	['tʀaɪpʃtɔf]

instruções (f pl) de segurança	**Sicherheitskarte** (f)	['zɪçɐhaɪts͵kaʁtə]
máscara (f) de oxigénio	**Sauerstoffmaske** (f)	['zaʊɐʃtɔf͵maskə]
uniforme (m)	**Uniform** (f)	['ʊni͵fɔʁm]

colete (m) salva-vidas	**Rettungsweste** (f)	['ʀɛtʊŋs͵vɛstə]
paraquedas (m)	**Fallschirm** (m)	['fal͵ʃɪʁm]

descolagem (f)	**Abflug, Start** (m)	['ap͵flu:k], [ʃtaʁt]
descolar (vi)	**starten** (vi)	['ʃtaʁtən]
pista (f) de descolagem	**Startbahn** (f)	['ʃtaʁtba:n]

visibilidade (f)	**Sicht** (f)	[zɪçt]
voo (m)	**Flug** (m)	[flu:k]

altura (f)	**Höhe** (f)	['hø:ə]
poço (m) de ar	**Luftloch** (n)	['lʊft͵lɔx]

assento (m)	**Platz** (m)	[plats]
auscultadores (m pl)	**Kopfhörer** (m)	['kɔpf͵hø:ʀɐ]
mesa (f) rebatível	**Klapptisch** (m)	['klap͵tɪʃ]
vigia (f)	**Bullauge** (n)	['bʊl͵ʔaʊgə]
passagem (f)	**Durchgang** (m)	['dʊʁç͵gaŋ]

170. Comboio

comboio (m)	Zug (m)	[tsu:k]
comboio (m) suburbano	elektrischer Zug (m)	[e'lɛktrɪʃe tsu:k]
comboio (m) rápido	Schnellzug (m)	['ʃnɛl,tsu:k]
locomotiva (f) diesel	Diesellok (f)	['di:zəl,lɔk]
locomotiva (f) a vapor	Dampflok (f)	['dampf,lɔk]

carruagem (f)	Personenwagen (m)	[pɛʁ'zo:nən,va:gən]
carruagem restaurante (f)	Speisewagen (m)	['ʃpaɪzə,va:gən]

carris (m pl)	Schienen (pl)	['ʃi:nən]
caminho de ferro (m)	Eisenbahn (f)	['aɪzən·ba:n]
travessa (f)	Bahnschwelle (f)	['ba:n ʃvɛlə]

plataforma (f)	Bahnsteig (m)	['ba:n ʃtaɪk]
linha (f)	Gleis (n)	['glaɪs]
semáforo (m)	Eisenbahnsignal (n)	['aɪzənba:n·zɪ'gna:l]
estação (f)	Station (f)	[ʃta'tsjo:n]

maquinista (m)	Lokführer (m)	['lɔk,fy:ʁe]
bagageiro (m)	Träger (m)	['tʁɛ:ge]
hospedeiro, -a (da carruagem)	Schaffner (m)	['ʃafne]
passageiro (m)	Fahrgast (m)	['fa:ɐ,gast]
revisor (m)	Kontrolleur (m)	[kɔntʁo'lø:ɐ]

corredor (m)	Flur (m)	[flu:ɐ]
freio (m) de emergência	Notbremse (f)	['no:t,bʁɛmzə]
compartimento (m)	Abteil (n)	[ap'taɪl]
cama (f)	Liegeplatz (m), Schlafkoje (f)	['li:gə,plats], ['ʃla:f,ko:jə]
cama (f) de cima	oberer Liegeplatz (m)	['o:bɐʁe 'li:gə,plats]
cama (f) de baixo	unterer Liegeplatz (m)	['untɐʁe 'li:gə,plats]
roupa (f) de cama	Bettwäsche (f)	['bɛt,vɛʃə]

bilhete (m)	Fahrkarte (f)	['fa:ɐ,kaʁtə]
horário (m)	Fahrplan (m)	['fa:ɐ,pla:n]
painel (m) de informação	Anzeigetafel (f)	['antsaɪgə,ta:fəl]

partir (vt)	abfahren (vi)	['ap,fa:ʁən]
partida (f)	Abfahrt (f)	['ap,fa:ɐt]
chegar (vi)	ankommen (vi)	['an,kɔmən]
chegada (f)	Ankunft (f)	['ankʊnft]

chegar de comboio	mit dem Zug kommen	[mɪt dem tsu:k 'kɔmən]
apanhar o comboio	in den Zug einsteigen	[ɪn den tsu:k 'aɪn,ʃtaɪgən]
sair do comboio	aus dem Zug aussteigen	['aʊs dem tsu:k 'aʊs,ʃtaɪgən]

acidente (m) ferroviário	Zugunglück (n)	['tsu:k?ʊn,glʏk]
descarrilar (vi)	entgleisen (vi)	[ɛnt'glaɪzən]

locomotiva (f) a vapor	Dampflok (f)	['dampf,lɔk]
fogueiro (m)	Heizer (m)	['haɪtse]
fornalha (f)	Feuerbuchse (f)	['fɔɪɐ,bʊksə]
carvão (m)	Kohle (f)	['ko:lə]

171. Barco

navio (m)	Schiff (n)	[ʃɪf]
embarcação (f)	Fahrzeug (n)	['faːɐˌtsɔɪk]

vapor (m)	Dampfer (m)	['dampfɐ]
navio (m)	Motorschiff (n)	['moːtoːɐˌʃɪf]
transatlântico (m)	Kreuzfahrtschiff (n)	['kʀɔɪtsfaːɐtˌʃɪf]
cruzador (m)	Kreuzer (m)	['kʀɔɪtsɐ]

iate (m)	Jacht (f)	[jaχt]
rebocador (m)	Schlepper (m)	['ʃlɛpɐ]
barcaça (f)	Lastkahn (m)	[lastˌkaːn]
ferry (m)	Fähre (f)	['fɛːʀə]

veleiro (m)	Segelschiff (n)	['zeːɡəlˌʃɪf]
bergantim (m)	Brigantine (f)	[bʀiɡan'tiːnə]

quebra-gelo (m)	Eisbrecher (m)	['aɪsˌbʀɛçɐ]
submarino (m)	U-Boot (n)	['uːboːt]

bote, barco (m)	Boot (n)	['boːt]
bote, dingue (m)	Dingi (n)	['dɪŋɡi]
bote (m) salva-vidas	Rettungsboot (n)	['ʀɛtʊŋsˌboːt]
lancha (f)	Motorboot (n)	['moːtoːɐˌboːt]

capitão (m)	Kapitän (m)	[kapi'tɛn]
marinheiro (m)	Matrose (m)	[ma'tʀoːzə]
marujo (m)	Seemann (m)	['zeːman]
tripulação (f)	Besatzung (f)	[bə'zatsʊŋ]

contramestre (m)	Bootsmann (m)	['boːtsman]
grumete (m)	Schiffsjunge (m)	['ʃɪfsˌjʊŋə]
cozinheiro (m) de bordo	Schiffskoch (m)	['ʃɪfsˌkɔχ]
médico (m) de bordo	Schiffsarzt (m)	['ʃɪfsˌʔaʁtst]

convés (m)	Deck (n)	[dɛk]
mastro (m)	Mast (m)	[mast]
vela (f)	Segel (n)	[zeːɡəl]

porão (m)	Schiffsraum (m)	['ʃɪfsˌʀaʊm]
proa (f)	Bug (m)	[buːk]
popa (f)	Heck (n)	[hɛk]
remo (m)	Ruder (n)	['ʀuːdɐ]
hélice (f)	Schraube (f)	['ʃʀaʊbə]

camarote (m)	Kajüte (f)	[ka'jyːtə]
sala (f) dos oficiais	Messe (f)	['mɛsə]
sala (f) das máquinas	Maschinenraum (m)	[ma'ʃiːnənˌʀaʊm]
ponte (m) de comando	Brücke (f)	['bʀʏkə]
sala (f) de comunicações	Funkraum (m)	['fʊŋkˌʀaʊm]
onda (f) de rádio	Radiowelle (f)	['ʀaːdɪoˌvɛlə]
diário (m) de bordo	Schiffstagebuch (n)	['ʃɪfsˌtaːɡəbuːχ]
luneta (f)	Fernrohr (n)	['fɛʁnˌʀoːɐ]
sino (m)	Glocke (f)	['ɡlɔkə]

bandeira (f)	Fahne (f)	['fa:nə]
cabo (m)	Seil (n)	[zaɪl]
nó (m)	Knoten (m)	['kno:tən]

corrimão (m)	Geländer (n)	[gə'lɛndɐ]
prancha (f) de embarque	Treppe (f)	['tʀɛpə]

âncora (f)	Anker (m)	['aŋkɐ]
recolher a âncora	den Anker lichten	[den 'aŋkɐ 'lɪçtən]
lançar a âncora	Anker werfen	['aŋkɐ ˌvɛʁfən]
amarra (f)	Ankerkette (f)	['aŋkɐˌkɛtə]

porto (m)	Hafen (m)	['ha:fən]
cais, amarradouro (m)	Anlegestelle (f)	['anle:gəˌʃtɛlə]
atracar (vi)	anlegen (vi)	['anˌle:gən]
desatracar (vi)	abstoßen (vt)	['apˌʃto:sən]

viagem (f)	Reise (f)	['ʀaɪzə]
cruzeiro (m)	Kreuzfahrt (f)	['kʀɔɪtsˌfa:ɐt]
rumo (m), rota (f)	Kurs (m)	[kuʁs]
itinerário (m)	Reiseroute (f)	['ʀaɪzəˌʀu:tə]

canal (m) navegável	Fahrwasser (n)	['fa:ɐˌvasɐ]
banco (m) de areia	Untiefe (f)	['ʊnˌti:fə]
encalhar (vt)	stranden (vi)	['ʃtʀandən]

tempestade (f)	Sturm (m)	[ʃtuʁm]
sinal (m)	Signal (n)	[zɪ'gna:l]
afundar-se (vr)	untergehen (vi)	['ʊntɐˌge:ən]
Homem ao mar!	Mann über Bord!	[man 'y:bɐ bɔʁt]
SOS	SOS	[ɛso:'ʔɛs]
boia (f) salva-vidas	Rettungsring (m)	['ʀɛtʊŋsˌʀɪŋ]

172. Aeroporto

aeroporto (m)	Flughafen (m)	['flu:kˌha:fən]
avião (m)	Flugzeug (n)	['flu:kˌtsɔɪk]
companhia (f) aérea	Fluggesellschaft (f)	['flu:kgəˌzɛlʃaft]
controlador (m) de tráfego aéreo	Fluglotse (m)	['flu:kˌlo:tsə]

partida (f)	Abflug (m)	['apˌflu:k]
chegada (f)	Ankunft (f)	['ankʊnft]
chegar (~ de avião)	anfliegen (vi)	['anˌfli:gən]

hora (f) de partida	Abflugzeit (f)	['apflu:kˌtsaɪt]
hora (f) de chegada	Ankunftszeit (f)	['ankʊnftsˌtsaɪt]

estar atrasado	sich verspäten	[zɪç fɛɐ'ʃpɛ:tən]
atraso (m) de voo	Abflugverspätung (f)	['apflu:k·fɛɐ'ʃpɛ:tʊŋ]

painel (m) de informação	Anzeigetafel (f)	['antsaɪgəˌta:fəl]
informação (f)	Information (f)	[ɪnfɔʁma'tsjo:n]
anunciar (vt)	ankündigen (vt)	['ankʏndɪgən]

voo (m)	Flug (m)	[flu:k]
alfândega (f)	Zollamt (n)	['tsɔl͵ʔamt]
funcionário (m) da alfândega	Zollbeamter (m)	['tsɔl·bə͵ʔamtɐ]

declaração (f) alfandegária	Zolldeklaration (f)	['tsɔl·deklaʀa'tsjo:n]
preencher (vt)	ausfüllen (vt)	['aʊs͵fʏlən]
preencher a declaração	die Zollerklärung ausfüllen	[di 'tsɔl·ɛɐ'klɛ:ʀʊŋ 'aʊs͵fʏlən]
controlo (m) de passaportes	Passkontrolle (f)	['pas·kɔn͵tʀɔlə]

bagagem (f)	Gepäck (n)	[gə'pɛk]
bagagem (f) de mão	Handgepäck (n)	['hant·gə͵pɛk]
carrinho (m)	Kofferkuli (m)	['kɔfɐ͵ku:li]

aterragem (f)	Landung (f)	['landʊŋ]
pista (f) de aterragem	Landebahn (f)	['landə͵ba:n]
aterrar (vi)	landen (vi)	['landən]
escada (f) de avião	Fluggasttreppe (f)	['flu:kgast͵tʀɛpə]

check-in (m)	Check-in (n)	[tʃɛk?in]
balcão (m) do check-in	Check-in-Schalter (m)	[tʃɛk?in 'ʃaltɐ]
fazer o check-in	sich registrieren lassen	[zɪç ʀɛgɪs'tʀi:ʀən 'lasən]
cartão (m) de embarque	Bordkarte (f)	['bɔʁt͵kaʁtə]
porta (f) de embarque	Abfluggate (n)	['apflu:k͵geɪt]

trânsito (m)	Transit (m)	[tʀan'zi:t]
esperar (vi, vt)	warten (vi)	['vaʁtən]
sala (f) de espera	Wartesaal (m)	['vaʁtə͵za:l]
despedir-se de ...	begleiten (vt)	[bə'glaɪtən]
despedir-se (vr)	sich verabschieden	[zɪç fɛɐ'apʃi:dən]

173. Bicicleta. Motocicleta

bicicleta (f)	Fahrrad (n)	['fa:ɐ͵ʀa:t]
scotter, lambreta (f)	Motorroller (m)	['mo:to:ɐ͵ʀɔlɐ]
mota (f)	Motorrad (n)	['mo:to:ɐ͵ʀa:t]

ir de bicicleta	Rad fahren	[ʀa:t 'fa:ʀən]
guiador (m)	Lenkstange (f)	['lɛŋk͵ʃtaŋə]
pedal (m)	Pedal (n)	[pe'da:l]
travões (m pl)	Bremsen (pl)	['bʀɛmzən]
selim (m)	Sattel (m)	['zatəl]

bomba (f) de ar	Pumpe (f)	['pʊmpə]
porta-bagagens (m)	Gepäckträger (m)	[gə'pɛk͵tʀɛ:gɐ]
lanterna (f)	Scheinwerfer (m)	['ʃaɪn͵vɛʁfɐ]
capacete (m)	Helm (m)	[hɛlm]

roda (f)	Rad (n)	[ʀa:t]
guarda-lamas (m)	Schutzblech (n)	['ʃʊts͵blɛç]
aro (m)	Felge (f)	['fɛlgə]
raio (m)	Speiche (f)	['ʃpaɪçə]

Carros

174. Tipos de carros

carro, automóvel (m)	Auto (n)	['aʊto]
carro (m) desportivo	Sportwagen (m)	['ʃpɔʁt̯va:gən]
limusine (f)	Limousine (f)	[limu'zi:nə]
todo o terreno (m)	Geländewagen (m)	[gə'lɛndə̯va:gən]
descapotável (m)	Kabriolett (n)	[kabʁio'lɛt]
minibus (m)	Kleinbus (m)	['klaɪn̯bʊs]
ambulância (f)	Krankenwagen (m)	['kʁaŋkən̯va:gən]
limpa-neve (m)	Schneepflug (m)	['ʃne:ˌpflu:k]
camião (m)	Lastkraftwagen (m)	['lastkʁaft̯va:gən]
camião-cisterna (m)	Tankwagen (m)	['taŋk̯va:gən]
carrinha (f)	Kastenwagen (m)	['kastən̯va:gən]
camião-trator (m)	Sattelzug (m)	['zatəl̯tsu:k]
atrelado (m)	Anhänger (m)	['an̯hɛŋɐ]
confortável	komfortabel	[kɔmfoʁ'ta:bəl]
usado	gebraucht	[gə'bʁaʊχt]

175. Carros. Carroçaria

capô (m)	Motorhaube (f)	['mo:to:ɐ̯haʊbə]
guarda-lamas (m)	Kotflügel (m)	['ko:tfly:gəl]
tejadilho (m)	Dach (n)	[daχ]
para-brisa (m)	Windschutzscheibe (f)	['vɪntʃʊtsˌʃaɪbə]
espelho (m) retrovisor	Rückspiegel (m)	['ʁykˌʃpi:gəl]
lavador (m)	Scheibenwaschanlage (f)	['ʃaɪbən·'vaʃʔan̯la:gə]
limpa-para-brisas (m)	Scheibenwischer (m)	['ʃaɪbən̯vɪʃɐ]
vidro (m) lateral	Seitenscheibe (f)	['zaɪtən̯ʃaɪbə]
elevador (m) do vidro	Fensterheber (m)	['fɛnstɐ̯he:bɐ]
antena (f)	Antenne (f)	[an'tɛnə]
teto solar (m)	Schiebedach (n)	['ʃi:bə̯daχ]
para-choques (m pl)	Stoßstange (f)	['ʃto:sˌʃtaŋə]
bagageira (f)	Kofferraum (m)	['kɔfɐ̯ʁaʊm]
bagageira (f) de tejadilho	Dachgepäckträger (m)	['daχ·gəpɛkˌtʁɛ:gɐ]
porta (f)	Wagenschlag (m)	['va:gən̯ʃla:k]
maçaneta (f)	Türgriff (m)	['ty:ɐ̯gʁɪf]
fechadura (f)	Türschloss (n)	['ty:ɐ̯ʃlɔs]
matrícula (f)	Nummernschild (n)	['nʊmɐn̯ʃɪlt]
silenciador (m)	Auspufftopf (m)	['aʊspʊf̯tɔpf]

tanque (m) de gasolina	Benzintank (m)	[bɛn'tsi:n̩ˌtaŋk]
tubo (m) de escape	Auspuffrohr (n)	['aʊspʊfˌʁoːɐ]
acelerador (m)	Gas (n)	[gaːs]
pedal (m)	Pedal (n)	[pe'daːl]
pedal (m) do acelerador	Gaspedal (n)	['gas·pe'daːl]
travão (m)	Bremse (f)	['bʁɛmzə]
pedal (m) do travão	Bremspedal (n)	['bʁɛmz·pe'daːl]
travar (vt)	bremsen (vi)	['bʁɛmzən]
travão (m) de mão	Handbremse (f)	['hantˌbʁɛmzə]
embraiagem (f)	Kupplung (f)	['kʊplʊŋ]
pedal (m) da embraiagem	Kupplungspedal (n)	['kʊplʊŋs·pe'daːl]
disco (m) de embraiagem	Kupplungsscheibe (f)	['kʊplʊŋsˌʃaɪbə]
amortecedor (m)	Stoßdämpfer (m)	['ʃtoːsˌdɛmpfɐ]
roda (f)	Rad (n)	[ʁaːt]
pneu (m) sobresselente	Reserverad (n)	[ʁe'zɛʁvəˌʁaːt]
pneu (m)	Reifen (m)	['ʁaɪfən]
tampão (m) de roda	Radkappe (f)	['ʁaːtˌkapə]
rodas (f pl) motrizes	Triebräder (pl)	['tʁiːpˌʁɛːdə]
de tração dianteira	mit Vorderantrieb	[mɪt 'foːɐdeˌɐʔantʁiːp]
de tração traseira	mit Hinterradantrieb	[mɪt 'hɪntɐʁaːtˌʔantʁiːp]
de tração às 4 rodas	mit Allradantrieb	[mɪt 'alʁaːtˌʔantʁiːp]
caixa (f) de mudanças	Getriebe (n)	[gə'tʁiːbə]
automático	Automatik-	[aʊto'maːtɪk]
mecânico	Schalt-	['ʃalt]
alavanca (f) das mudanças	Schalthebel (m)	['ʃaltˌheːbəl]
farol (m)	Scheinwerfer (m)	['ʃaɪnˌvɛʁfɐ]
faróis, luzes	Scheinwerfer (pl)	['ʃaɪnˌvɛʁfɐ]
médios (m pl)	Abblendlicht (n)	['apblɛntˌlɪçt]
máximos (m pl)	Fernlicht (n)	['fɛʁnˌlɪçt]
luzes (f pl) de stop	Stopplicht (n)	['ʃtɔpˌlɪçt]
mínimos (m pl)	Standlicht (n)	['ʃtantˌlɪçt]
luzes (f pl) de emergência	Warnblinker (m)	['vaʁnˌblɪŋkɐ]
faróis (m pl) antinevoeiro	Nebelscheinwerfer (pl)	['neːbəlˌʃaɪnvɛʁfɐ]
pisca-pisca (m)	Blinker (m)	['blɪŋkɐ]
luz (f) de marcha atrás	Rückfahrscheinwerfer (m)	['ʁʏkfaːɐˌʃaɪnvɛʁfɐ]

176. Carros. Habitáculo

interior (m) do carro	Wageninnere (n)	['vaːgənˌʔɪnəʁə]
de couro, de pele	Leder-	['leːdɐ]
de veludo	aus Velours	[aʊs və'luːɐ]
estofos (m pl)	Polster (n)	['pɔlstɐ]
indicador (m)	Instrument (n)	[ˌɪnstʁu'mɛnt]
painel (m) de instrumentos	Armaturenbrett (n)	[aʁma'tuːʁənˌbʁɛt]

| velocímetro (m) | Tachometer (m) | [taxo'me:tɐ] |
| ponteiro (m) | Nadel (f) | ['na:dəl] |

conta-quilómetros (m)	Kilometerzähler (m)	[kilo'me:tɐˌtsɛ:lɐ]
sensor (m)	Anzeige (f)	['anˌtsaɪgə]
nível (m)	Pegel (m)	['pe:gəl]
luz (f) avisadora	Kontrollleuchte (f)	[kɔn'tʀɔlˌlɔɪçtə]

volante (m)	Steuerrad (n)	['ʃtɔɪɐˌʀa:t]
buzina (f)	Hupe (f)	['hu:pə]
botão (m)	Knopf (m)	[knɔpf]
interruptor (m)	Umschalter (m)	['ʊmˌʃaltɐ]

assento (m)	Sitz (m)	[zɪts]
costas (f pl) do assento	Rückenlehne (f)	['ʀʏkənˌle:nə]
cabeceira (f)	Kopfstütze (f)	['kɔpfˌʃtʏtsə]
cinto (m) de segurança	Sicherheitsgurt (m)	['zɪçɐhaɪtsˌgʊʁt]
apertar o cinto	sich anschnallen	[zɪç 'anˌʃnalən]
regulação (f)	Einstellung (f)	['aɪnˌʃtɛlʊŋ]

| airbag (m) | Airbag (m) | ['ɛ:ɐ·bak] |
| ar (m) condicionado | Klimaanlage (f) | ['kli:maˌʔanla:gə] |

rádio (m)	Radio (n)	['ʀa:dɪo]
leitor (m) de CD	CD-Spieler (m)	[tse:'de: 'ʃpi:lɐ]
ligar (vt)	einschalten (vt)	['aɪnˌʃaltən]
antena (f)	Antenne (f)	[an'tɛnə]
porta-luvas (m)	Handschuhfach (n)	['hantʃu:ˌfax]
cinzeiro (m)	Aschenbecher (m)	['aʃən·bɛçɐ]

177. Carros. Motor

motor (m)	Triebwerk (n)	['tʀi:pˌvɛʁk]
motor (m)	Motor (m)	['mo:to:ɐ]
diesel	Diesel-	['di:zəl]
a gasolina	Benzin-	[bɛn'tsi:n]

cilindrada (f)	Hubraum (m)	['hu:pˌʀaʊm]
potência (f)	Leistung (f)	['laɪstʊŋ]
cavalo-vapor (m)	Pferdestärke (f)	['pfe:ɐdəˌʃtɛʁkə]
pistão (m)	Kolben (m)	['kɔlbən]
cilindro (m)	Zylinder (m)	[tsy'lɪndɐ]
válvula (f)	Ventil (n)	[vɛn'ti:l]

injetor (m)	Injektor (m)	[ɪn'jɛktɔ:ɐ]
gerador (m)	Generator (m)	[genə'ʀa:to:ɐ]
carburador (m)	Vergaser (m)	[fɛɐ'ga:zɐ]
óleo (m) para motor	Motoröl (n)	['mo:to:ɐˌʔø:l]

radiador (m)	Kühler (m)	['ky:lɐ]
refrigerante (m)	Kühlflüssigkeit (f)	[ky:l'flʏsɪçˌkaɪt]
ventilador (m)	Ventilator (m)	[vɛnti'la:to:ɐ]
bateria (f)	Autobatterie (f)	['aʊtobatəˌʀi:]
dispositivo (m) de arranque	Anlasser (m)	['anˌlasɐ]

| ignição (f) | Zündung (f) | ['tsʏndʊŋ] |
| vela (f) de ignição | Zündkerze (f) | ['tsʏnt͜kɛʁtsə] |

borne (m)	Klemme (f)	['klɛmə]
borne (m) positivo	Pluspol (m)	['plʊs͜poːl]
borne (m) negativo	Minuspol (m)	['miːnʊs͜poːl]
fusível (m)	Sicherung (f)	['zɪçəʁʊŋ]

filtro (m) de ar	Luftfilter (m, n)	['lʊft͜fɪltə]
filtro (m) de óleo	Ölfilter (m)	['øːl͜fɪltə]
filtro (m) de combustível	Treibstofffilter (m)	['tʁaɪpʃtɔf͜fɪltə]

178. Carros. Batidas. Reparação

acidente (m) de carro	Unfall (m)	['ʊnfal]
acidente (m) rodoviário	Verkehrsunfall (m)	[fɛɐ'keːɐs͜ʔʊn͜fal]
ir contra ...	fahren gegen ...	['faːʁən 'geːgən]
sofrer um acidente	verunglücken (vi)	[fɛɐ'ʔʊnglʏkən]
danos (m pl)	Schaden (m)	['ʃaːdən]
intato	heil	['haɪl]

avaria (no motor, etc.)	Panne (f)	['panə]
avariar (vi)	kaputtgehen (vi)	[ka'pʊt͜geːən]
cabo (m) de reboque	Abschleppseil (n)	['apʃlɛp͜zaɪl]

furo (m)	Reifenpanne (f)	['ʁaɪfən͜panə]
estar furado	platt sein	[plat zaɪn]
encher (vt)	pumpen (vt)	['pʊmpən]
pressão (f)	Druck (m)	[dʁʊk]
verificar (vt)	prüfen (vt)	['pʁyːfən]

reparação (f)	Reparatur (f)	[ʁepaʁa'tuːɐ]
oficina (f)	Reparaturwerkstatt (f)	[ʁepaʁa͜tuːɐ'vɛʁkʃtat]
de reparação de carros		
peça (f) sobresselente	Ersatzteil (m, n)	[ɛɐ'zats͜taɪl]
peça (f)	Einzelteil (m, n)	['aɪntsəl͜taɪl]

parafuso (m)	Bolzen (m)	['bɔltsən]
parafuso (m)	Schraube (f)	['ʃʁaʊbə]
porca (f)	Mutter (f)	['mʊtə]
anilha (f)	Scheibe (f)	['ʃaɪbə]
rolamento (m)	Lager (n)	['laːgə]

tubo (m)	Rohr (n)	[ʁoːɐ]
junta (f)	Dichtung (f)	['dɪçtʊŋ]
fio, cabo (m)	Draht (m)	[dʁaːt]

macaco (m)	Wagenheber (m)	['vaːgən͜heːbɐ]
chave (f) de boca	Schraubenschlüssel (m)	['ʃʁaʊbən͜ʃlʏsəl]
martelo (m)	Hammer (m)	['hamə]
bomba (f)	Pumpe (f)	['pʊmpə]
chave (f) de fendas	Schraubenzieher (m)	['ʃʁaʊbəntsiːɐ]
extintor (m)	Feuerlöscher (m)	['fɔɪɐ͜lœʃɐ]
triângulo (m) de emergência	Warndreieck (n)	['vaʁn͜dʁaɪɛk]

parar (vi) (motor)	abwürgen (vi)	['ap͜vʏʁgən]
paragem (f)	Anhalten (n)	['anhaltən]
estar quebrado	kaputt sein	[ka'pʊt zaɪn]

superaquecer-se (vr)	überhitzt werden	[yːbɐ'hɪtst 'veːɐdən]
entupir-se (vr)	verstopft sein	[fɛɐ'ʃtɔpft zaɪn]
congelar-se (vr)	einfrieren (vi)	['aɪn͜fʀiːʀən]
rebentar (vi)	zerplatzen (vi)	[tsɛɐ'platsən]

pressão (f)	Druck (m)	[dʀʊk]
nível (m)	Pegel (m)	['peːgəl]
frouxo	schlaff	[ʃlaf]

mossa (f)	Delle (f)	['dɛlə]
ruído (m)	Klopfen (n)	['klɔpfən]
fissura (f)	Riß (m)	[ʀɪs]
arranhão (m)	Kratzer (m)	['kʀatsɐ]

179. Carros. Estrada

estrada (f)	Fahrbahn (f)	['faːɐ͜baːn]
autoestrada (f)	Schnellstraße (f)	['ʃnɛlʃtʀaːsə]
rodovia (f)	Autobahn (f)	['aʊto͜baːn]
direção (f)	Richtung (f)	['ʀɪçtʊŋ]
distância (f)	Entfernung (f)	[ɛnt'fɛʁnʊŋ]

ponte (f)	Brücke (f)	['bʀʏkə]
parque (m) de estacionamento	Parkplatz (m)	['paʁk͜plats]
praça (f)	Platz (m)	[plats]
nó (m) rodoviário	Autobahnkreuz (n)	['aʊtobaːn͜kʀɔɪts]
túnel (m)	Tunnel (m)	['tʊnəl]

posto (m) de gasolina	Tankstelle (f)	['taŋkʃtɛlə]
parque (m) de estacionamento	Parkplatz (m)	['paʁk͜plats]
bomba (f) de gasolina	Zapfsäule (f)	['tsapf͜zɔɪlə]
oficina (f) de reparação de carros	Reparaturwerkstatt (f)	[ʀepaʀa͜tuːɐ'vɛʁkʃtat]
abastecer (vt)	tanken (vt)	['taŋkən]
combustível (m)	Treibstoff (m)	['tʀaɪpʃtɔf]
bidão (m) de gasolina	Kanister (m)	[ka'nɪstɐ]

asfalto (m)	Asphalt (m)	[as'falt]
marcação (f) de estradas	Markierung (f)	[maʁ'kiːʀʊŋ]
lancil (m)	Bordstein (m)	['bɔʁtʃtaɪn]
proteção (f) guard-rail	Leitplanke (f)	['laɪt͜plaŋkə]
valeta (f)	Graben (m)	['gʀaːbən]
berma (f) da estrada	Straßenrand (m)	['ʃtʀaːsən͜ʀant]
poste (m) de luz	Straßenlaterne (f)	['ʃtʀaːsən·la͜tɛʁnə]

conduzir, guiar (vt)	fahren (vt)	['faːʁən]
virar (ex. ~ à direita)	abbiegen (vi)	['ap͜biːgən]
dar retorno	umkehren (vi)	['ʊm͜keːʀən]
marcha-atrás (f)	Rückwärtsgang (m)	['ʀʏkvɛʁts͜gaŋ]
buzinar (vi)	hupen (vi)	['huːpən]

buzina (f)	Hupe (f)	['hu:pə]
atolar-se (vr)	stecken (vi)	['ʃtɛkən]
patinar (na lama)	durchdrehen (vi)	['dʊʁçˌdʀeːən]
desligar (vt)	abstellen (vt)	['apʃtɛlən]

velocidade (f)	Geschwindigkeit (f)	[gə'ʃvɪndɪç·kaɪt]
exceder a velocidade	Geschwindigkeit überschreiten	[gə'ʃvɪndɪç·kaɪt ˌyːbe'ʃʀaɪtən]
multar (vt)	bestrafen (vt)	[bə'ʃtʀaːfən]
semáforo (m)	Ampel (f)	['ampəl]
carta (f) de condução	Führerschein (m)	['fyːʀeˌʃaɪn]

passagem (f) de nível	Bahnübergang (m)	['baːnʔyːbeˌgaŋ]
cruzamento (m)	Straßenkreuzung (f)	['ʃtʀaːsənˌkʀɔɪtsʊŋ]
passadeira (f)	Fußgängerüberweg (m)	['fuːsˌgɛŋe·yːbe've:k]
curva (f)	Kehre (f)	['keːʀə]
zona (f) pedonal	Fußgängerzone (f)	['fuːsgɛŋeˌtsoːnə]

180. Sinais de trânsito

código (m) da estrada	Verkehrsregeln (pl)	[fɛɛ'keːɛsˌʀeːgəln]
sinal (m) de trânsito	Verkehrszeichen (n)	[fɛɛ'keːɛsˌtsaɪçən]
ultrapassagem (f)	Überholen (n)	[yːbe'hoːlən]
curva (f)	Kurve (f)	['kʊʁvə]
inversão (f) de marcha	Wende (f)	['vɛndə]
rotunda (f)	Kreisverkehr (m)	['kʀaɪs·fɛɛˌkeːe]

sentido proibido	Einfahrt verboten	['aɪnˌfaːɛt fɛɛ'boːtən]
trânsito proibido	Verkehr verboten	[fɛɛ'keːe fɛɛ'boːtən]
proibição de ultrapassar	Überholverbot	[yːbe'hoːl·fɛɛˌboːt]
estacionamento proibido	Parken verboten	['paʁkən fɛɛ'boːtən]
paragem proibida	Halteverbot	['haltə·fɛɛˌboːt]

curva (f) perigosa	gefährliche Kurve (f)	[gə'fɛːʀlɪçə 'kʊʁvə]
descida (f) perigosa	Gefälle (n)	[gə'fɛlə]
trânsito de sentido único	Einbahnstraße (f)	['aɪnbaːnʃtʀaːsə]
passadeira (f)	Fußgängerüberweg (m)	['fuːsˌgɛŋe·yːbe've:k]
pavimento (m) escorregadio	Schleudergefahr	['ʃlɔɪdeˌge'faːe]
cedência de passagem	Vorfahrt gewähren!	['foːefaɛt gə'vɛːʀən]

PESSOAS. EVENTOS

Eventos

181. Férias. Evento

festa (f)	**Fest** (n)	[fɛst]
festa (f) nacional	**Nationalfeiertag** (m)	[natsjoˈnaːlˌfaɪ̯eˈtaːk]
feriado (m)	**Feiertag** (m)	[ˈfaɪ̯ɐˌtaːk]
festejar (vt)	**feiern** (vt)	[ˈfaɪ̯ɐn]
evento (festa, etc.)	**Ereignis** (n)	[ɛɐ̯ˈʔaɪ̯gnɪs]
evento (banquete, etc.)	**Veranstaltung** (f)	[fɛɐ̯ˈʔanʃtaltʊŋ]
banquete (m)	**Bankett** (n)	[baŋˈkɛt]
receção (f)	**Empfang** (m)	[ɛmˈpfaŋ]
festim (m)	**Festmahl** (n)	[ˈfɛstˌmaːl]
aniversário (m)	**Jahrestag** (m)	[ˈjaːʀəsˌtaːk]
jubileu (m)	**Jubiläumsfeier** (f)	[jubiˈlɛːʊmsˌfaɪ̯ɐ]
celebrar (vt)	**begehen** (vt)	[bəˈgeːən]
Ano (m) Novo	**Neujahr** (n)	[ˈnɔɪ̯jaːɐ̯]
Feliz Ano Novo!	**Frohes Neues Jahr!**	[ˌfʀoːəs ˈnɔɪ̯əs jaːɐ̯]
Natal (m)	**Weihnachten** (n)	[ˈvaɪ̯naxtən]
Feliz Natal!	**Frohe Weihnachten!**	[ˌfʀoːə ˈvaɪ̯naxtən]
árvore (f) de Natal	**Tannenbaum** (m)	[ˈtanənˌbaʊ̯m]
fogo (m) de artifício	**Feuerwerk** (n)	[ˈfɔɪ̯ɐˌvɛʀk]
boda (f)	**Hochzeit** (f)	[ˈhɔxˌtsaɪ̯t]
noivo (m)	**Bräutigam** (m)	[ˈbʀɔɪ̯tɪgam]
noiva (f)	**Braut** (f)	[bʀaʊ̯t]
convidar (vt)	**einladen** (vt)	[ˈaɪ̯nˌlaːdən]
convite (m)	**Einladung** (f)	[ˈaɪ̯nˌlaːdʊŋ]
convidado (m)	**Gast** (m)	[gast]
visitar (vt)	**besuchen** (vt)	[bəˈzuːxən]
receber os hóspedes	**Gäste empfangen**	[ˈgɛstə ɛmˈpfaŋən]
presente (m)	**Geschenk** (n)	[gəˈʃɛŋk]
oferecer (vt)	**schenken** (vt)	[ˈʃɛŋkən]
receber presentes	**Geschenke bekommen**	[gəˈʃɛŋkə bəˈkɔmən]
ramo (m) de flores	**Blumenstrauß** (m)	[ˈbluːmənˌʃtʀaʊ̯s]
felicitações (f pl)	**Glückwunsch** (m)	[ˈglʏkˌvʊnʃ]
felicitar (dar os parabéns)	**gratulieren** (vi)	[gʀatuˈliːʀən]
cartão (m) de parabéns	**Glückwunschkarte** (f)	[ˈglʏkvʊnʃˌkaʀtə]
enviar um postal	**eine Karte abschicken**	[ˈaɪ̯nə ˈkaʀtə ˈapʃɪkən]

receber um postal	eine Karte erhalten	['aɪnə 'kaʁtə ɛɐ'haltən]
brinde (m)	Trinkspruch (m)	['tʁɪŋkʃpʁʊχ]
oferecer (vt)	anbieten (vt)	['anbi:tən]
champanhe (m)	Champagner (m)	[ʃam'panjɐ]

divertir-se (vr)	sich amüsieren	[zɪç amy'zi:ʀən]
diversão (f)	Fröhlichkeit (f)	['fʀø:lɪç͜kaɪt]
alegria (f)	Freude (f)	['fʀɔɪdə]

dança (f)	Tanz (m)	[tants]
dançar (vi)	tanzen (vi, vt)	['tantsən]

valsa (f)	Walzer (m)	['valtsɐ]
tango (m)	Tango (m)	['taŋgo]

182. Funerais. Enterro

cemitério (m)	Friedhof (m)	['fʀi:t͜ho:f]
sepultura (f), túmulo (m)	Grab (n)	[gʀa:p]
cruz (f)	Kreuz (n)	[kʀɔɪts]
lápide (f)	Grabstein (m)	['gʀa:pʃtaɪn]
cerca (f)	Zaun (m)	[tsaʊn]
capela (f)	Kapelle (f)	[ka'pɛlə]

morte (f)	Tod (m)	[to:t]
morrer (vi)	sterben (vi)	['ʃtɛʁbən]
defunto (m)	Verstorbene (m)	[fɛɐ'ʃtɔʁbənɐ]
luto (m)	Trauer (f)	['tʀaʊɐ]

enterrar, sepultar (vt)	begraben (vt)	[bə'gʀa:bən]
agência (f) funerária	Bestattungsinstitut (n)	[bə'ʃtatʊŋsʔɪnstiˌtu:t]
funeral (m)	Begräbnis (n)	[bə'gʀɛ:pnɪs]

coroa (f) de flores	Kranz (m)	[kʀants]
caixão (m)	Sarg (m)	[zaʁk]
carro (m) funerário	Katafalk (m)	[kata'falk]
mortalha (f)	Totenhemd (n)	['to:tənˌhɛmt]

procissão (f) funerária	Trauerzug (m)	['tʀaʊɐˌtsu:k]
urna (f) funerária	Urne (f)	['ʊʁnə]
crematório (m)	Krematorium (n)	[kʀema'to:ʀiʊm]

obituário (m), necrologia (f)	Nachruf (m)	['na:χʀu:f]
chorar (vi)	weinen (vi)	['vaɪnən]
soluçar (vi)	schluchzen (vi)	['ʃlʊχtsən]

183. Guerra. Soldados

pelotão (m)	Zug (m)	[tsu:k]
companhia (f)	Kompanie (f)	[kɔmpa'ni:]
regimento (m)	Regiment (n)	[ʀegi'mɛnt]
exército (m)	Armee (f)	[aʁ'me:]

divisão (f)	Division (f)	[divi'zjo:n]
destacamento (m)	Abteilung (f)	[ap'taɪlʊŋ]
hoste (f)	Heer (n)	[he:ɐ]
soldado (m)	Soldat (m)	[zɔl'da:t]
oficial (m)	Offizier (m)	[ɔfi'tsi:ɐ]
soldado (m) raso	Soldat (m)	[zɔl'da:t]
sargento (m)	Feldwebel (m)	['fɛlt‚ve:bəl]
tenente (m)	Leutnant (m)	['lɔɪtnant]
capitão (m)	Hauptmann (m)	['haʊptman]
major (m)	Major (m)	[ma'jo:ɐ]
coronel (m)	Oberst (m)	['o:bɛst]
general (m)	General (m)	[genə'ʀa:l]
marujo (m)	Matrose (m)	[ma'tʀo:zə]
capitão (m)	Kapitän (m)	[kapi'tɛn]
contramestre (m)	Bootsmann (m)	['bo:tsman]
artilheiro (m)	Artillerist (m)	['aʊtɪlɐʀɪst]
soldado (m) paraquedista	Fallschirmjäger (m)	['falʃɪʊmˌjɛ:gɐ]
piloto (m)	Pilot (m)	[pi'lo:t]
navegador (m)	Steuermann (m)	['ʃtɔɪɐˌman]
mecânico (m)	Mechaniker (m)	[me'ça:nikɐ]
sapador (m)	Pionier (m)	[pɪo'ni:ɐ]
paraquedista (m)	Fallschirmspringer (m)	['falʃɪʊmˌʃpʀɪŋɐ]
explorador (m)	Aufklärer (m)	['aʊfˌklɛ:ʀɐ]
franco-atirador (m)	Scharfschütze (m)	['ʃaʊfˌʃʏtsə]
patrulha (f)	Patrouille (f)	[pa'tʀʊljə]
patrulhar (vt)	patrouillieren (vi)	[patʀʊl'ji:ʀən]
sentinela (f)	Wache (f)	['vaxə]
guerreiro (m)	Krieger (m)	['kʀi:gɐ]
patriota (m)	Patriot (m)	[patʀi'o:t]
herói (m)	Held (m)	[hɛlt]
heroína (f)	Heldin (f)	['hɛldɪn]
traidor (m)	Verräter (m)	[fɛɐ'ʀɛ:tɐ]
trair (vt)	verraten (vt)	[fɛɐ'ʀa:tən]
desertor (m)	Deserteur (m)	[dezɛɐ'tø:ɐ]
desertar (vt)	desertieren (vi)	[dezɛɐ'ti:ʀən]
mercenário (m)	Söldner (m)	['zœldnɐ]
recruta (m)	Rekrut (m)	[ʀe'kʀu:t]
voluntário (m)	Freiwillige (m)	[ˌfʀaɪvɪlɪgə]
morto (m)	Getoetete (m)	[gə'tø:tətə]
ferido (m)	Verwundete (m)	[fɛɐ'vʊndətə]
prisioneiro (m) de guerra	Kriegsgefangene (m)	['kʀi:ks·gəˌfaŋənə]

184. Guerra. Ações militares. Parte 1

guerra (f)	Krieg (m)	[kʀiːk]
guerrear (vt)	Krieg führen	[kʀiːk ˈfyːʀən]
guerra (f) civil	Bürgerkrieg (m)	[ˈbʏʁɡəˌkʀiːk]

perfidamente	heimtückisch	[ˈhaɪmˌtʏkɪʃ]
declaração (f) de guerra	Kriegserklärung (f)	[ˈkʀiːksʔɛɐˌklɛːʀʊŋ]
declarar (vt) guerra	erklären (vt)	[ɛɐˈklɛːʀən]
agressão (f)	Aggression (f)	[aɡʀɛˈsjoːn]
atacar (vt)	einfallen (vt)	[ˈaɪnˌfalən]

invadir (vt)	einfallen (vi)	[ˈaɪnˌfalən]
invasor (m)	Invasoren (pl)	[ɪnvaˈzoːʀən]
conquistador (m)	Eroberer (m)	[ɛɐˈʔoːbəʀɐ]

defesa (f)	Verteidigung (f)	[fɛɐˈtaɪdɪɡʊŋ]
defender (vt)	verteidigen (vt)	[fɛɐˈtaɪdɪɡən]
defender-se (vr)	sich verteidigen	[zɪç fɛɐˈtaɪdɪɡən]

inimigo (m)	Feind (m)	[faɪnt]
adversário (m)	Gegner (m)	[ˈɡeːɡnɐ]
inimigo	Feind-	[faɪnt]

estratégia (f)	Strategie (f)	[ʃtʀateˈɡiː]
tática (f)	Taktik (f)	[ˈtaktɪk]

ordem (f)	Befehl (m)	[bəˈfeːl]
comando (m)	Anordnung (f)	[ˈanˌʔɔʁdnʊŋ]
ordenar (vt)	befehlen (vt)	[ˌbəˈfeːlən]
missão (f)	Auftrag (m)	[ˈaʊfˌtʀaːk]
secreto	geheim	[ɡəˈhaɪm]

batalha (f)	Gefecht (n)	[ɡəˈfɛçt]
combate (m)	Kampf (m)	[kampf]

ataque (m)	Angriff (m)	[ˈanˌɡʀɪf]
assalto (m)	Sturm (m)	[ʃtʊʁm]
assaltar (vt)	stürmen (vt)	[ˈʃtʏʁmən]
assédio, sítio (m)	Belagerung (f)	[bəˈlaːɡəʀʊŋ]

ofensiva (f)	Angriff (m)	[ˈanˌɡʀɪf]
passar à ofensiva	angreifen (vt)	[ˈanˌɡʀaɪfən]

retirada (f)	Rückzug (m)	[ˈʀʏkˌtsuːk]
retirar-se (vr)	sich zurückziehen	[zɪç tsuˈʀʏkˌtsiːən]

cerco (m)	Einkesselung (f)	[ˈaɪnˌkɛsəlʊŋ]
cercar (vt)	einkesseln (vt)	[ˈaɪnˌkɛsəln]

bombardeio (m)	Bombenangriff (m)	[ˈbɔmbənˌʔanɡʀɪf]
lançar uma bomba	eine Bombe abwerfen	[ˈaɪnə ˈbɔmbə ˈapˌvɛʁfən]
bombardear (vt)	bombardieren (vt)	[bɔmbaʁˈdiːʀən]
explosão (f)	Explosion (f)	[ɛksploˈzjoːn]
tiro (m)	Schuss (m)	[ʃʊs]

| disparar um tiro | schießen (vt) | ['ʃiːsən] |
| tiroteio (m) | Schießerei (f) | [ʃiːsə'ʀaɪ] |

apontar para ...	zielen auf ...	['tsiːlən aʊf]
apontar (vt)	richten (vt)	['ʀɪçtən]
acertar (vt)	treffen (vt)	['tʀɛfən]

afundar (um navio)	versenken (vt)	[fɛɐ'zɛŋkən]
brecha (f)	Loch (n)	[lɔx]
afundar-se (vr)	versinken (vi)	[fɛɐ'zɪŋkən]

frente (m)	Front (f)	[fʀɔnt]
evacuação (f)	Evakuierung (f)	[evaku'iːʀʊŋ]
evacuar (vt)	evakuieren (vt)	[evaku'iːʀən]

trincheira (f)	Schützengraben (m)	['ʃʏtsən‚gʀaːbən]
arame (m) farpado	Stacheldraht (m)	['ʃtaxəl‚dʀaːt]
obstáculo (m) anticarro	Sperre (f)	['ʃpɛʀə]
torre (f) de vigia	Wachtturm (m)	['vaxt‚tʊʁm]

hospital (m)	Lazarett (n)	[latsa'ʀɛt]
ferir (vt)	verwunden (vt)	[fɛɐ'vʊndən]
ferida (f)	Wunde (f)	['vʊndə]
ferido (m)	Verwundete (m)	[fɛɐ'vʊndətə]
ficar ferido	verletzt sein	[fɛɐ'lɛtst zaɪn]
grave (ferida ~)	schwer	[ʃveːɐ]

185. Guerra. Ações militares. Parte 2

cativeiro (m)	Gefangenschaft (f)	[gə'faŋənʃaft]
capturar (vt)	gefangen nehmen (vt)	[gə'faŋən 'neːmən]
estar em cativeiro	in Gefangenschaft sein	[ɪn gə'faŋənʃaft zaɪn]
ser aprisionado	in Gefangenschaft geraten	[ɪn gə'faŋənʃaft gə'ʀaːtən]

campo (m) de concentração	Konzentrationslager (n)	[kɔntsɛntʀa'tsjoːns‚laːgə]
prisioneiro (m) de guerra	Kriegsgefangene (m)	['kʀiːks·gə‚faŋənə]
escapar (vi)	fliehen (vi)	['fliːən]

trair (vt)	verraten (vt)	[fɛɐ'ʀaːtən]
traidor (m)	Verräter (m)	[fɛɐ'ʀɛːtə]
traição (f)	Verrat (m)	[fɛɐ'ʀaːt]

| fuzilar, executar (vt) | erschießen (vt) | [ɛɐ'ʃiːsən] |
| fuzilamento (m) | Erschießung (f) | [ɛɐ'ʃiːsʊŋ] |

equipamento (m)	Ausrüstung (f)	['aʊs‚ʀʏstʊŋ]
platina (f)	Schulterstück (n)	['ʃʊltɐ‚ʃtʏk]
máscara (f) antigás	Gasmaske (f)	['gaːs‚maskə]

rádio (m)	Funkgerät (n)	['fʊŋk·gə‚ʀɛːt]
cifra (f), código (m)	Chiffre (f)	['ʃɪfʀə]
conspiração (f)	Geheimhaltung (f)	[gə'haɪm‚haltʊŋ]
senha (f)	Kennwort (n)	['kɛn‚vɔʁt]
mina (f)	Mine (f)	['miːnə]

| minar (vt) | Minen legen | ['mi:nən 'le:gən] |
| campo (m) minado | Minenfeld (n) | ['mi:nən‚fɛlt] |

alarme (m) aéreo	Luftalarm (m)	['lʊftʔa‚laʁm]
alarme (m)	Alarm (m)	[a'laʁm]
sinal (m)	Signal (n)	[zɪ'gna:l]
sinalizador (m)	Signalrakete (f)	[zɪ'gna:l·ʀa‚ke:tə]

estado-maior (m)	Hauptquartier (n)	['haʊpt·kvaʁ‚ti:ɐ]
reconhecimento (m)	Aufklärung (f)	['aʊf‚klɛ:ʀʊŋ]
situação (f)	Lage (f)	['la:gə]
relatório (m)	Bericht (m)	[bə'ʀɪçt]
emboscada (f)	Hinterhalt (m)	['hɪntɐ‚halt]
reforço (m)	Verstärkung (f)	[fɛɐ'ʃtɛʀkʊŋ]

alvo (m)	Zielscheibe (f)	['tsi:l‚ʃaɪbə]
campo (m) de tiro	Schießplatz (m)	['ʃi:s‚plats]
manobras (f pl)	Manöver (n)	[ma'nø:vɐ]

pânico (m)	Panik (f)	['pa:nɪk]
devastação (f)	Verwüstung (f)	[fɛɐ'vy:stʊŋ]
ruínas (f pl)	Trümmer (pl)	['tʀʏmɐ]
destruir (vt)	zerstören (vt)	[tsɛɐ'ʃtø:ʀən]

sobreviver (vi)	überleben (vi)	[‚y:bɐ'le:bən]
desarmar (vt)	entwaffnen (vt)	[ɛnt'vafnən]
manusear (vt)	handhaben (vt)	['hant‚ha:bən]

| Firmes! | Stillgestanden! | ['ʃtɪlgə‚ʃtandən] |
| Descansar! | Rühren! | ['ʀy:ʀən] |

façanha (f)	Heldentat (f)	['hɛldən‚ta:t]
juramento (m)	Eid (m), Schwur (m)	[aɪt], [ʃvu:ɐ]
jurar (vi)	schwören (vi, vt)	['ʃvø:ʀən]

condecoração (f)	Lohn (m)	[lo:n]
condecorar (vt)	auszeichnen (vt)	['aʊs‚tsaɪçnən]
medalha (f)	Medaille (f)	[me'daljə]
ordem (f)	Orden (m)	['ɔʁdən]

vitória (f)	Sieg (m)	[zi:k]
derrota (f)	Niederlage (f)	['ni:dɐ‚la:gə]
armistício (m)	Waffenstillstand (m)	['vafən‚ʃtɪlʃtant]

bandeira (f)	Fahne (f)	['fa:nə]
glória (f)	Ruhm (m)	[ʀu:m]
desfile (m) militar	Parade (f)	[pa'ʀa:də]
marchar (vi)	marschieren (vi)	[maʁ'ʃi:ʀən]

186. Armas

arma (f)	Waffe (f)	['vafə]
arma (f) de fogo	Schusswaffe (f)	['ʃʊs‚vafə]
arma (f) branca	blanke Waffe (f)	['blaŋkə 'vafə]

arma (f) química	chemischen Waffen (pl)	[çeːmiʃən ˈvafən]
nuclear	Kern-, Atom-	[kɛʁn], [aˈtoːm]
arma (f) nuclear	Kernwaffe (f)	[ˈkɛʁnˌvafə]
bomba (f)	Bombe (f)	[ˈbɔmbə]
bomba (f) atómica	Atombombe (f)	[aˈtoːmˌbɔmbə]
pistola (f)	Pistole (f)	[pɪsˈtoːlə]
caçadeira (f)	Gewehr (n)	[gəˈveːɐ]
pistola-metralhadora (f)	Maschinenpistole (f)	[maˈʃiːnənˌpɪsˌtoːlə]
metralhadora (f)	Maschinengewehr (n)	[maˈʃiːnənˌgəˌveːɐ]
boca (f)	Mündung (f)	[ˈmʏndʊŋ]
cano (m)	Lauf (m)	[laʊf]
calibre (m)	Kaliber (n)	[ˌkaˈliːbɐ]
gatilho (m)	Abzug (m)	[ˈapˌtsuːk]
mira (f)	Visier (n)	[viˈziːɐ]
carregador (m)	Magazin (n)	[magaˈtsiːn]
coronha (f)	Kolben (m)	[ˈkɔlbən]
granada (f) de mão	Handgranate (f)	[ˈhantˌgʁaˌnaːtə]
explosivo (m)	Sprengstoff (m)	[ˈʃpʁɛŋˌʃtɔf]
bala (f)	Kugel (f)	[ˈkuːgəl]
cartucho (m)	Patrone (f)	[paˈtʁoːnə]
carga (f)	Ladung (f)	[ˈlaːdʊŋ]
munições (f pl)	Munition (f)	[muniˈtsjoːn]
bombardeiro (m)	Bomber (m)	[ˈbɔmbɐ]
avião (m) de caça	Kampfflugzeug (n)	[ˈkampffluːkˌtsɔɪk]
helicóptero (m)	Hubschrauber (m)	[ˈhuːpʃʁaʊbɐ]
canhão (m) antiaéreo	Flugabwehrkanone (f)	[fluːkˈʔapveːɐkaˌnoːnə]
tanque (m)	Panzer (m)	[ˈpantsɐ]
canhão (de um tanque)	Panzerkanone (f)	[ˈpantsɐˌkaˈnoːnə]
artilharia (f)	Artillerie (f)	[ˈaʁtɪləʁiː]
canhão (m)	Haubitze (f), Kanone (f)	[haʊˈbɪtsə], [kaˈnoːnə]
fazer a pontaria	richten (vt)	[ˈʁɪçtən]
obus (m)	Geschoß (n)	[gəˈʃoːs]
granada (f) de morteiro	Wurfgranate (f)	[ˈvʊʁfˌgʁaˈnaːtə]
morteiro (m)	Granatwerfer (m)	[gʁaˈnaːtˌvɛʁfɐ]
estilhaço (m)	Splitter (m)	[ˈʃplɪtɐ]
submarino (m)	U-Boot (n)	[ˈuːboːt]
torpedo (m)	Torpedo (m)	[tɔʁˈpeːdo]
míssil (m)	Rakete (f)	[ʁaˈkeːtə]
carregar (uma arma)	laden (vt)	[ˈlaːdən]
atirar, disparar (vi)	schießen (vi)	[ˈʃiːsən]
apontar para ...	zielen auf ...	[ˈtsiːlən aʊf]
baioneta (f)	Bajonett (n)	[ˌbajoˈnɛt]
espada (f)	Degen (m)	[ˈdeːgən]
sabre (m)	Säbel (m)	[ˈzɛːbəl]

lança (f)	Speer (m)	[ʃpeːɐ]
arco (m)	Bogen (m)	['boːgən]
flecha (f)	Pfeil (m)	[pfaɪl]
mosquete (m)	Muskete (f)	[mʊs'keːtə]
besta (f)	Armbrust (f)	['aʁm‿bʁʊst]

187. Povos da antiguidade

primitivo	vorzeitlich	['foːɐ‿tsaɪtlɪç]
pré-histórico	prähistorisch	[ˌpʁɛhɪs'toːʁɪʃ]
antigo	alt	[alt]

Idade (f) da Pedra	Steinzeit (f)	['ʃtaɪn‿tsaɪt]
Idade (f) do Bronze	Bronzezeit (f)	['bʁɔŋsə‿tsaɪt]
período (m) glacial	Eiszeit (f)	['aɪs‿tsaɪt]

tribo (f)	Stamm (m)	[ʃtam]
canibal (m)	Kannibale (m)	[kani'baːlə]
caçador (m)	Jäger (m)	['jɛːgɐ]
caçar (vi)	jagen (vi)	['jagən]
mamute (m)	Mammut (n)	['mamʊt]

caverna (f)	Höhle (f)	['høːlə]
fogo (m)	Feuer (n)	['fɔɪɐ]
fogueira (f)	Lagerfeuer (n)	['laːgɐ‿fɔɪɐ]
pintura (f) rupestre	Höhlenmalerei (f)	['høːlən‿maːlə‿ʁaɪ]

ferramenta (f)	Werkzeug (n)	['vɛʁk‿tsɔɪk]
lança (f)	Speer (m)	[ʃpeːɐ]
machado (m) de pedra	Steinbeil (n), Steinaxt (f)	['ʃtaɪn‿baɪl], ['ʃtaɪn‿akst]

| guerrear (vt) | Krieg führen | [kʁiːk 'fyːʁən] |
| domesticar (vt) | domestizieren (vt) | [domɛsti'tsiːʁən] |

| ídolo (m) | Idol (n) | [i'doːl] |
| adorar, venerar (vt) | anbeten (vt) | ['an‿beːtən] |

| superstição (f) | Aberglaube (m) | ['aːbɐ‿glaʊbə] |
| ritual (m) | Ritus (m), Ritual (n) | ['ʁiːtʊs], [ʁi'tuaːl] |

| evolução (f) | Evolution (f) | [evolu'tsjoːn] |
| desenvolvimento (m) | Entwicklung (f) | [ɛnt'vɪklʊŋ] |

| desaparecimento (m) | Verschwinden (n) | [fɛɐ'ʃvɪndən] |
| adaptar-se (vr) | sich anpassen | [zɪç 'an‿pasən] |

arqueologia (f)	Archäologie (f)	[aʁçɛolo'giː]
arqueólogo (m)	Archäologe (m)	[aʁçɛo'loːgə]
arqueológico	archäologisch	[aʁçɛo'loːgɪʃ]

local (m) das escavações	Ausgrabungsstätte (f)	['aʊsgʁaːbʊŋs‿ʃtɛtə]
escavações (f pl)	Ausgrabungen (pl)	['aʊsgʁaːbʊŋən]
achado (m)	Fund (m)	[fʊnt]
fragmento (m)	Fragment (n)	[fʁa'gmɛnt]

188. Idade média

povo (m)	Volk (n)	[fɔlk]
povos (m pl)	Völker (pl)	['fœlkɐ]
tribo (f)	Stamm (m)	[ʃtam]
tribos (f pl)	Stämme (pl)	['ʃtɛmə]

bárbaros (m pl)	Barbaren (pl)	[baʁ'baːʁən]
gauleses (m pl)	Gallier (pl)	['galɪɐ]
godos (m pl)	Goten (pl)	['goːtən]
eslavos (m pl)	Slawen (pl)	['slaːvən]
víquingues (m pl)	Wikinger (pl)	['viːkɪŋɐ]

| romanos (m pl) | Römer (pl) | ['ʁøːmɐ] |
| romano | römisch | ['ʁøːmɪʃ] |

bizantinos (m pl)	Byzantiner (pl)	[bytsan'tiːnɐ]
Bizâncio	Byzanz (n)	[by'tsants]
bizantino	byzantinisch	[bytsan'tiːnɪʃ]

imperador (m)	Kaiser (m)	['kaɪzɐ]
líder (m)	Häuptling (m)	['hɔɪptlɪŋ]
poderoso	mächtig	['mɛçtɪç]
rei (m)	König (m)	['køːnɪç]
governante (m)	Herrscher (m)	['hɛʁʃɐ]

cavaleiro (m)	Ritter (m)	['ʁɪtɐ]
senhor feudal (m)	Feudalherr (m)	[fɔɪ'daːlˌhɛʁ]
feudal	feudal, Feudal-	[fɔɪ'daːl]
vassalo (m)	Vasall (m)	[va'zal]

duque (m)	Herzog (m)	['hɛʁtsoːk]
conde (m)	Graf (m)	[gʁaːf]
barão (m)	Baron (m)	[ba'ʁoːn]
bispo (m)	Bischof (m)	['bɪʃɔf]

armadura (f)	Rüstung (f)	['ʁʏstʊŋ]
escudo (m)	Schild (m)	[ʃɪlt]
espada (f)	Schwert (n)	[ʃveːɐt]
viseira (f)	Visier (n)	[vi'ziːɐ]
cota (f) de malha	Panzerhemd (n)	['pantsɐˌhɛmt]

| cruzada (f) | Kreuzzug (m) | ['kʁɔɪtsˌtsuːk] |
| cruzado (m) | Kreuzritter (m) | ['kʁɔɪtsˌʁɪtɐ] |

território (m)	Territorium (n)	[tɛʁi'toːʁiʊm]
atacar (vt)	einfallen (vt)	['aɪnˌfalən]
conquistar (vt)	erobern (vt)	[ɛɐ'ʔoːbən]
ocupar, invadir (vt)	besetzen (vt)	[bə'zɛtsən]

assédio, sítio (m)	Belagerung (f)	[bə'laːgəʁʊŋ]
sitiado	belagert	[bə'laːgɐt]
assediar, sitiar (vt)	belagern (vt)	[bə'laːgɐn]
inquisição (f)	Inquisition (f)	[ɪnkvizi'tsjoːn]
inquisidor (m)	Inquisitor (m)	[ɪnkvi'ziːtoːɐ]

tortura (f)	Folter (f)	['fɔltə]
cruel	grausam	['gʀaʊˌzaːm]
herege (m)	Häretiker (m)	[hɛ'ʀetikə]
heresia (f)	Häresie (f)	[hɛʀe'ziː]

navegação (f) marítima	Seefahrt (f)	['zeːˌfaːɐt]
pirata (m)	Seeräuber (m)	['zeːˌʀɔɪbə]
pirataria (f)	Seeräuberei (f)	['zeːˌʀɔɪbəʀaɪ]
abordagem (f)	Enterung (f)	['ɛntəʀʊŋ]
presa (f), butim (m)	Beute (f)	['bɔɪtə]
tesouros (m pl)	Schätze (pl)	['ʃɛtsə]

descobrimento (m)	Entdeckung (f)	[ɛnt'dɛkʊŋ]
descobrir (novas terras)	entdecken (vt)	[ɛnt'dɛkən]
expedição (f)	Expedition (f)	[ɛkspedi'tsjoːn]

mosqueteiro (m)	Musketier (m)	[mʊske'tiːɐ]
cardeal (m)	Kardinal (m)	[ˌkaʁdi'naːl]
heráldica (f)	Heraldik (f)	[he'ʀaldɪk]
heráldico	heraldisch	[he'ʀaldɪʃ]

189. Líder. Chefe. Autoridades

rei (m)	König (m)	['køːnɪç]
rainha (f)	Königin (f)	['køːnɪgɪn]
real	königlich	['køːnɪklɪç]
reino (m)	Königreich (n)	['køːnɪkˌʀaɪç]

| príncipe (m) | Prinz (m) | [pʀɪnts] |
| princesa (f) | Prinzessin (f) | [pʀɪn'tsɛsɪn] |

presidente (m)	Präsident (m)	[pʀɛzi'dɛnt]
vice-presidente (m)	Vizepräsident (m)	['fiːtsə·pʀɛziˌdɛnt]
senador (m)	Senator (m)	[ze'naːtoːɐ]

monarca (m)	Monarch (m)	[mo'naʁç]
governante (m)	Herrscher (m)	['hɛʁʃə]
ditador (m)	Diktator (m)	[dɪk'taːtoːɐ]
tirano (m)	Tyrann (m)	[ty'ʀan]
magnata (m)	Magnat (m)	[ma'gnaːt]

diretor (m)	Direktor (m)	[di'ʀɛktoːɐ]
chefe (m)	Chef (m)	[ʃɛf]
dirigente (m)	Leiter (m)	['laɪtə]
patrão (m)	Boss (m)	[bɔs]
dono (m)	Eigentümer (m)	['aɪgəntyːmɐ]

chefe (~ de delegação)	Leiter (m)	['laɪtə]
autoridades (f pl)	Behörden (pl)	[bə'høːɐdən]
superiores (m pl)	Vorgesetzten (pl)	['foːɐgəˌzɛtstən]

governador (m)	Gouverneur (m)	[guvɛʁ'nøːɐ]
cônsul (m)	Konsul (m)	['kɔnzʊl]
diplomata (m)	Diplomat (m)	[ˌdiplo'maːt]

| Presidente (m) da Câmara | Bürgermeister (m) | ['bʏʁgɐˌmaɪstɐ] |
| xerife (m) | Sheriff (m) | ['ʃɛrɪf] |

imperador (m)	Kaiser (m)	['kaɪzɐ]
czar (m)	Zar (m)	[tsaːɐ]
faraó (m)	Pharao (m)	['faːʁao]
cã (m)	Khan (m)	[kaːn]

190. Estrada. Caminho. Direções

| estrada (f) | Fahrbahn (f) | ['faːɐˌbaːn] |
| caminho (m) | Weg (m) | [veːk] |

rodovia (f)	Autobahn (f)	['aʊtoˌbaːn]
autoestrada (f)	Schnellstraße (f)	['ʃnɛlʃtʁaːsə]
estrada (f) nacional	Bundesstraße (f)	['bʊndəsʃtʁaːsə]

| estrada (f) principal | Hauptstraße (f) | ['haʊptʃtʁaːsə] |
| caminho (m) de terra batida | Feldweg (m) | ['fɛltˌveːk] |

| trilha (f) | Pfad (m) | [pfaːt] |
| vereda (f) | Fußweg (m) | ['fuːsˌveːk] |

Onde?	Wo?	[voː]
Para onde?	Wohin?	[vo'hɪn]
De onde?	Woher?	[vo'heːɐ]

| direção (f) | Richtung (f) | ['ʁɪçtʊŋ] |
| indicar (orientar) | zeigen (vt) | ['tsaɪgən] |

para esquerda	nach links	[naːχ lɪŋks]
para direita	nach rechts	[naːχ ʁɛçts]
em frente	geradeaus	[gəʁaːdə'ʔaʊs]
para trás	zurück	[tsu'ʁʏk]

curva (f)	Kurve (f)	['kʊʁvə]
virar (ex. ~ à direita)	abbiegen (vi)	['apˌbiːgən]
dar retorno	umkehren (vi)	['ʊmˌkeːʁən]

| estar visível | sichtbar sein | ['zɪçtbaːɐ zaɪn] |
| aparecer (vi) | erscheinen (vi) | [ˌɛɐ'ʃaɪnən] |

paragem (pausa)	Aufenthalt (m)	['aʊfʔɛnthalt]
descansar (vi)	sich erholen	[zɪç ɛɐ'hoːlən]
descanso (m)	Erholung (f)	[ɛɐ'hoːlʊŋ]

perder-se (vr)	sich verirren	[zɪç fɛɐ'ʔɪʁən]
conduzir (caminho)	führen (in ..., nach ...)	['fyːʁən]
chegar a ...	ankommen in ...	['anˌkɔmən in]
trecho (m)	Strecke (f)	['ʃtʁɛkə]

asfalto (m)	Asphalt (m)	[as'falt]
lancil (m)	Bordstein (m)	['bɔʁtʃtaɪn]
valeta (f)	Graben (m)	['gʁaːbən]

tampa (f) de esgoto	Gully (m, n)	['guli]
berma (f) da estrada	Straßenrand (m)	['ʃtʀaːsənˌʀant]
buraco (m)	Schlagloch (n)	['ʃlaːkˌlɔx]

ir (a pé)	gehen (vi)	['geːən]
ultrapassar (vt)	überholen (vt)	[ˌyːbɐ'hoːlən]

passo (m)	Schritt (m)	[ʃʀɪt]
a pé	zu Fuß	[tsu 'fuːs]

bloquear (vt)	blockieren (vt)	[blɔ'kiːʀən]
cancela (f)	Schlagbaum (m)	['ʃlaːkˌbaʊm]
beco (m) sem saída	Sackgasse (f)	['zakˌgasə]

191. Viloação da lei. Criminosos. Parte 1

bandido (m)	Bandit (m)	[ban'diːt]
crime (m)	Verbrechen (n)	[fɛɐ'bʀɛçən]
criminoso (m)	Verbrecher (m)	[fɛɐ'bʀɛçɐ]

ladrão (m)	Dieb (m)	[diːp]
roubar (vt)	stehlen (vt)	['ʃteːlən]
furto (m)	Diebstahl (m)	['diːpˌʃtaːl]
furto (m)	Stehlen (n)	['ʃteːlən]

raptar (ex. ~ uma criança)	kidnappen (vt)	['kɪtˌnɛpən]
rapto (m)	Kidnapping (n)	['kɪtˌnɛpɪŋ]
raptor (m)	Kidnapper (m)	['kɪtˌnɛpɐ]

resgate (m)	Lösegeld (n)	['løːzəˌgɛlt]
pedir resgate	Lösegeld verlangen	['løːzəˌgɛlt fɛɐ'laŋən]

roubar (vt)	rauben (vt)	['ʀaʊbən]
assalto, roubo (m)	Raub (m)	['ʀaʊp]
assaltante (m)	Räuber (m)	['ʀɔɪbɐ]

extorquir (vt)	erpressen (vt)	[ɛɐ'pʀɛsən]
extorsionário (m)	Erpresser (m)	[ɛɐ'pʀɛsɐ]
extorsão (f)	Erpressung (f)	[ɛɐ'pʀɛsʊŋ]

matar, assassinar (vt)	morden (vt)	['mɔʀdən]
homicídio (m)	Mord (m)	[mɔʀt]
homicida, assassino (m)	Mörder (m)	['mœʀdɐ]

tiro (m)	Schuss (m)	[ʃʊs]
dar um tiro	schießen (vt)	['ʃiːsən]
matar a tiro	erschießen (vt)	[ɛɐ'ʃiːsən]
atirar, disparar (vi)	feuern (vi)	['fɔɪɐn]
tiroteio (m)	Schießerei (f)	[ʃiːsə'ʀaɪ]

incidente (m)	Vorfall (m)	['foːɐfal]
briga (~ de rua)	Schlägerei (f)	[ʃlɛːgə'ʀaɪ]
Socorro!	Hilfe!	['hɪlfə]
vítima (f)	Opfer (n)	['ɔpfɐ]

danificar (vt)	beschädigen (vt)	[bə'ʃɛ:dɪgən]
dano (m)	Schaden (m)	['ʃa:dən]
cadáver (m)	Leiche (f)	['laɪçə]
grave	schwer	[ʃve:ɐ]

atacar (vt)	angreifen (vt)	['anˌgʀaɪfən]
bater (espancar)	schlagen (vt)	['ʃla:gən]
espancar (vt)	verprügeln (vt)	[fɛɐ'pʀy:gəln]
tirar, roubar (dinheiro)	wegnehmen (vt)	['vɛkˌne:mən]
esfaquear (vt)	erstechen (vt)	[ɛɐ'ʃtɛçən]
mutilar (vt)	verstümmeln (vt)	[fɛɐ'ʃtʏməln]
ferir (vt)	verwunden (vt)	[fɛɐ'vʊndən]

chantagem (f)	Erpressung (f)	[ɛɐ'pʀɛsʊŋ]
chantagear (vt)	erpressen (vt)	[ɛɐ'pʀɛsən]
chantagista (m)	Erpresser (m)	[ɛɐ'pʀɛsɐ]

extorsão (em troca de proteção)	Schutzgelderpressung (f)	['ʃʊtsgɛlt?ɛɐˌpʀɛsʊŋ]
extorsionário (m)	Erpresser (m)	[ɛɐ'pʀɛsɐ]
gângster (m)	Gangster (m)	['gɛŋstɐ]
máfia (f)	Mafia (f)	['mafɪa]

carteirista (m)	Taschendieb (m)	['taʃənˌdi:p]
assaltante, ladrão (m)	Einbrecher (m)	['aɪnˌbʀɛçɐ]
contrabando (m)	Schmuggel (m)	['ʃmʊgəl]
contrabandista (m)	Schmuggler (m)	['ʃmʊglɐ]

falsificação (f)	Fälschung (f)	['fɛlʃʊŋ]
falsificar (vt)	fälschen (vt)	['fɛlʃən]
falsificado	gefälscht	[gə'fɛlʃt]

192. Viloação da lei. Criminosos. Parte 2

violação (f)	Vergewaltigung (f)	[fɛɐgə'valtɪgʊŋ]
violar (vt)	vergewaltigen (vt)	[fɛɐgə'valtɪgən]
violador (m)	Gewalttäter (m)	[gə'valtˌtɛ:tɐ]
maníaco (m)	Besessene (m)	[bə'zɛsənə]

prostituta (f)	Prostituierte (f)	[ˌpʀostitu'i:ɐtə]
prostituição (f)	Prostitution (f)	[pʀostitu'tsjo:n]
chulo (m)	Zuhälter (m)	['tsu:ˌhɛltɐ]

toxicodependente (m)	Drogenabhängiger (m)	['dʀo:gənˌ?aphɛŋɪgɐ]
traficante (m)	Drogenhändler (m)	['dʀo:gənˌhɛndlɐ]

explodir (vt)	sprengen (vt)	['ʃpʀɛŋən]
explosão (f)	Explosion (f)	[ɛksplo'zjo:n]
incendiar (vt)	in Brand stecken	[ɪn bʀant 'ʃtɛkən]
incendiário (m)	Brandstifter (m)	['bʀantʃtɪftɐ]

terrorismo (m)	Terrorismus (m)	[tɛʀo'ʀɪsmʊs]
terrorista (m)	Terrorist (m)	[tɛʀo'ʀɪst]
refém (m)	Geisel (m, f)	['gaɪzəl]

enganar (vt)	betrügen (vt)	[bə'tʀy:gən]
engano (m)	Betrug (m)	[bə'tʀu:k]
vigarista (m)	Betrüger (m)	[bə'tʀy:gɐ]

subornar (vt)	bestechen (vt)	[bə'ʃtɛçən]
suborno (atividade)	Bestechlichkeit (f)	[bə'ʃtɛçlɪçkaɪt]
suborno (dinheiro)	Bestechungsgeld (n)	[bə'ʃtɛçʊŋsˌgɛlt]

veneno (m)	Gift (n)	[gɪft]
envenenar (vt)	vergiften (vt)	[fɛɐ'gɪftən]
envenenar-se (vr)	sich vergiften	[zɪç fɛɐ'gɪftən]

| suicídio (m) | Selbstmord (m) | ['zɛlpstˌmɔʁt] |
| suicida (m) | Selbstmörder (m) | ['zɛlpstˌmœʁdɐ] |

ameaçar (vt)	drohen (vi)	['dʀo:ən]
ameaça (f)	Drohung (f)	['dʀo:ʊŋ]
atentar contra a vida de ...	versuchen (vt)	[fɛɐ'zu:χən]
atentado (m)	Attentat (n)	['atənta:t]

| roubar (o carro) | stehlen (vt) | ['ʃte:lən] |
| desviar (o avião) | entführen (vt) | [ɛnt'fy:ʀən] |

| vingança (f) | Rache (f) | ['ʀaχə] |
| vingar (vt) | sich rächen | [zɪç 'ʀɛçən] |

torturar (vt)	foltern (vt)	['fɔltɐn]
tortura (f)	Folter (f)	['fɔltɐ]
atormentar (vt)	quälen (vt)	['kvɛ:lən]

pirata (m)	Seeräuber (m)	['ze:ˌʀɔɪbɐ]
desordeiro (m)	Rowdy (m)	['ʀaʊdi]
armado	bewaffnet	[bə'vafnət]
violência (f)	Gewalt (f)	[gə'valt]
ilegal	ungesetzlich	['ʊngəˌzɛtslɪç]

| espionagem (f) | Spionage (f) | [ʃpio'na:ʒə] |
| espionar (vi) | spionieren (vi) | [ʃpɪo'ni:ʀən] |

193. Polícia. Lei. Parte 1

| justiça (f) | Justiz (f) | [jʊs'ti:ts] |
| tribunal (m) | Gericht (n) | [gə'ʀɪçt] |

juiz (m)	Richter (m)	['ʀɪçtɐ]
jurados (m pl)	Geschworenen (pl)	[gə'ʃvo:ʀənən]
tribunal (m) do júri	Geschworenengericht (n)	[gə'ʃvo:ʀənən·gəˌʀɪçt]
julgar (vt)	richten (vt)	['ʀɪçtən]

advogado (m)	Rechtsanwalt (m)	['ʀɛçts?anˌvalt]
réu (m)	Angeklagte (m)	['angəˌkla:ktə]
banco (m) dos réus	Anklagebank (f)	['ankla:gə·baŋk]
acusação (f)	Anklage (f)	['ankla:gə]
acusado (m)	Beschuldigte (m)	[bə'ʃuldɪçtə]

| sentença (f) | Urteil (n) | ['ʊʁˌtaɪl] |
| sentenciar (vt) | verurteilen (vt) | [fɛɐ'ʔʊʁtaɪlən] |

culpado (m)	Schuldige (m)	['ʃʊldɪgə]
punir (vt)	bestrafen (vt)	[bə'ʃtʁa:fən]
punição (f)	Strafe (f)	['ʃtʁa:fə]

multa (f)	Geldstrafe (f)	['gɛltˌʃtʁa:fə]
prisão (f) perpétua	lebenslange Haft (f)	['le:bənsˌlaŋə haft]
pena (f) de morte	Todesstrafe (f)	['to:dəsˌʃtʁa:fə]
cadeira (f) elétrica	elektrischer Stuhl (m)	[e'lɛktʁɪʃə ʃtu:l]
forca (f)	Galgen (m)	[galgən]

| executar (vt) | hinrichten (vt) | ['hɪnˌʁɪçtən] |
| execução (f) | Hinrichtung (f) | ['hɪnˌʁɪçtʊŋ] |

| prisão (f) | Gefängnis (n) | [gə'fɛŋnɪs] |
| cela (f) de prisão | Zelle (f) | ['tsɛlə] |

escolta (f)	Eskorte (f)	[ɛs'kɔʁtə]
guarda (m) prisional	Gefängniswärter (m)	[gə'fɛŋnɪs·vɛʁtə]
preso (m)	Gefangene (m)	[gə'faŋənə]

| algemas (f pl) | Handschellen (pl) | ['hantˌʃɛlən] |
| algemar (vt) | Handschellen anlegen | ['hantˌʃɛlən 'anˌle:gən] |

fuga, evasão (f)	Ausbruch (m)	['aʊsˌbʁʊχ]
fugir (vi)	ausbrechen (vi)	['aʊsˌbʁɛçən]
desaparecer (vi)	verschwinden (vi)	[fɛɐ'ʃvɪndən]
soltar, libertar (vt)	aus ... entlassen	['aʊs ... ɛnt'lasn]
amnistia (f)	Amnestie (f)	[amnɛs'ti:]

polícia (instituição)	Polizei (f)	[ˌpoli'tsaɪ]
polícia (m)	Polizist (m)	[poli'tsɪst]
esquadra (f) de polícia	Polizeiwache (f)	[poli'tsaɪˌvaχə]
cassetete (m)	Gummiknüppel (m)	['gʊmiˌknʏpəl]
megafone (m)	Sprachrohr (n)	['ʃpʁa:χˌʁo:ɐ]

carro (m) de patrulha	Streifenwagen (m)	['ʃtʁaɪfənˌva:gən]
sirene (f)	Sirene (f)	[ˌzi'ʁe:nə]
ligar a sirene	die Sirene einschalten	[di ˌzi'ʁe:nə 'aɪnˌʃaltən]
toque (m) da sirene	Sirenengeheul (n)	[zi'ʁe:nən·gə'hɔɪl]

cena (f) do crime	Tatort (m)	['ta:tˌʔoʁt]
testemunha (f)	Zeuge (m)	['tsɔɪgə]
liberdade (f)	Freiheit (f)	['fʁaɪhaɪt]
cúmplice (m)	Komplize (m)	[kɔm'pli:tsə]
escapar (vi)	verschwinden (vi)	[fɛɐ'ʃvɪndən]
traço (não deixar ~s)	Spur (f)	[ʃpu:ɐ]

194. Polícia. Lei. Parte 2

| procura (f) | Fahndung (f) | ['fa:ndʊŋ] |
| procurar (vt) | suchen (vt) | ['zu:χən] |

suspeita (f)	Verdacht (m)	[fɛɐ'daxt]
suspeito	verdächtig	[fɛɐ'dɛçtɪç]
parar (vt)	anhalten (vt)	['an‚haltən]
deter (vt)	verhaften (vt)	[fɛɐ'haftən]

caso (criminal)	Fall (m), Klage (f)	[fa:l], ['kla:gə]
investigação (f)	Untersuchung (f)	[ʊntɐ'zu:xʊŋ]
detetive (m)	Detektiv (m)	[detɛk'ti:f]
investigador (m)	Ermittlungsrichter (m)	[ɛɐ'mɪtlʊŋs‚RIçtə]
versão (f)	Version (f)	[vɛɐ'zjo:n]

motivo (m)	Motiv (n)	[mo'ti:f]
interrogatório (m)	Verhör (n)	[fɛɐ'hø:ɐ]
interrogar (vt)	verhören (vt)	[fɛɐ'hø:Rən]
questionar (vt)	vernehmen (vt)	[fɛɐ'ne:mən]
verificação (f)	Kontrolle, Prüfung (f)	[kɔn'tRɔlə], ['pRy:fʊŋ]

batida (f) policial	Razzia (f)	['Ratsɪa]
busca (f)	Durchsuchung (f)	[dʊɐç'zu:xʊŋ]
perseguição (f)	Verfolgung (f)	[fɛɐ'fɔlgʊŋ]
perseguir (vt)	nachjagen (vi)	['na:x‚ja:gən]
seguir (vt)	verfolgen (vt)	[fɛɐ'fɔlgən]

prisão (f)	Verhaftung (f)	[fɛɐ'haftʊŋ]
prender (vt)	verhaften (vt)	[fɛɐ'haftən]
pegar, capturar (vt)	fangen (vt)	['faŋən]
captura (f)	Festnahme (f)	['fɛst‚na:mə]

documento (m)	Dokument (n)	[‚doku'mɛnt]
prova (f)	Beweis (m)	[bə'vaɪs]
provar (vt)	beweisen (vt)	[bə'vaɪzən]
pegada (f)	Fußspur (f)	['fu:s‚ʃpu:ɐ]
impressões (f pl) digitais	Fingerabdrücke (pl)	['fɪŋɐ‚ʔapdRʏkə]
prova (f)	Beweisstück (n)	[bə'vaɪsʃtʏk]

álibi (m)	Alibi (n)	['a:libi]
inocente	unschuldig	['ʊnʃʊldɪç]
injustiça (f)	Ungerechtigkeit (f)	['ʊngə‚Rɛçtɪçkaɪt]
injusto	ungerecht	['ʊngə‚Rɛçt]

criminal	Kriminal-	[kRimi'na:l]
confiscar (vt)	beschlagnahmen (vt)	[bə'ʃla:k‚na:mən]
droga (f)	Droge (f)	['dRo:gə]
arma (f)	Waffe (f)	['vafə]
desarmar (vt)	entwaffnen (vt)	[ɛnt'vafnən]
ordenar (vt)	befehlen (vt)	[‚bə'fe:lən]
desaparecer (vi)	verschwinden (vi)	[fɛɐ'ʃvɪndən]

lei (f)	Gesetz (n)	[gə'zɛts]
legal	gesetzlich	[gə'zɛtslɪç]
ilegal	ungesetzlich	['ʊngə‚zɛtslɪç]

| responsabilidade (f) | Verantwortlichkeit (f) | [fɛɐ'ʔantvɔɐtlɪçkaɪt] |
| responsável | verantwortlich | [fɛɐ'ʔantvɔɐtlɪç] |

NATUREZA

A Terra. Parte 1

195. Espaço sideral

cosmos (m)	Kosmos (m)	['kɔsmɔs]
cósmico	kosmisch, Raum-	['kɔsmɪʃ], ['ʁaʊm]
espaço (m) cósmico	Weltraum (m)	['vɛltʁaʊm]
mundo (m)	All (n)	[al]
universo (m)	Universum (n)	[uni'vɛʁzʊm]
galáxia (f)	Galaxie (f)	[gala'ksi:]
estrela (f)	Stern (m)	[ʃtɛʁn]
constelação (f)	Gestirn (n)	[gə'ʃtɪʁn]
planeta (m)	Planet (m)	[pla'ne:t]
satélite (m)	Satellit (m)	[zatɛ'li:t]
meteorito (m)	Meteorit (m)	[meteo'ʁi:t]
cometa (m)	Komet (m)	[ko'me:t]
asteroide (m)	Asteroid (m)	[asteʁo'i:t]
órbita (f)	Umlaufbahn (f)	['ʊmlaʊf,ba:n]
girar (vi)	sich drehen	[zɪç 'dʁe:ən]
atmosfera (f)	Atmosphäre (f)	[ʔatmo'sfɛ:ʁə]
Sol (m)	Sonne (f)	['zɔnə]
Sistema (m) Solar	Sonnensystem (n)	['zɔnən·zʏs,te:m]
eclipse (m) solar	Sonnenfinsternis (f)	['zɔnən,fɪnstɛnɪs]
Terra (f)	Erde (f)	['e:ɐdə]
Lua (f)	Mond (m)	[mo:nt]
Marte (m)	Mars (m)	[maʁs]
Vénus (f)	Venus (f)	['ve:nʊs]
Júpiter (m)	Jupiter (m)	['ju:pitɐ]
Saturno (m)	Saturn (m)	[za'tuʁn]
Mercúrio (m)	Merkur (m)	[mɛʁ'ku:ɐ]
Urano (m)	Uran (m)	[u'ʁa:n]
Neptuno (m)	Neptun (m)	[nɛp'tu:n]
Plutão (m)	Pluto (m)	['plu:to]
Via Láctea (f)	Milchstraße (f)	['mɪlçʃtʁa:sə]
Ursa Maior (f)	Der Große Bär	[de:ɐ 'gʁo:sə bɛ:ɐ]
Estrela Polar (f)	Polarstern (m)	[po'la:ɐʃtɛʁn]
marciano (m)	Marsbewohner (m)	['maʁs·bə,vo:nɐ]
extraterrestre (m)	Außerirdischer (m)	['aʊsɐ,ʔɪʁdɪʃɐ]

alienígena (m)	außerirdisches Wesen (n)	['ausɐ̯ʔɪʀdɪʃəs 've:zən]
disco (m) voador	fliegende Untertasse (f)	['fli:gəndə 'ʊntɐ̯ˌtasə]

nave (f) espacial	Raumschiff (n)	['ʀaʊmˌʃɪf]
estação (f) orbital	Raumstation (f)	['ʀaʊmˌʃtatsjo:n]
lançamento (m)	Raketenstart (m)	[ʀa'ke:tənˌʃtaʁt]

motor (m)	Triebwerk (n)	['tʀi:pˌvɛʁk]
bocal (m)	Düse (f)	['dy:zə]
combustível (m)	Treibstoff (m)	['tʀaɪpˌʃtɔf]

cabine (f)	Kabine (f)	[ka'bi:nə]
antena (f)	Antenne (f)	[an'tɛnə]
vigia (f)	Bullauge (n)	['bʊlˌʔaʊgə]
bateria (f) solar	Sonnenbatterie (f)	['zɔnənˌbatə'ʀi:]
traje (m) espacial	Raumanzug (m)	['ʀaʊmˌʔantsu:k]

imponderabilidade (f)	Schwerelosigkeit (f)	['ʃve:ʀəˌlo:zɪçkaɪt]
oxigénio (m)	Sauerstoff (m)	['zaʊɐ̯ˌʃtɔf]

acoplagem (f)	Ankopplung (f)	['ankɔplʊŋ]
fazer uma acoplagem	koppeln (vi)	['kɔpəln]

observatório (m)	Observatorium (n)	[ɔpzɛʀva'to:ʀiʊm]
telescópio (m)	Teleskop (n)	[tele'sko:p]
observar (vt)	beobachten (vt)	[bə'ʔo:baxtən]
explorar (vt)	erforschen (vt)	[ɛɐ̯'fɔʁʃən]

196. A Terra

Terra (f)	Erde (f)	['e:ɐ̯də]
globo terrestre (Terra)	Erdkugel (f)	['e:ɐ̯t·ku:gəl]
planeta (m)	Planet (m)	[pla'ne:t]

atmosfera (f)	Atmosphäre (f)	[ʔatmo'sfɛ:ʀə]
geografia (f)	Geographie (f)	[ˌgeogʀa'fi:]
natureza (f)	Natur (f)	[na'tu:ɐ̯]

globo (mapa esférico)	Globus (m)	['glo:bʊs]
mapa (m)	Landkarte (f)	['lantˌkaʁtə]
atlas (m)	Atlas (m)	['atlas]

Europa (f)	Europa (n)	[ɔɪ'ʀo:pa]
Ásia (f)	Asien (n)	['a:ziən]

África (f)	Afrika (n)	['a:fʀika]
Austrália (f)	Australien (n)	[aʊs'tʀa:lɪən]

América (f)	Amerika (n)	[a'me:ʀika]
América (f) do Norte	Nordamerika (n)	['nɔʁtʔaˌme:ʀika]
América (f) do Sul	Südamerika (n)	['zy:tʔa'me:ʀika]

Antártida (f)	Antarktis (f)	[ant'ʔaʁktɪs]
Ártico (m)	Arktis (f)	['aʁktɪs]

197. Pontos cardeais

norte (m)	Norden (m)	['nɔʁdən]
para norte	nach Norden	[naːχ 'nɔʁdən]
no norte	im Norden	[ɪm 'nɔʁdən]
do norte	nördlich	['nœʁtlɪç]
sul (m)	Süden (m)	['zyːdən]
para sul	nach Süden	[naːχ 'zyːdən]
no sul	im Süden	[ɪm 'zyːdən]
do sul	südlich	['zyːtlɪç]
oeste, ocidente (m)	Westen (m)	['vɛstən]
para oeste	nach Westen	[naːχ 'vɛstən]
no oeste	im Westen	[ɪm 'vɛstən]
ocidental	westlich, West-	['vɛstlɪç], [vɛst]
leste, oriente (m)	Osten (m)	['ɔstən]
para leste	nach Osten	[naːχ 'ɔstən]
no leste	im Osten	[ɪm 'ɔstən]
oriental	östlich	['œstlɪç]

198. Mar. Oceano

mar (m)	Meer (n), See (f)	[meːɐ], [zeː]
oceano (m)	Ozean (m)	['oːtseaːn]
golfo (m)	Golf (m)	[gɔlf]
estreito (m)	Meerenge (f)	['meːɐ͜ʔɛŋə]
terra (f) firme	Festland (n)	['fɛstˌlant]
continente (m)	Kontinent (m)	['kɔntinɛnt]
ilha (f)	Insel (f)	['ɪnzəl]
península (f)	Halbinsel (f)	['halpˌʔɪnzəl]
arquipélago (m)	Archipel (m)	[ˌaʁçiˈpeːl]
baía (f)	Bucht (f)	[buχt]
porto (m)	Hafen (m)	['haːfən]
lagoa (f)	Lagune (f)	[laˈguːnə]
cabo (m)	Kap (n)	[kap]
atol (m)	Atoll (n)	[aˈtɔl]
recife (m)	Riff (n)	[ʀɪf]
coral (m)	Koralle (f)	[koˈʀalə]
recife (m) de coral	Korallenriff (n)	[koˈʀalənˌʀɪf]
profundo	tief	[tiːf]
profundidade (f)	Tiefe (f)	['tiːfə]
abismo (m)	Abgrund (m)	['apˌgʀʊnt]
fossa (f) oceânica	Graben (m)	['gʀaːbən]
corrente (f)	Strom (m)	[ʃtʀoːm]
banhar (vt)	umspülen (vt)	['ʊmʃpyːlən]
litoral (m)	Ufer (n)	['uːfɐ]

costa (f)	Küste (f)	['kʏstə]
maré (f) alta	Flut (f)	[fluːt]
refluxo (m), maré (f) baixa	Ebbe (f)	['ɛbə]
restinga (f)	Sandbank (f)	['zant‚baŋk]
fundo (m)	Boden (m)	['boːdən]

onda (f)	Welle (f)	['vɛlə]
crista (f) da onda	Wellenkamm (m)	['vɛlən‚kam]
espuma (f)	Schaum (m)	[ʃaʊm]

tempestade (f)	Sturm (m)	[ʃtʊʁm]
furacão (m)	Orkan (m)	[ɔʁ'kaːn]
tsunami (m)	Tsunami (m)	[tsu'naːmi]
calmaria (f)	Windstille (f)	['vɪntʃtɪlə]
calmo	ruhig	['ʁuːɪç]

polo (m)	Pol (m)	[poːl]
polar	Polar-	[po'laːɐ]

latitude (f)	Breite (f)	['bʁaɪtə]
longitude (f)	Länge (f)	['lɛŋə]
paralela (f)	Breitenkreis (m)	['bʁaɪtəən·kʁaɪs]
equador (m)	Äquator (m)	[ɛ'kvaːtoːɐ]

céu (m)	Himmel (m)	['hɪməl]
horizonte (m)	Horizont (m)	[hoʁi'tsɔnt]
ar (m)	Luft (f)	[lʊft]

farol (m)	Leuchtturm (m)	['lɔɪçt‚tʊʁm]
mergulhar (vi)	tauchen (vi)	['taʊxən]
afundar-se (vr)	versinken (vi)	[fɛɐ'zɪŋkən]
tesouros (m pl)	Schätze (pl)	['ʃɛtsə]

199. Nomes de Mares e Oceanos

Oceano (m) Atlântico	Atlantischer Ozean (m)	[at‚lantɪʃɐ 'oːtseaːn]
Oceano (m) Índico	Indischer Ozean (m)	['ɪndɪʃɐ 'oːtseaːn]
Oceano (m) Pacífico	Pazifischer Ozean (m)	[pa'tsiːfɪʃɐ 'oːtseaːn]
Oceano (m) Ártico	Arktischer Ozean (m)	['aʁktɪʃɐ 'oːtseaːn]

Mar (m) Negro	Schwarzes Meer (n)	['ʃvaʁtsəs 'meːɐ]
Mar (m) Vermelho	Rotes Meer (n)	['ʁoːtəs 'meːɐ]
Mar (m) Amarelo	Gelbes Meer (n)	['gɛlbəs 'meːɐ]
Mar (m) Branco	Weißes Meer (n)	[vaɪsəs 'meːɐ]

Mar (m) Cáspio	Kaspisches Meer (n)	['kaspɪʃəs meːɐ]
Mar (m) Morto	Totes Meer (n)	['toːtəs meːɐ]
Mar (m) Mediterrâneo	Mittelmeer (n)	['mɪtəl‚meːɐ]

Mar (m) Egeu	Ägäisches Meer (n)	[ɛ'gɛːɪʃəs 'meːɐ]
Mar (m) Adriático	Adriatisches Meer (n)	[adʁi'aːtɪʃəs 'meːɐ]

Mar (m) Arábico	Arabisches Meer (n)	[a'ʁaːbɪʃəs 'meːɐ]
Mar (m) do Japão	Japanisches Meer (n)	[ja'paːnɪʃəs meːɐ]

Mar (m) de Bering	Beringmeer (n)	['be:ʀɪŋ,me:ɐ]
Mar (m) da China Meridional	Südchinesisches Meer (n)	['zy:t·çi'ne:zɪʃəs me:ɐ]
Mar (m) de Coral	Korallenmeer (n)	[ko'ʀalən,me:ɐ]
Mar (m) de Tasman	Tasmansee (f)	[tas'ma:n·ze:]
Mar (m) do Caribe	Karibisches Meer (n)	[ka'ʀi:bɪʃəs 'me:ɐ]
Mar (m) de Barents	Barentssee (f)	['ba:ʀənts·ze:]
Mar (m) de Kara	Karasee (f)	['kaʀa,ze:]
Mar (m) do Norte	Nordsee (f)	['nɔʁt,ze:]
Mar (m) Báltico	Ostsee (f)	['ɔstze:]
Mar (m) da Noruega	Nordmeer (n)	['nɔʁt,me:ɐ]

200. Montanhas

montanha (f)	Berg (m)	[bɛʁk]
cordilheira (f)	Gebirgskette (f)	[gə'bɪʁks,kɛtə]
serra (f)	Bergrücken (m)	['bɛʁk,ʀʏkən]
cume (m)	Gipfel (m)	['gɪpfəl]
pico (m)	Spitze (f)	['ʃpɪtsə]
sopé (m)	Bergfuß (m)	['bɛʁk,fu:s]
declive (m)	Abhang (m)	['ap,haŋ]
vulcão (m)	Vulkan (m)	[vʊl'ka:n]
vulcão (m) ativo	tätiger Vulkan (m)	['tɛ:tɪgɐ vʊl'ka:n]
vulcão (m) extinto	schlafender Vulkan (m)	['ʃla:fəndɐ vʊl'ka:n]
erupção (f)	Ausbruch (m)	['aʊs,bʀʊχ]
cratera (f)	Krater (m)	['kʀa:tɐ]
magma (m)	Magma (n)	['magma]
lava (f)	Lava (f)	['la:va]
fundido (lava ~a)	glühend heiß	['gly:ənt 'haɪs]
desfiladeiro (m)	Cañon (m)	[ka'njɔn]
garganta (f)	Schlucht (f)	[ʃlʊχt]
fenda (f)	Spalte (f)	['ʃpaltə]
precipício (m)	Abgrund (m)	['ap,gʀʊnt]
passo, colo (m)	Gebirgspass (m)	[gə'bɪʁks,pas]
planalto (m)	Plateau (n)	[pla'to:]
falésia (f)	Fels (m)	[fɛls]
colina (f)	Hügel (m)	['hy:gəl]
glaciar (m)	Gletscher (m)	['glɛtʃɐ]
queda (f) d'água	Wasserfall (m)	['vasɐ,fal]
géiser (m)	Geiser (m)	['gaɪzɐ]
lago (m)	See (m)	[ze:]
planície (f)	Ebene (f)	['e:bənə]
paisagem (f)	Landschaft (f)	['lantʃaft]
eco (m)	Echo (n)	['ɛço]
alpinista (m)	Bergsteiger (m)	['bɛʁk,ʃtaɪgɐ]

escalador (m)	Kletterer (m)	['klɛtəʁɐ]
conquistar (vt)	bezwingen (vt)	[bə'tsvɪŋən]
subida, escalada (f)	Aufstieg (m)	['aʊfʃtiːk]

201. Nomes de montanhas

Alpes (m pl)	Alpen (pl)	['alpən]
monte Branco (m)	Montblanc (m)	[mɔŋ'blaŋ]
Pirineus (m pl)	Pyrenäen (pl)	[pyʁe'nɛːən]

Cárpatos (m pl)	Karpaten (pl)	[kaʁ'paːtən]
montes (m pl) Urais	Ural (m), Uralgebirge (n)	[u'ʁaːl], [u'ʁaːl·gə'bɪʁgə]
Cáucaso (m)	Kaukasus (m)	['kaʊkazʊs]
Elbrus (m)	Elbrus (m)	[ɛl'bʁʊs]

Altai (m)	Altai (m)	[al'taɪ]
Tian Shan (m)	Tian Shan (m)	['tjaːn 'ʃaːn]
Pamir (m)	Pamir (m)	[pa'miːɐ]
Himalaias (m pl)	Himalaja (m)	[hima'laːja]
monte (m) Everest	Everest (m)	['ɛvəʁɛst]

Cordilheira (f) dos Andes	Anden (pl)	['andən]
Kilimanjaro (m)	Kilimandscharo (m)	[kiliman'dʒaːʁo]

202. Rios

rio (m)	Fluss (m)	[flʊs]
fonte, nascente (f)	Quelle (f)	['kvɛlə]
leito (m) do rio	Flussbett (n)	['flʊs‚bɛt]
bacia (f)	Stromgebiet (n)	['ʃtʁoːm·gə'biːt]
desaguar no ...	einmünden in ...	['aɪn‚mʏndən ɪn]

afluente (m)	Nebenfluss (m)	['neːbən‚flʊs]
margem (do rio)	Ufer (n)	['uːfɐ]

corrente (f)	Strom (m)	[ʃtʁoːm]
rio abaixo	stromabwärts	['ʃtʁoːm‚apvɛʁts]
rio acima	stromaufwärts	['ʃtʁoːm‚aʊfvɛʁts]

inundação (f)	Überschwemmung (f)	[y:bɐ'ʃvɛmʊŋ]
cheia (f)	Hochwasser (n)	['hoːχ‚vasɐ]
transbordar (vi)	aus den Ufern treten	['aʊs den 'uːfɐn 'tʁeːtən]
inundar (vt)	überfluten (vt)	[‚y:bɐ'fluːtən]

banco (m) de areia	Sandbank (f)	['zant‚baŋk]
rápidos (m pl)	Stromschnelle (f)	['ʃtʁoːm‚ʃnɛlə]

barragem (f)	Damm (m)	[dam]
canal (m)	Kanal (m)	[ka'naːl]
reservatório (m) de água	Stausee (m)	['ʃtaʊze:]
eclusa (f)	Schleuse (f)	['ʃlɔɪzə]
corpo (m) de água	Gewässer (n)	[gə'vɛsɐ]

pântano (m)	Sumpf (m), Moor (n)	[zʊmpf], [moːɐ]
tremedal (m)	Marsch (f)	[maʁʃ]
remoinho (m)	Strudel (m)	[ˈʃtʀuːdəl]

arroio, regato (m)	Bach (m)	[baχ]
potável	Trink-	[ˈtʀɪŋk]
doce (água)	Süß-	[zyːs]

| gelo (m) | Eis (n) | [aɪs] |
| congelar-se (vr) | zufrieren (vi) | [ˈtsuːˌfʀiːʀən] |

203. Nomes de rios

| rio Sena (m) | Seine (f) | [ˈzɛːnə] |
| rio Loire (m) | Loire (f) | [luˈaːʀ] |

rio Tamisa (m)	Themse (f)	[ˈtɛmzə]
rio Reno (m)	Rhein (m)	[ʀaɪn]
rio Danúbio (m)	Donau (f)	[ˈdoːnaʊ]

rio Volga (m)	Wolga (f)	[ˈvoːlga]
rio Don (m)	Don (m)	[dɔn]
rio Lena (m)	Lena (f)	[ˈleːna]

rio Amarelo (m)	Gelber Fluss (m)	[ˈgɛlbɐ ˈflʊs]
rio Yangtzé (m)	Jangtse (m)	[ˈjangtsɛ]
rio Mekong (m)	Mekong (m)	[ˈmeːkɔŋ]
rio Ganges (m)	Ganges (m)	[ˈgaŋgɛs], [ˈgaŋəs]

rio Nilo (m)	Nil (m)	[niːl]
rio Congo (m)	Kongo (m)	[ˈkɔŋgo]
rio Cubango (m)	Okavango (m)	[ɔkaˈvango]
rio Zambeze (m)	Sambesi (m)	[zamˈbeːzi]
rio Limpopo (m)	Limpopo (m)	[limpɔˈpo]
rio Mississípi (m)	Mississippi (m)	[mɪsɪˈsɪpi]

204. Floresta

| floresta (f), bosque (m) | Wald (m) | [valt] |
| florestal | Wald- | [ˈvalt] |

mata (f) cerrada	Dickicht (n)	[ˈdɪkɪçt]
arvoredo (m)	Gehölz (n)	[gəˈhœlts]
clareira (f)	Lichtung (f)	[ˈlɪçtʊŋ]

| matagal (m) | Dickicht (n) | [ˈdɪkɪçt] |
| mato (m) | Gebüsch (n) | [gəˈbyʃ] |

vereda (f)	Fußweg (m)	[ˈfuːsˌveːk]
ravina (f)	Erosionsrinne (f)	[eʀoˈzɪoːnsˈʀɪnə]
árvore (f)	Baum (m)	[baʊm]
folha (f)	Blatt (n)	[blat]

folhagem (f)	Laub (n)	[laʊp]
queda (f) das folhas	Laubfall (m)	['laʊpˌfal]
cair (vi)	fallen (vi)	['falən]
topo (m)	Wipfel (m)	['vɪpfəl]

ramo (m)	Zweig (m)	[tsvaɪk]
galho (m)	Ast (m)	[ast]
botão, rebento (m)	Knospe (f)	['knɔspə]
agulha (f)	Nadel (f)	['naːdəl]
pinha (f)	Zapfen (m)	['tsapfən]

buraco (m) de árvore	Höhlung (f)	['høːˌlʊŋ]
ninho (m)	Nest (n)	[nɛst]
toca (f)	Höhle (f)	['høːlə]

tronco (m)	Stamm (m)	[ʃtam]
raiz (f)	Wurzel (f)	['vʊʁtsəl]
casca (f) de árvore	Rinde (f)	['ʁɪndə]
musgo (m)	Moos (n)	['moːs]

arrancar pela raiz	entwurzeln (vt)	[ɛnt'vʊʁtsəln]
cortar (vt)	fällen (vt)	['fɛlən]
desflorestar (vt)	abholzen (vt)	['apˌhɔltsən]
toco, cepo (m)	Baumstumpf (m)	['baʊmˌʃtʊmpf]

fogueira (f)	Lagerfeuer (n)	['laːgəˌfɔɪɐ]
incêndio (m) florestal	Waldbrand (m)	['valtˌbʁant]
apagar (vt)	löschen (vt)	['lœʃən]

guarda-florestal (m)	Förster (m)	['fœʁstɐ]
proteção (f)	Schutz (m)	[ʃʊts]
proteger (a natureza)	beschützen (vt)	[bə'ʃʏtsən]
caçador (m) furtivo	Wilddieb (m)	['vɪltˌdiːp]
armadilha (f)	Falle (f)	['falə]

colher (cogumelos)	sammeln (vt)	['zaməln]
colher (bagas)	pflücken (vt)	['pflʏkən]
perder-se (vr)	sich verirren	[zɪç fɛɐ'ʔɪʁən]

205. Recursos naturais

recursos (m pl) naturais	Naturressourcen (pl)	[na'tuːɐˌʁɛ'sʊʁsən]
minerais (m pl)	Bodenschätze (pl)	['boːdənˌʃɛtsə]
depósitos (m pl)	Vorkommen (n)	['foːɐˌkɔmən]
jazida (f)	Feld (n)	[fɛlt]

extrair (vt)	gewinnen (vt)	[gə'vɪnən]
extração (f)	Gewinnung (f)	[gə'vɪnʊŋ]
minério (m)	Erz (n)	[eːɐts]
mina (f)	Bergwerk (n)	['bɛʁkˌvɛʁk]
poço (m) de mina	Schacht (m)	[ʃaxt]
mineiro (m)	Bergarbeiter (m)	['bɛʁkʔaʁˌbaɪtɐ]
gás (m)	Erdgas (n)	['eːɐtˌgaːs]
gasoduto (m)	Gasleitung (f)	['gaːsˌlaɪtʊŋ]

petróleo (m)	Erdöl (n)	['eːɐt͜ʔøːl]
oleoduto (m)	Erdölleitung (f)	['eːɐt͜ʔøːlˌlaɪtʊŋ]
poço (m) de petróleo	Ölquelle (f)	['øːlˌkvɛlə]
torre (f) petrolífera	Bohrturm (m)	['boːɐˌtʊʁm]
petroleiro (m)	Tanker (m)	['taŋkɐ]

areia (f)	Sand (m)	[zant]
calcário (m)	Kalkstein (m)	['kalkˌʃtaɪn]
cascalho (m)	Kies (m)	[kiːs]
turfa (f)	Torf (m)	[tɔʁf]
argila (f)	Ton (m)	[toːn]
carvão (m)	Kohle (f)	['koːlə]

ferro (m)	Eisen (n)	['aɪzən]
ouro (m)	Gold (n)	[gɔlt]
prata (f)	Silber (n)	['zɪlbə]
níquel (m)	Nickel (n)	['nɪkəl]
cobre (m)	Kupfer (n)	['kʊpfɐ]

zinco (m)	Zink (n)	[tsɪŋk]
manganês (m)	Mangan (n)	[maŋ'gaːn]
mercúrio (m)	Quecksilber (n)	['kvɛkˌzɪlbɐ]
chumbo (m)	Blei (n)	[blaɪ]

mineral (m)	Mineral (n)	[mɪneˈʁaːl]
cristal (m)	Kristall (m)	[kʁɪs'tal]
mármore (m)	Marmor (m)	['maʁmoːɐ]
urânio (m)	Uran (n)	[uˈʁaːn]

A Terra. Parte 2

206. Tempo

tempo (m)	Wetter (n)	['vɛtɐ]
previsão (f) do tempo	Wetterbericht (m)	['vɛtɐbəˌʀɪçt]
temperatura (f)	Temperatur (f)	[tɛmpəʀaˈtuːɐ]
termómetro (m)	Thermometer (n)	[tɛʁmoˈmeːtɐ]
barómetro (m)	Barometer (n)	[baʀoˈmeːtɐ]
húmido	feucht	[fɔɪçt]
humidade (f)	Feuchtigkeit (f)	['fɔɪçtɪçkaɪt]
calor (m)	Hitze (f)	['hɪtsə]
cálido	glutheiß	['gluːtˌhaɪs]
está muito calor	ist heiß	[ist haɪs]
está calor	ist warm	[ist vaʁm]
quente	warm	[vaʁm]
está frio	ist kalt	[ist kalt]
frio	kalt	[kalt]
sol (m)	Sonne (f)	['zɔnə]
brilhar (vi)	scheinen (vi)	['ʃaɪnən]
de sol, ensolarado	sonnig	['zɔnɪç]
nascer (vi)	aufgehen (vi)	['aʊfˌgeːən]
pôr-se (vr)	untergehen (vi)	['ʊntɐˌgeːən]
nuvem (f)	Wolke (f)	['vɔlkə]
nublado	bewölkt	[bə'vœlkt]
nuvem (f) preta	Regenwolke (f)	['ʀeːgənˌvɔlkə]
escuro, cinzento	trüb	[tʀyːp]
chuva (f)	Regen (m)	['ʀeːgən]
está a chover	Es regnet	[ɛs 'ʀeːgnət]
chuvoso	regnerisch	['ʀeːgnəʀɪʃ]
chuviscar (vi)	nieseln (vi)	['niːzəln]
chuva (f) torrencial	strömender Regen (m)	['ʃtʀøːməntdə 'ʀeːgən]
chuvada (f)	Regenschauer (m)	['ʀeːgənˌʃaʊə]
forte (chuva)	stark	[ʃtaʁk]
poça (f)	Pfütze (f)	['pfʏtsə]
molhar-se (vr)	nass werden (vi)	[nas 'veːɐdən]
nevoeiro (m)	Nebel (m)	['neːbəl]
de nevoeiro	neblig	['neːblɪç]
neve (f)	Schnee (m)	[ʃneː]
está a nevar	Es schneit	[ɛs 'ʃnaɪt]

207. Tempo extremo. Catástrofes naturais

trovoada (f)	Gewitter (n)	[gə'vɪtɐ]
relâmpago (m)	Blitz (m)	[blɪts]
relampejar (vi)	blitzen (vi)	['blɪtsən]
trovão (m)	Donner (m)	['dɔnɐ]
trovejar (vi)	donnern (vi)	['dɔnɐn]
está a trovejar	Es donnert	[ɛs 'dɔnɐt]
granizo (m)	Hagel (m)	['ha:gəl]
está a cair granizo	Es hagelt	[ɛs 'ha:gəlt]
inundar (vt)	überfluten (vt)	[ˌy:bɐ'flu:tən]
inundação (f)	Überschwemmung (f)	[y:bɐ'ʃvɛmʊŋ]
terremoto (m)	Erdbeben (n)	['e:ɐtˌbe:bən]
abalo, tremor (m)	Erschütterung (f)	[ɛɐ'ʃʏtəʀʊŋ]
epicentro (m)	Epizentrum (n)	[ˌepi'tsɛntʀʊm]
erupção (f)	Ausbruch (m)	['aʊsˌbʀʊx]
lava (f)	Lava (f)	['la:va]
turbilhão (m)	Wirbelsturm (m)	['vɪʀbəlˌʃtʊʀm]
tornado (m)	Tornado (m)	[tɔʀ'na:do]
tufão (m)	Taifun (m)	[taɪ'fu:n]
furacão (m)	Orkan (m)	[ɔʀ'ka:n]
tempestade (f)	Sturm (m)	[ʃtʊʀm]
tsunami (m)	Tsunami (m)	[tsu'na:mi]
ciclone (m)	Zyklon (m)	[tsy'klo:n]
mau tempo (m)	Unwetter (n)	['ʊnˌvɛtɐ]
incêndio (m)	Brand (m)	[bʀant]
catástrofe (f)	Katastrophe (f)	[ˌkatas'tʀo:fə]
meteorito (m)	Meteorit (m)	[meteo'ʀi:t]
avalanche (f)	Lawine (f)	[la'vi:nə]
deslizamento (m) de neve	Schneelawine (f)	['ʃne:laˌvi:nə]
nevasca (f)	Schneegestöber (n)	['ʃne:gəˌʃtø:bɐ]
tempestade (f) de neve	Schneesturm (m)	['ʃne:ˌʃtʊʀm]

208. Ruídos. Sons

silêncio (m)	Stille (f)	['ʃtɪlə]
som (m)	Laut (m)	[laʊt]
ruído, barulho (m)	Lärm (m)	[lɛʀm]
fazer barulho	lärmen (vi)	['lɛʀmən]
ruidoso, barulhento	lärmend	['lɛʀmənt]
alto (adv)	laut	[laʊt]
alto (adj)	laut	[laʊt]
constante (ruído, etc.)	ständig	['ʃtɛndɪç]

grito (m)	Schrei (m)	[ʃʀaɪ]
gritar (vi)	schreien (vi)	[ˈʃʀaɪən]
sussurro (m)	Flüstern (n)	[ˈflʏstən]
sussurrar (vt)	flüstern (vt)	[ˈflʏstən]

latido (m)	Gebell (n)	[gəˈbɛl]
latir (vi)	bellen (vi)	[ˈbɛlən]

gemido (m)	Stöhnen (n)	[ˈʃtøːnən]
gemer (vi)	stöhnen (vi)	[ˈʃtøːnən]
tosse (f)	Husten (m)	[ˈhuːstən]
tossir (vi)	husten (vi)	[ˈhuːstən]

assobio (m)	Pfiff (m)	[pfɪf]
assobiar (vi)	pfeifen (vi)	[ˈpfaɪfən]
batida (f)	Klopfen (n)	[ˈklɔpfən]
bater (vi)	klopfen (vi)	[ˈklɔpfən]

estalar (vi)	krachen (vi)	[ˈkʀaχən]
estalido (m)	Krachen (n)	[ˈkʀaχən]

sirene (f)	Sirene (f)	[ˌziˈʀeːnə]
apito (m)	Pfeife (f)	[ˈpfaɪfə]
apitar (vi)	pfeifen (vi)	[ˈpfaɪfən]
buzina (f)	Hupe (f)	[ˈhuːpə]
buzinar (vi)	hupen (vi)	[ˈhuːpən]

209. Inverno

inverno (m)	Winter (m)	[ˈvɪntɐ]
de inverno	Winter-	[ˈvɪntɐ]
no inverno	im Winter	[ɪm ˈvɪntɐ]

neve (f)	Schnee (m)	[ʃneː]
está a nevar	Es schneit	[ɛs ˈʃnaɪt]
queda (f) de neve	Schneefall (m)	[ˈʃneːˌfal]
amontoado (m) de neve	Schneewehe (f)	[ˈʃneːˌveːə]

floco (m) de neve	Schneeflocke (f)	[ˈʃneːˌflɔkə]
bola (f) de neve	Schneeball (m)	[ˈʃneːˌbal]
boneco (m) de neve	Schneemann (m)	[ˈʃneːˌman]
sincelo (m)	Eiszapfen (m)	[ˈaɪsˌtsapfən]

dezembro (m)	Dezember (m)	[deˈtsɛmbɐ]
janeiro (m)	Januar (m)	[ˈjanuaːɐ]
fevereiro (m)	Februar (m)	[ˈfeːbʀuaːɐ]

gelo (m)	Frost (m)	[fʀɔst]
gelado, glacial	frostig, Frost-	[ˈfʀɔstɪç], [fʀɔst]

abaixo de zero	unter Null	[ˈʊntɐ ˈnʊl]
geada (f)	leichter Frost (m)	[ˈlaɪçtɐ fʀɔst]
geada (f) branca	Reif (m)	[ʀaɪf]
frio (m)	Kälte (f)	[ˈkɛltə]

está frio	**Es ist kalt**	[ɛs ist kalt]
casaco (m) de peles	**Pelzmantel** (m)	['pɛlts‚mantəl]
mitenes (f pl)	**Fausthandschuhe** (pl)	['faʊst·hantˌʃuːə]
adoecer (vi)	**erkranken** (vi)	[ɛɐ'kʀaŋkən]
constipação (f)	**Erkältung** (f)	[ɛɐ'kɛltʊŋ]
constipar-se (vr)	**sich erkälten**	[zɪç ɛɐ'kɛltən]
gelo (m)	**Eis** (n)	[aɪs]
gelo (m) na estrada	**Glatteis** (n)	['glatˌʔaɪs]
congelar-se (vr)	**zufrieren** (vi)	['tsuːˌfʀiːʀən]
bloco (m) de gelo	**Eisscholle** (f)	['aɪsˌʃɔlə]
esqui (m)	**Ski** (pl)	[ʃiː]
esquiador (m)	**Skiläufer** (m)	['ʃiːˌlɔɪfɐ]
esquiar (vi)	**Ski laufen**	['ʃiː 'laʊfən]
patinar (vi)	**Schlittschuh laufen**	['ʃlɪtʃuː 'laʊfən]

Fauna

210. Mamíferos. Predadores

predador (m)	Raubtier (n)	['ʀaʊptiːɐ]
tigre (m)	Tiger (m)	['tiːgɐ]
leão (m)	Löwe (m)	['løːvə]
lobo (m)	Wolf (m)	[vɔlf]
raposa (f)	Fuchs (m)	[fʊks]
jaguar (m)	Jaguar (m)	['jaːguaːɐ]
leopardo (m)	Leopard (m)	[leo'paʀt]
chita (f)	Gepard (m)	[ge'paʀt]
pantera (f)	Panther (m)	['pantɐ]
puma (m)	Puma (m)	['puːma]
leopardo-das-neves (m)	Schneeleopard (m)	['ʃneːleoˌpaʀt]
lince (m)	Luchs (m)	[lʊks]
coiote (m)	Kojote (m)	[kɔ'joːtə]
chacal (m)	Schakal (m)	[ʃa'kaːl]
hiena (f)	Hyäne (f)	['hyɛːnə]

211. Animais selvagens

animal (m)	Tier (n)	[tiːɐ]
besta (f)	Bestie (f)	['bɛstɪə]
esquilo (m)	Eichhörnchen (n)	['aɪçhœʀnçən]
ouriço (m)	Igel (m)	['iːgəl]
lebre (f)	Hase (m)	['haːzə]
coelho (m)	Kaninchen (n)	[ka'niːnçən]
texugo (m)	Dachs (m)	[daks]
guaxinim (m)	Waschbär (m)	['vaʃˌbɛːɐ]
hamster (m)	Hamster (m)	['hamstɐ]
marmota (f)	Murmeltier (n)	['mʊʀməlˌtiːɐ]
toupeira (f)	Maulwurf (m)	['maʊlˌvʊʀf]
rato (m)	Maus (f)	[maʊs]
ratazana (f)	Ratte (f)	['ʀatə]
morcego (m)	Fledermaus (f)	['fleːdɐˌmaʊs]
arminho (m)	Hermelin (n)	[hɛʀmə'liːn]
zibelina (f)	Zobel (m)	['tsoːbəl]
marta (f)	Marder (m)	['maʀdɐ]
doninha (f)	Wiesel (n)	['viːzəl]
vison (m)	Nerz (m)	[nɛʀts]

| castor (m) | Biber (m) | ['bi:bɐ] |
| lontra (f) | Fischotter (m) | ['fɪʃˌʔɔtɐ] |

cavalo (m)	Pferd (n)	[pfe:ɐt]
alce (m)	Elch (m)	[ɛlç]
veado (m)	Hirsch (m)	[hɪʁʃ]
camelo (m)	Kamel (n)	[ka'me:l]

bisão (m)	Bison (m)	['bi:zɔn]
auroque (m)	Wisent (m)	['vi:zɛnt]
búfalo (m)	Büffel (m)	['bʏfəl]

zebra (f)	Zebra (n)	['tse:bʀa]
antílope (m)	Antilope (f)	[anti'lo:pə]
corça (f)	Reh (n)	[ʀe:]
gamo (m)	Damhirsch (m)	['damhɪʁʃ]
camurça (f)	Gämse (f)	['gɛmzə]
javali (m)	Wildschwein (n)	['vɪltʃvaɪn]

baleia (f)	Wal (m)	[va:l]
foca (f)	Seehund (m)	['ze:ˌhʊnt]
morsa (f)	Walroß (n)	['va:lˌʀɔs]
urso-marinho (m)	Seebär (m)	['ze:ˌbɛ:ɐ]
golfinho (m)	Delfin (m)	[dɛl'fi:n]

urso (m)	Bär (m)	[bɛ:ɐ]
urso (m) branco	Eisbär (m)	['aɪsˌbɛ:ɐ]
panda (m)	Panda (m)	['panda]

macaco (em geral)	Affe (m)	['afə]
chimpanzé (m)	Schimpanse (m)	[ʃɪm'panzə]
orangotango (m)	Orang-Utan (m)	['o:ʀaŋˌʔu:tan]
gorila (m)	Gorilla (m)	[go'ʀɪla]
macaco (m)	Makak (m)	[ma'kak]
gibão (m)	Gibbon (m)	['gɪbɔn]

elefante (m)	Elefant (m)	[ele'fant]
rinoceronte (m)	Nashorn (n)	['na:sˌhɔʁn]
girafa (f)	Giraffe (f)	[ˌgi'ʀafə]
hipopótamo (m)	Flusspferd (n)	['flʊsˌpfe:ɐt]

| canguru (m) | Känguru (n) | ['kɛŋguʀu] |
| coala (m) | Koala (m) | [ko'a:la] |

mangusto (m)	Manguste (f)	[maŋ'gʊstə]
chinchila (m)	Chinchilla (n)	[tʃɪn'tʃɪla]
doninha-fedorenta (f)	Stinktier (n)	['ʃtɪŋkˌti:ɐ]
porco-espinho (m)	Stachelschwein (n)	['ʃtaχəlʃvaɪn]

212. Animais domésticos

gata (f)	Katze (f)	['katsə]
gato (m) macho	Kater (m)	['ka:tɐ]
cão (m)	Hund (m)	[hʊnt]

cavalo (m)	Pferd (n)	[pfe:ɐt]
garanhão (m)	Hengst (m)	['hɛŋst]
égua (f)	Stute (f)	['ʃtu:tə]

vaca (f)	Kuh (f)	[ku:]
touro (m)	Stier (m)	[ʃti:ɐ]
boi (m)	Ochse (m)	['ɔksə]

ovelha (f)	Schaf (n)	[ʃa:f]
carneiro (m)	Widder (m)	['vɪdɐ]
cabra (f)	Ziege (f)	['tsi:gə]
bode (m)	Ziegenbock (m)	['tsi:gən‚bɔk]

| burro (m) | Esel (m) | ['e:zəl] |
| mula (f) | Maultier (n) | ['maʊl‚ti:ɐ] |

porco (m)	Schwein (n)	[ʃvaɪn]
leitão (m)	Ferkel (n)	['fɛʁkəl]
coelho (m)	Kaninchen (n)	[ka'ni:nçən]

| galinha (f) | Huhn (n) | [hu:n] |
| galo (m) | Hahn (m) | [ha:n] |

pata (f)	Ente (f)	['ɛntə]
pato (macho)	Enterich (m)	['ɛntəʀɪç]
ganso (m)	Gans (f)	[gans]

| peru (m) | Puter (m) | ['pu:tɐ] |
| perua (f) | Pute (f) | ['pu:tə] |

animais (m pl) domésticos	Haustiere (pl)	['haʊs‚ti:ʀə]
domesticado	zahm	[tsa:m]
domesticar (vt)	zähmen (vt)	['tsɛ:mən]
criar (vt)	züchten (vt)	['tsʏçtən]

quinta (f)	Farm (f)	[faʁm]
aves (f pl) domésticas	Geflügel (n)	[gə'fly:gəl]
gado (m)	Vieh (n)	[fi:]
rebanho (m), manada (f)	Herde (f)	['he:ɐdə]

estábulo (m)	Pferdestall (m)	['pfe:ɐdə‚ʃtal]
pocilga (f)	Schweinestall (m)	['ʃvaɪnə‚ʃtal]
estábulo (m)	Kuhstall (m)	['ku:‚ʃtal]
coelheira (f)	Kaninchenstall (m)	[ka'ni:nçən‚ʃtal]
galinheiro (m)	Hühnerstall (m)	['hy:nɐ‚ʃtal]

213. Cães. Raças de cães

cão (m)	Hund (m)	[hʊnt]
cão pastor (m)	Schäferhund (m)	['ʃɛ:fɐ‚hʊnt]
pastor-alemão (m)	Deutsche Schäferhund (m)	['dɔɪtʃə 'ʃɛ:fɐ‚hʊnt]
caniche (m)	Pudel (m)	['pu:dəl]
teckel (m)	Dachshund (m)	['daks‚hʊnt]
buldogue (m)	Bulldogge (f)	['bʊl‚dɔgə]

boxer (m)	Boxer (m)	['bɔksɐ]
mastim (m)	Mastiff (m)	['mastɪf]
rottweiler (m)	Rottweiler (m)	['ʁɔtvaɪlɐ]
dobermann (m)	Dobermann (m)	['doːbɐˌman]

basset (m)	Basset (m)	[ba'seː]
pastor inglês (m)	Bobtail (m)	['bɔpteːl]
dálmata (m)	Dalmatiner (m)	[ˌdalma'tiːnɐ]
cocker spaniel (m)	Cocker-Spaniel (m)	['kɔkɐ 'ʃpanɪəl]

| terra-nova (m) | Neufundländer (m) | [nɔɪ'fʊntˌlɛndɐ] |
| são-bernardo (m) | Bernhardiner (m) | [bɛʁnhaʁ'diːnɐ] |

husky (m)	Eskimohund (m)	['ɛskimoˌhʊnt]
Chow-chow (m)	Chow-Chow (m)	['tʃau'tʃau]
spitz alemão (m)	Spitz (m)	[ʃpɪts]
carlindogue (m)	Mops (m)	[mɔps]

214. Sons produzidos pelos animais

latido (m)	Gebell (n)	[gə'bɛl]
latir (vi)	bellen (vi)	['bɛlən]
miar (vi)	miauen (vi)	[mi'aʊən]
ronronar (vi)	schnurren (vi)	['ʃnʊʁən]

mugir (vaca)	muhen (vi)	['muːən]
bramir (touro)	brüllen (vi)	['bʁylən]
rosnar (vi)	knurren (vi)	['knʊʁən]

uivo (m)	Heulen (n)	['hɔɪlən]
uivar (vi)	heulen (vi)	['hɔɪlən]
ganir (vi)	winseln (vi)	['vɪnzəln]

balir (vi)	meckern (vi)	['mɛkɐn]
grunhir (porco)	grunzen (vi)	['gʁʊntsən]
guinchar (vi)	kreischen (vi)	['kʁaɪʃən]

coaxar (sapo)	quaken (vi)	['kvaːkən]
zumbir (inseto)	summen (vi)	['zʊmən]
estridular, ziziar (vi)	zirpen (vi)	['tsɪʁpən]

215. Animais jovens

cria (f), filhote (m)	Tierkind (n)	['tiːɐˌkɪnt]
gatinho (m)	Kätzchen (n)	['kɛtsçən]
ratinho (m)	Mausjunge (n)	['maʊsjʊŋə]
cãozinho (m)	Hündchen (n), Welpe (m)	['hʏntçən], ['vɛlpə]

filhote (m) de lebre	Häschen (n)	['hɛːsçən]
coelhinho (m)	Kaninchenjunge (n)	[ka'niːnçənjʊŋə]
lobinho (m)	Wolfsjunge (n)	['vɔlfsjʊŋə]
raposinho (m)	Fuchsjunge (n)	['fʊksjʊŋə]

195

ursinho (m)	Bärenjunge (n)	['bɛːʀənˌjʊŋə]
leãozinho (m)	Löwenjunge (n)	['løːvənˌjʊŋə]
filhote (m) de tigre	junger Tiger (m)	['jʏŋɐ 'tiːgɐ]
filhote (m) de elefante	Elefantenjunge (n)	[eleˈfantənˌjʊŋə]

leitão (m)	Ferkel (n)	['fɛʀkəl]
bezerro (m)	Kalb (n)	[kalp]
cabrito (m)	Ziegenkitz (n)	['tsiːɡənˌkɪts]
cordeiro (m)	Lamm (n)	[lam]
cria (f) de veado	Hirschkalb (n)	['hɪʀʃˌkalp]
cria (f) de camelo	Kamelfohlen (n)	[kaˈmeːlˌfoːlən]

filhote (m) de serpente	junge Schlange (f)	['jʊŋə 'ʃlaŋə]
cria (f) de rã	Fröschlein (n)	['fʀœʃlain]

cria (f) de ave	junger Vogel (m)	['jʏŋɐ 'foːɡəl]
pinto (m)	Küken (n)	['kyːkən]
patinho (m)	Entlein (n)	['ɛntlain]

216. Pássaros

pássaro (m), ave (f)	Vogel (m)	['foːɡəl]
pombo (m)	Taube (f)	['taʊbə]
pardal (m)	Spatz (m)	[ʃpats]
chapim-real (m)	Meise (f)	['maɪzə]
pega-rabuda (f)	Elster (f)	['ɛlstɐ]

corvo (m)	Rabe (m)	['ʀaːbə]
gralha (f) cinzenta	Krähe (f)	['kʀɛːə]
gralha-de-nuca-cinzenta (f)	Dohle (f)	['doːlə]
gralha-calva (f)	Saatkrähe (f)	['zaːtˌkʀɛːə]

pato (m)	Ente (f)	['ɛntə]
ganso (m)	Gans (f)	[gans]
faisão (m)	Fasan (m)	[faˈzaːn]

águia (f)	Adler (m)	['aːdlɐ]
açor (m)	Habicht (m)	['haːbɪçt]
falcão (m)	Falke (m)	['falkə]
abutre (m)	Greif (m)	[gʀaɪf]
condor (m)	Kondor (m)	['kɔndoːɐ]

cisne (m)	Schwan (m)	[ʃvaːn]
grou (m)	Kranich (m)	['kʀaːnɪç]
cegonha (f)	Storch (m)	[ʃtɔʀç]

papagaio (m)	Papagei (m)	[papaˈgaɪ]
beija-flor (m)	Kolibri (m)	['koːlibʀi]
pavão (m)	Pfau (m)	[pfaʊ]

avestruz (m)	Strauß (m)	[ʃtʀaʊs]
garça (f)	Reiher (m)	['ʀaɪɐ]
flamingo (m)	Flamingo (m)	[flaˈmɪŋgo]
pelicano (m)	Pelikan (m)	['peːlikaːn]

rouxinol (m)	**Nachtigall** (f)	['naxtɪgal]
andorinha (f)	**Schwalbe** (f)	['ʃvalbə]
tordo-zornal (m)	**Drossel** (f)	['drɔsəl]
tordo-músico (m)	**Singdrossel** (f)	['zɪŋˌdrɔsəl]
melro-preto (m)	**Amsel** (f)	['amzəl]
andorinhão (m)	**Segler** (m)	['ze:glɐ]
cotovia (f)	**Lerche** (f)	['lɛʁçə]
codorna (f)	**Wachtel** (f)	['vaxtəl]
pica-pau (m)	**Specht** (m)	[ʃpɛçt]
cuco (m)	**Kuckuck** (m)	['kʊkʊk]
coruja (f)	**Eule** (f)	['ɔɪlə]
corujão, bufo (m)	**Uhu** (m)	['u:hu]
tetraz-grande (m)	**Auerhahn** (m)	['aʊɐˌha:n]
tetraz-lira (m)	**Birkhahn** (m)	['bɪʁkˌha:n]
perdiz-cinzenta (f)	**Rebhuhn** (n)	['ʁe:pˌhu:n]
estorninho (m)	**Star** (m)	[ʃta:ɐ]
canário (m)	**Kanarienvogel** (m)	[ka'na:ʁɪənˌfo:gəl]
galinha-do-mato (f)	**Haselhuhn** (n)	['ha:zəlˌhu:n]
tentilhão (m)	**Buchfink** (m)	['bu:xfɪŋk]
dom-fafe (m)	**Gimpel** (m)	['gɪmpəl]
gaivota (f)	**Möwe** (f)	['mø:və]
albatroz (m)	**Albatros** (m)	['albatrɔs]
pinguim (m)	**Pinguin** (m)	['pɪŋgui:n]

217. Pássaros. Canto e sons

cantar (vi)	**singen** (vt)	['zɪŋən]
gritar (vi)	**schreien** (vi)	['ʃʁaɪən]
cantar (o galo)	**kikeriki schreien**	[ˌkikəʁi'ki: 'ʃʁaɪən]
cocorocó (m)	**kikeriki**	[ˌkikəʁi'ki:]
cacarejar (vi)	**gackern** (vi)	['gakɐn]
crocitar (vi)	**krächzen** (vi)	['kʁɛçtsən]
grasnar (vi)	**schnattern** (vi)	['ʃnatɐn]
piar (vi)	**piepsen** (vi)	['pi:psən]
chilrear, gorjear (vi)	**zwitschern** (vi)	['tsvɪtʃɐn]

218. Peixes. Animais marinhos

brema (f)	**Brachse** (f)	['bʁaksə]
carpa (f)	**Karpfen** (m)	['kaʁpfən]
perca (f)	**Barsch** (m)	[baʁʃ]
siluro (m)	**Wels** (m)	[vɛls]
lúcio (m)	**Hecht** (m)	[hɛçt]
salmão (m)	**Lachs** (m)	[laks]
esturjão (m)	**Stör** (m)	[ʃtø:ɐ]

arenque (m)	Hering (m)	['he:RIŋ]
salmão (m)	atlantische Lachs (m)	[at'lantɪʃə laks]
cavala, sarda (f)	Makrele (f)	[ma'kRe:lə]
solha (f)	Scholle (f)	['ʃɔlə]

lúcio perca (m)	Zander (m)	['tsandɐ]
bacalhau (m)	Dorsch (m)	[dɔʁʃ]
atum (m)	Tunfisch (m)	['tu:nfɪʃ]
truta (f)	Forelle (f)	[ˌfo'Rɛlə]

enguia (f)	Aal (m)	[a:l]
raia elétrica (f)	Zitterrochen (m)	['tsɪtɐˌRɔχən]
moreia (f)	Muräne (f)	[mu'Rɛ:nə]
piranha (f)	Piranha (m)	[pi'Ranja]

tubarão (m)	Hai (m)	[haɪ]
golfinho (m)	Delfin (m)	[dɛl'fi:n]
baleia (f)	Wal (m)	[va:l]

caranguejo (m)	Krabbe (f)	['kRabə]
medusa, alforreca (f)	Meduse (f)	[me'du:zə]
polvo (m)	Krake (m)	['kRa:kə]

estrela-do-mar (f)	Seestern (m)	['ze:ˌʃtɛʁn]
ouriço-do-mar (m)	Seeigel (m)	['ze:ˌʔi:gəl]
cavalo-marinho (m)	Seepferdchen (n)	['ze:ˌpfe:ɐtçən]

ostra (f)	Auster (f)	['aʊstɐ]
camarão (m)	Garnele (f)	[gaʁ'ne:lə]
lavagante (m)	Hummer (m)	['hʊmɐ]
lagosta (f)	Languste (f)	[laŋ'gʊstə]

219. Amfíbios. Répteis

| serpente, cobra (f) | Schlange (f) | ['ʃlaŋə] |
| venenoso | Gift-, giftig | [gɪft], ['gɪftɪç] |

víbora (f)	Viper (f)	['vi:pɐ]
cobra-capelo, naja (f)	Kobra (f)	['ko:bRa]
pitão (m)	Python (m)	['py:tɔn]
jiboia (f)	Boa (f)	['bo:a]

cobra-de-água (f)	Ringelnatter (f)	['Rɪŋəlˌnatɐ]
cascavel (f)	Klapperschlange (f)	['klapɐˌʃlaŋə]
anaconda (f)	Anakonda (f)	[ana'kɔnda]

lagarto (m)	Eidechse (f)	['aɪdɛksə]
iguana (f)	Leguan (m)	['le:gua:n]
varano (m)	Waran (m)	[va'Ra:n]
salamandra (f)	Salamander (m)	[zala'mandɐ]
camaleão (m)	Chamäleon (n)	[ka'mɛ:leˌɔn]
escorpião (m)	Skorpion (m)	[skɔʁ'pjo:n]
tartaruga (f)	Schildkröte (f)	['ʃɪltˌkRø:tə]
rã (f)	Frosch (m)	[fRɔʃ]

| sapo (m) | Kröte (f) | ['krø:tə] |
| crocodilo (m) | Krokodil (n) | [kroko'di:l] |

220. Insetos

inseto (m)	Insekt (n)	[ɪn'zɛkt]
borboleta (f)	Schmetterling (m)	['ʃmɛtelɪŋ]
formiga (f)	Ameise (f)	['aːmaɪzə]
mosca (f)	Fliege (f)	['fliːgə]
mosquito (m)	Mücke (f)	['mʏkə]
escaravelho (m)	Käfer (m)	['kɛːfɐ]

vespa (f)	Wespe (f)	['vɛspə]
abelha (f)	Biene (f)	['biːnə]
mamangava (f)	Hummel (f)	['hʊməl]
moscardo (m)	Bremse (f)	['brɛmzə]

| aranha (f) | Spinne (f) | ['ʃpɪnə] |
| teia (f) de aranha | Spinnennetz (n) | ['ʃpɪnən,nɛts] |

libélula (f)	Libelle (f)	[li'bɛlə]
gafanhoto-do-campo (m)	Grashüpfer (m)	['graːs,hʏpfɐ]
traça (f)	Schmetterling (m)	['ʃmɛtelɪŋ]

barata (f)	Schabe (f)	['ʃaːbə]
carraça (f)	Zecke (f)	['tsɛkə]
pulga (f)	Floh (m)	[floː]
borrachudo (m)	Kriebelmücke (f)	['kriːbəl,mʏkə]

gafanhoto (m)	Heuschrecke (f)	['hɔɪʃrɛkə]
caracol (m)	Schnecke (f)	['ʃnɛkə]
grilo (m)	Heimchen (n)	['haɪmçən]
pirilampo (m)	Leuchtkäfer (m)	['lɔɪçt,kɛːfɐ]
joaninha (f)	Marienkäfer (m)	[ma'riːən,kɛːfɐ]
besouro (m)	Maikäfer (m)	['maɪ,kɛːfɐ]

sanguessuga (f)	Blutegel (m)	['bluːt,ʔeːgəl]
lagarta (f)	Raupe (f)	['raʊpə]
minhoca (f)	Wurm (m)	[vʊrm]
larva (f)	Larve (f)	['larfə]

221. Animais. Partes do corpo

bico (m)	Schnabel (m)	['ʃnaːbəl]
asas (f pl)	Flügel (pl)	['flyːgəl]
pata (f)	Fuß (m)	[fuːs]
plumagem (f)	Gefieder (n)	[gə'fiːdɐ]
pena, pluma (f)	Feder (f)	['feːdɐ]
crista (f)	Haube (f)	['haʊbə]

| brânquias, guelras (f pl) | Kiemen (pl) | ['kiːmən] |
| ovas (f pl) | Laich (m) | [laɪç] |

larva (f)	**Larve** (f)	['laʁfə]
barbatana (f)	**Flosse** (f)	['flɔsə]
escama (f)	**Schuppe** (f)	['ʃʊpə]

canino (m)	**Stoßzahn** (m)	['ʃtoːsˌtsaːn]
pata (f)	**Pfote** (f)	['pfoːtə]
focinho (m)	**Schnauze** (f)	['ʃnaʊtsə]
boca (f)	**Rachen** (m)	['ʀaχən]
cauda (f), rabo (m)	**Schwanz** (m)	[ʃvants]
bigodes (m pl)	**Barthaar** (n)	['baːɐtˌhaːɐ]

casco (m)	**Huf** (m)	[huːf]
corno (m)	**Horn** (n)	[hɔʁn]

carapaça (f)	**Panzer** (m)	['pantsɐ]
concha (f)	**Muschel** (f)	['mʊʃl]
casca (f) de ovo	**Schale** (f)	['ʃaːlə]

pelo (m)	**Fell** (n)	[fɛl]
pele (f), couro (m)	**Haut** (f)	[haʊt]

222. Ações dos animais

voar (vi)	**fliegen** (vi)	['fliːgən]
dar voltas	**herumfliegen** (vi)	[hɛ'ʀʊmˌfliːgən]

voar (para longe)	**wegfliegen** (vi)	['vɛkˌfliːgən]
bater as asas	**schlagen** (vi)	['ʃlaːgən]

bicar (vi)	**picken** (vt)	['pɪkən]
incubar (vt)	**bebrüten** (vt)	[bə'bʀyːtən]

sair do ovo	**ausschlüpfen** (vi)	['aʊsˌʃlʏpfən]
fazer o ninho	**ein Nest bauen**	[aɪn nɛst 'baʊən]

rastejar (vi)	**kriechen** (vi)	['kʀiːçən]
picar (vt)	**stechen** (vt)	['ʃtɛçən]
morder (vt)	**beißen** (vt)	['baɪsən]

cheirar (vt)	**schnüffeln** (vt)	['ʃnʏfəln]
latir (vi)	**bellen** (vi)	['bɛlən]
silvar (vi)	**zischen** (vi)	['tsɪʃən]

assustar (vt)	**erschrecken** (vt)	[ɛɐ'ʃʀɛkən]
atacar (vt)	**angreifen** (vt)	['anˌgʀaɪfən]

roer (vt)	**nagen** (vi)	['naːgən]
arranhar (vt)	**kratzen** (vt)	['kʀatsən]
esconder-se (vr)	**sich verstecken**	[zɪç fɛɐ'ʃtɛkən]

brincar (vi)	**spielen** (vi)	['ʃpiːlən]
caçar (vi)	**jagen** (vi)	['jagən]
hibernar (vi)	**Winterschlaf halten**	['vɪntɐˌʃlaːf 'haltən]
extinguir-se (vr)	**aussterben** (vi)	['aʊsˌʃtɛʁbən]

223. Animais. Habitats

hábitat	Lebensraum (f)	['le:bəns‚ʀaʊm]
migração (f)	Wanderung (f)	['vandəʀʊŋ]
montanha (f)	Berg (m)	[bɛʁk]
recife (m)	Riff (n)	[ʀɪf]
falésia (f)	Fels (m)	[fɛls]
floresta (f)	Wald (m)	[valt]
selva (f)	Dschungel (m, n)	['dʒʊŋəl]
savana (f)	Savanne (f)	[za'vanə]
tundra (f)	Tundra (f)	['tʊndʀa]
estepe (f)	Steppe (f)	['ʃtɛpə]
deserto (m)	Wüste (f)	['vy:stə]
oásis (m)	Oase (f)	[o'a:zə]
mar (m)	Meer (n), See (f)	[me:ɐ], [ze:]
lago (m)	See (m)	[ze:]
oceano (m)	Ozean (m)	['o:tsea:n]
pântano (m)	Sumpf (m)	[zʊmpf]
de água doce	Süßwasser-	['zy:s‚vasɐ]
lagoa (f)	Teich (m)	[taɪç]
rio (m)	Fluss (m)	[flʊs]
toca (f) do urso	Höhle (f), Bau (m)	['hø:lə], [baʊ]
ninho (m)	Nest (n)	[nɛst]
buraco (m) de árvore	Höhlung (f)	['hø:‚lʊŋ]
toca (f)	Loch (n)	[lɔx]
formigueiro (m)	Ameisenhaufen (m)	['a:maɪzən·haʊfən]

224. Cuidados com os animais

jardim (m) zoológico	Zoo (m)	['tso:]
reserva (f) natural	Schutzgebiet (n)	['ʃʊtsgə‚bi:t]
viveiro (m)	Zucht (f)	[tsʊxt]
jaula (f) de ar livre	Freigehege (n)	['fʀaɪ·gə'he:gə]
jaula, gaiola (f)	Käfig (m)	['kɛ:fɪç]
casinha (f) de cão	Hundehütte (f)	['hʊndə'hytə]
pombal (m)	Taubenschlag (m)	['taʊbənʃla:k]
aquário (m)	Aquarium (n)	[a'kva:ʀiʊm]
delfinário (m)	Delphinarium (n)	[dɛlfi'na:ʀiʊm]
criar (vt)	züchten (vt)	['tsʏçtən]
ninhada (f)	Wurf (m)	[vʊʁf]
domesticar (vt)	zähmen (vt)	['tsɛ:mən]
adestrar (vt)	dressieren (vt)	[dʀɛ'si:ʀən]
ração (f)	Futter (n)	['fʊtɐ]
alimentar (vt)	füttern (vt)	['fʏtɐn]

loja (f) de animais	Zoohandlung (f)	[tsoo'handlʊŋ]
açaime (m)	Maulkorb (m)	['maʊl͵kɔʁp]
coleira (f)	Halsband (n)	['hals͵bant]
nome (m)	Rufname (m)	['ʀu:f͵na:mə]
pedigree (m)	Stammbaum (m)	['ʃtam͵baʊm]

225. Animais. Diversos

alcateia (f)	Rudel (n)	['ʀu:dəl]
bando (pássaros)	Vogelschwarm (m)	['fo:gəlʃvaʁm]
cardume (peixes)	Schwarm (m)	[ʃvaʁm]
manada (cavalos)	Pferdeherde (f)	['pfe:ɐdə͵he:ɐdə]

| macho (m) | Männchen (n) | ['mɛnçən] |
| fêmea (f) | Weibchen (n) | ['vaɪpçən] |

faminto	hungrig	['hʊŋʀɪç]
selvagem	wild	[vɪlt]
perigoso	gefährlich	[gə'fɛ:ɐlɪç]

226. Cavalos

| cavalo (m) | Pferd (n) | [pfe:ɐt] |
| raça (f) | Rasse (f) | ['ʀasə] |

| potro (m) | Fohlen (n) | ['fo:lən] |
| égua (f) | Stute (f) | ['ʃtu:tə] |

mustangue (m)	Mustang (m)	['mʊstaŋ]
pónei (m)	Pony (n)	['pɔni]
cavalo (m) de tiro	schweres Zugpferd (n)	['ʃve:ʀəs 'tsu:k͵pfe:ɐt]

| crina (f) | Mähne (f) | ['mɛnə] |
| cauda (f) | Schwanz (m) | [ʃvants] |

casco (m)	Huf (m)	[hu:f]
ferradura (f)	Hufeisen (n)	['hu:f͵ʔaɪzən]
ferrar (vt)	beschlagen (vt)	[bə'ʃla:gən]
ferreiro (m)	Schmied (m)	[ʃmi:t]

sela (f)	Sattel (m)	['zatəl]
estribo (m)	Steigbügel (m)	['ʃtaɪk͵by:gəl]
brida (f)	Zaum (m)	[tsaʊm]
rédeas (f pl)	Zügel (pl)	['tsy:gəl]
chicote (m)	Peitsche (f)	['paɪtʃə]

cavaleiro (m)	Reiter (m)	['ʀaɪtə]
colocar sela	satteln (vt)	['zatəln]
montar no cavalo	besteigen (vt)	[bə'ʃtaɪgən]

| galope (m) | Galopp (m) | [ga'lɔp] |
| galopar (vi) | galoppieren (vi) | [galɔ'pi:ʀən] |

trote (m)	**Trab** (m)	[tʀaːp]
a trote	**im Trab**	[ɪm tʀaːp]
ir a trote	**traben** (vi)	['tʀaːbən]

| cavalo (m) de corrida | **Rennpferd** (n) | ['ʀɛn͵pfeːɐt] |
| corridas (f pl) | **Rennen** (n) | ['ʀɛnən] |

estábulo (m)	**Pferdestall** (m)	['pfeːɐdəˌʃtal]
alimentar (vt)	**füttern** (vt)	['fʏtɐn]
feno (m)	**Heu** (n)	[hɔɪ]
dar água	**tränken** (vt)	['tʀɛŋkən]
limpar (vt)	**striegeln** (vt)	['ʃtʀiːɡəln]

carroça (f)	**Pferdewagen** (m)	['pfeːɐdəˌvaːɡən]
pastar (vi)	**weiden** (vi)	['vaɪdən]
relinchar (vi)	**wiehern** (vi)	['viːɐn]
dar um coice	**ausschlagen** (vi)	['aʊsˌʃlaːɡən]

Flora

227. Árvores

árvore (f)	**Baum** (m)	[baʊm]
decídua	**Laub-**	[laʊp]
conífera	**Nadel-**	['na:dəl]
perene	**immergrün**	['ɪmɐˌɡʀy:n]
macieira (f)	**Apfelbaum** (m)	['apfəlˌbaʊm]
pereira (f)	**Birnbaum** (m)	['bɪʀnˌbaʊm]
cerejeira (f)	**Süßkirschbaum** (m)	['zy:skɪʀʃˌbaʊm]
ginjeira (f)	**Sauerkirschbaum** (m)	[zaʊə'kɪʀʃˌbaʊm]
ameixeira (f)	**Pflaumenbaum** (m)	['pflaʊmənˌbaʊm]
bétula (f)	**Birke** (f)	['bɪʀkə]
carvalho (m)	**Eiche** (f)	['aɪçə]
tília (f)	**Linde** (f)	['lɪndə]
choupo-tremedor (m)	**Espe** (f)	['ɛspə]
bordo (m)	**Ahorn** (m)	['a:hɔʀn]
espruce-europeu (m)	**Fichte** (f)	['fɪçtə]
pinheiro (m)	**Kiefer** (f)	['ki:fɐ]
alerce, lariço (m)	**Lärche** (f)	['lɛʀçə]
abeto (m)	**Tanne** (f)	['tanə]
cedro (m)	**Zeder** (f)	['tse:dɐ]
choupo, álamo (m)	**Pappel** (f)	['papəl]
tramazeira (f)	**Vogelbeerbaum** (m)	['fo:gəlbe:ɐˌbaʊm]
salgueiro (m)	**Weide** (f)	['vaɪdə]
amieiro (m)	**Erle** (f)	['ɛʀlə]
faia (f)	**Buche** (f)	['bu:xə]
ulmeiro (m)	**Ulme** (f)	['ʊlmə]
freixo (m)	**Esche** (f)	['ɛʃə]
castanheiro (m)	**Kastanie** (f)	[kas'ta:niə]
magnólia (f)	**Magnolie** (f)	[mag'no:lɪə]
palmeira (f)	**Palme** (f)	['palmə]
cipreste (m)	**Zypresse** (f)	[tsy'pʀɛsə]
mangue (m)	**Mangrovenbaum** (m)	[maŋ'gʀo:vənˌbaʊm]
embondeiro, baobá (m)	**Baobab** (m)	['ba:obap]
eucalipto (m)	**Eukalyptus** (m)	[ɔɪka'lʏptʊs]
sequoia (f)	**Mammutbaum** (m)	['mamʊtˌbaʊm]

228. Arbustos

arbusto (m)	**Strauch** (m)	[ʃtʀaʊx]
arbusto (m), moita (f)	**Gebüsch** (n)	[gə'byʃ]

videira (f)	Weinstock (m)	['vaɪnˌʃtɔk]
vinhedo (m)	Weinberg (m)	['vaɪnˌbɛʁk]

framboeseira (f)	Himbeerstrauch (m)	['hɪmbeːɐˌʃtʁaʊχ]
groselheira-preta (f)	schwarze Johannisbeere (f)	['ʃvaʁtsə joː'hanɪsbeːʁə]
groselheira-vermelha (f)	rote Johannisbeere (f)	['ʁoːtə joː'hanɪsbeːʁə]
groselheira (f) espinhosa	Stachelbeerstrauch (m)	['ʃtaχəlbeːɐˌʃtʁaʊχ]

acácia (f)	Akazie (f)	[a'kaːtsiə]
bérberis (f)	Berberitze (f)	[bɛʁbə'ʁɪtsə]
jasmim (m)	Jasmin (m)	[jas'miːn]

junípero (m)	Wacholder (m)	[va'χɔldɐ]
roseira (f)	Rosenstrauch (m)	['ʁoːzənˌʃtʁaʊχ]
roseira (f) brava	Heckenrose (f)	['hɛkənˌʁoːzə]

229. Cogumelos

cogumelo (m)	Pilz (m)	[pɪlts]
cogumelo (m) comestível	essbarer Pilz (m)	['ɛsbaːʁɐ pɪlts]
cogumelo (m) venenoso	Giftpilz (m)	['gɪftˌpɪlts]
chapéu (m)	Hut (m)	[huːt]
pé, caule (m)	Stiel (m)	[ʃtiːl]

boleto (m)	Steinpilz (m)	['ʃtaɪnˌpɪlts]
boleto (m) alaranjado	Rotkappe (f)	['ʁoːtˌkapə]
míscaro (m) das bétulas	Birkenpilz (m)	['bɪʁkənˌpɪlts]
cantarela (f)	Pfifferling (m)	['pfɪfɛlɪŋ]
rússula (f)	Täubling (m)	['tɔyplɪŋ]

morchella (f)	Morchel (f)	['mɔʁçəl]
agário-das-moscas (m)	Fliegenpilz (m)	['fliːgənˌpɪlts]
cicuta (f) verde	Grüner Knollenblätterpilz (m)	['gʁyːnɐ 'knɔlən·blɛtəˌpɪlts]

230. Frutos. Bagas

fruta (f)	Frucht (f)	[fʁuχt]
frutas (f pl)	Früchte (pl)	['fʁyçtə]
maçã (f)	Apfel (m)	['apfəl]
pera (f)	Birne (f)	['bɪʁnə]
ameixa (f)	Pflaume (f)	['pflaʊmə]

morango (m)	Erdbeere (f)	['eːɐtˌbeːʁə]
ginja (f)	Sauerkirsche (f)	['zaʊɐˌkɪʁʃə]
cereja (f)	Süßkirsche (f)	['zyːsˌkɪʁʃə]
uva (f)	Weintrauben (pl)	['vaɪnˌtʁaʊbən]

framboesa (f)	Himbeere (f)	['hɪmˌbeːʁə]
groselha (f) preta	schwarze Johannisbeere (f)	['ʃvaʁtsə joː'hanɪsbeːʁə]
groselha (f) vermelha	rote Johannisbeere (f)	['ʁoːtə joː'hanɪsbeːʁə]
groselha (f) espinhosa	Stachelbeere (f)	['ʃtaχəlˌbeːʁə]

oxicoco (m)	Moosbeere (f)	['mo:s‚be:ʀə]
laranja (f)	Apfelsine (f)	[apfəl'zi:nə]
tangerina (f)	Mandarine (f)	[‚manda'ʀi:nə]
ananás (m)	Ananas (f)	['ananas]
banana (f)	Banane (f)	[ba'na:nə]
tâmara (f)	Dattel (f)	['datəl]

limão (m)	Zitrone (f)	[tsi'tʀo:nə]
damasco (m)	Aprikose (f)	[‚apʀi'ko:zə]
pêssego (m)	Pfirsich (m)	['pfɪʁzɪç]
kiwi (m)	Kiwi, Kiwifrucht (f)	['ki:vi], ['ki:vi‚fʀʊxt]
toranja (f)	Grapefruit (f)	['gʀɛɪp‚fʀu:t]

baga (f)	Beere (f)	['be:ʀə]
bagas (f pl)	Beeren (pl)	['be:ʀən]
arando (m) vermelho	Preiselbeere (f)	['pʀaɪzəl‚be:ʀə]
morango-silvestre (m)	Walderdbeere (f)	['valt?e:ɐt‚be:ʀə]
mirtilo (m)	Heidelbeere (f)	['haɪdəl‚be:ʀə]

231. Flores. Plantas

| flor (f) | Blume (f) | ['blu:mə] |
| ramo (m) de flores | Blumenstrauß (m) | ['blu:mən‚ʃtʀaʊs] |

rosa (f)	Rose (f)	['ʀo:zə]
tulipa (f)	Tulpe (f)	['tʊlpə]
cravo (m)	Nelke (f)	['nɛlkə]
gladíolo (m)	Gladiole (f)	[‚gla'dɪo:lə]

centáurea (f)	Kornblume (f)	['kɔʁn‚blu:mə]
campânula (f)	Glockenblume (f)	['glɔkən‚blu:mə]
dente-de-leão (m)	Löwenzahn (m)	['lø:vən‚tsa:n]
camomila (f)	Kamille (f)	[ka'mɪlə]

aloé (m)	Aloe (f)	['a:loe]
cato (m)	Kaktus (m)	['kaktʊs]
fícus (m)	Gummibaum (m)	['gʊmi‚baʊm]

lírio (m)	Lilie (f)	['li:liə]
gerânio (m)	Geranie (f)	[ge'ʀa:nɪə]
jacinto (m)	Hyazinthe (f)	[hya'tsɪntə]

mimosa (f)	Mimose (f)	[mi'mo:zə]
narciso (m)	Narzisse (f)	[naʁ'tsɪsə]
capuchinha (f)	Kapuzinerkresse (f)	[‚kapu'tsi:nɐ‚kʀɛsə]

orquídea (f)	Orchidee (f)	[‚ɔʁçi'de:ə]
peónia (f)	Pfingstrose (f)	['pfɪŋst‚ʀo:zə]
violeta (f)	Veilchen (n)	['faɪlçən]

amor-perfeito (m)	Stiefmütterchen (n)	['ʃti:f‚mytəçən]
não-me-esqueças (m)	Vergissmeinnicht (n)	[‚fɛɐ'gɪs·maɪn·nɪçt]
margarida (f)	Gänseblümchen (n)	['gɛnzə‚bly:mçən]
papoula (f)	Mohn (m)	[mo:n]

cânhamo (m)	Hanf (m)	[hanf]
hortelã (f)	Minze (f)	['mɪntsə]

lírio-do-vale (m)	Maiglöckchen (n)	['maɪˌglœkçən]
campânula-branca (f)	Schneeglöckchen (n)	['ʃneːglœkçən]

urtiga (f)	Brennnessel (f)	['bʀɛnˌnɛsəl]
azeda (f)	Sauerampfer (m)	['zaʊɐˌʔampfɐ]
nenúfar (m)	Seerose (f)	['zeːˌʀoːzə]
feto (m), samambaia (f)	Farn (m)	[faʀn]
líquen (m)	Flechte (f)	['flɛçtə]

estufa (f)	Gewächshaus (n)	[gə'vɛksˌhaʊs]
relvado (m)	Rasen (m)	['ʀaːzən]
canteiro (m) de flores	Blumenbeet (n)	['bluːmən·beːt]

planta (f)	Pflanze (f)	['pflantsə]
erva (f)	Gras (n)	[gʀaːs]
folha (f) de erva	Grashalm (m)	['gʀaːsˌhalm]

folha (f)	Blatt (n)	[blat]
pétala (f)	Blütenblatt (n)	['blyːtənˌblat]
talo (m)	Stiel (m)	[ʃtiːl]
tubérculo (m)	Knolle (f)	['knɔlə]

broto, rebento (m)	Jungpflanze (f)	['jʊŋˌpflantsə]
espinho (m)	Dorn (m)	[dɔʀn]

florescer (vi)	blühen (vi)	['blyːən]
murchar (vi)	welken (vi)	['vɛlkən]
cheiro (m)	Geruch (m)	[gə'ʀʊx]
cortar (flores)	abschneiden (vt)	['apˌʃnaɪdən]
colher (uma flor)	pflücken (vt)	['pflʏkən]

232. Cereais, grãos

grão (m)	Getreide (n)	[gə'tʀaɪdə]
cereais (plantas)	Getreidepflanzen (pl)	[gə'tʀaɪdəˌpflantsən]
espiga (f)	Ähre (f)	['ɛːʀə]

trigo (m)	Weizen (m)	['vaɪtsən]
centeio (m)	Roggen (m)	['ʀɔgən]
aveia (f)	Hafer (m)	['haːfɐ]
milho-miúdo (m)	Hirse (f)	['hɪʀzə]
cevada (f)	Gerste (f)	['gɛʀstə]
milho (m)	Mais (m)	['maɪs]
arroz (m)	Reis (m)	[ʀaɪs]
trigo-sarraceno (m)	Buchweizen (m)	['buːxˌvaɪtsən]

ervilha (f)	Erbse (f)	['ɛʀpsə]
feijão (m)	weiße Bohne (f)	['vaɪsə 'boːnə]
soja (f)	Sojabohne (f)	['zoːjaˌboːnə]
lentilha (f)	Linse (f)	['lɪnzə]
fava (f)	Bohnen (pl)	['boːnən]

207

233. Vegetais. Verduras

| legumes (m pl) | Gemüse (n) | [gə'myːzə] |
| verduras (f pl) | grünes Gemüse (pl) | ['gʀyːnəs gə'myːzə] |

tomate (m)	Tomate (f)	[to'maːtə]
pepino (m)	Gurke (f)	['guʀkə]
cenoura (f)	Karotte (f)	[ka'ʀɔtə]
batata (f)	Kartoffel (f)	[kaʀ'tɔfəl]
cebola (f)	Zwiebel (f)	['tsviːbəl]
alho (m)	Knoblauch (m)	['knoːp‚lauχ]

couve (f)	Kohl (m)	[koːl]
couve-flor (f)	Blumenkohl (m)	['bluːmən‚koːl]
couve-de-bruxelas (f)	Rosenkohl (m)	['ʀoːzən‚koːl]
brócolos (m pl)	Brokkoli (m)	['bʀɔkoli]

beterraba (f)	Rote Bete (f)	[‚ʀoːtə'beːtə]
beringela (f)	Aubergine (f)	[‚obɛʀ'ʒiːnə]
curgete (f)	Zucchini (f)	[tsu'kiːni]
abóbora (f)	Kürbis (m)	['kyʀbɪs]
nabo (m)	Rübe (f)	['ʀyːbə]

salsa (f)	Petersilie (f)	[petɐ'ziːlɪə]
funcho, endro (m)	Dill (m)	[dɪl]
alface (f)	Kopf Salat (m)	[kɔpf za'laːt]
aipo (m)	Sellerie (m)	['tsɛləʀi]
espargo (m)	Spargel (m)	['ʃpaʀgəl]
espinafre (m)	Spinat (m)	[ʃpi'naːt]

ervilha (f)	Erbse (f)	['ɛʀpsə]
fava (f)	Bohnen (pl)	['boːnən]
milho (m)	Mais (m)	['maɪs]
feijão (m)	weiße Bohne (f)	['vaɪsə 'boːnə]

pimentão (m)	Pfeffer (m)	['pfɛfə]
rabanete (m)	Radieschen (n)	[ʀa'diːsçən]
alcachofra (f)	Artischocke (f)	[aʀti'ʃɔkə]

GEOGRAFIA REGIONAL

Países. Nacionalidades

234. Europa Ocidental

Português	Alemão	Pronúncia
Europa (f)	Europa (n)	[ɔɪˈʁoːpa]
União (f) Europeia	Europäische Union (f)	[ˌɔɪʁoˈpɛːɪʃə ʔuˈnjoːn]
europeu (m)	Europäer (m)	[ˌɔɪʁoˈpɛːɐ]
europeu	europäisch	[ˌɔɪʁoˈpɛːɪʃ]
Áustria (f)	Österreich (n)	[ˈøːstəʁaɪç]
austríaco (m)	Österreicher (m)	[ˈøːstəʁaɪçɐ]
austríaca (f)	Österreicherin (f)	[ˈøːstəˌʁaɪçəʁɪn]
austríaco	österreichisch	[ˈøːstəʁaɪçɪʃ]
Grã-Bretanha (f)	Großbritannien (n)	[gʁoːsˈbʁiˈtanɪən]
Inglaterra (f)	England (n)	[ˈɛŋlant]
inglês (m)	Brite (m)	[ˈbʁɪtə]
inglesa (f)	Britin (f)	[ˈbʁɪtɪn]
inglês	englisch	[ˈɛŋlɪʃ]
Bélgica (f)	Belgien (n)	[ˈbɛlgɪən]
belga (m)	Belgier (m)	[ˈbɛlgɪɐ]
belga (f)	Belgierin (f)	[ˈbɛlgɪəʁɪn]
belga	belgisch	[ˈbɛlgɪʃ]
Alemanha (f)	Deutschland (n)	[ˈdɔɪtʃlant]
alemão (m)	Deutsche (m)	[ˈdɔɪtʃə]
alemã (f)	Deutsche (f)	[ˈdɔɪtʃə]
alemão	deutsch	[dɔɪtʃ]
Países (m pl) Baixos	Niederlande (f)	[ˈniːdəˌlandə]
Holanda (f)	Holland (n)	[ˈhɔlant]
holandês (m)	Holländer (m)	[ˈhɔlɛndə]
holandesa (f)	Holländerin (f)	[ˈhɔlɛndəʁɪn]
holandês	holländisch	[ˈhɔlɛndɪʃ]
Grécia (f)	Griechenland (n)	[ˈgʁiːçənˌlant]
grego (m)	Grieche (m)	[ˈgʁiːçə]
grega (f)	Griechin (f)	[ˈgʁiːçɪn]
grego	griechisch	[ˈgʁiːçɪʃ]
Dinamarca (f)	Dänemark (n)	[ˈdɛːnəˌmaʁk]
dinamarquês (m)	Däne (m)	[ˈdɛːnə]
dinamarquesa (f)	Dänin (f)	[ˈdɛːnɪn]
dinamarquês	dänisch	[ˈdɛːnɪʃ]
Irlanda (f)	Irland (n)	[ˈɪʁlant]
irlandês (m)	Ire (m)	[ˈiːʁə]

irlandesa (f)	**Irin** (f)	['iːʀɪn]
irlandês	**irisch**	['iːʀɪʃ]
Islândia (f)	**Island** (n)	['iːslant]
islandês (m)	**Isländer** (m)	['iːsˌlɛndə]
islandesa (f)	**Isländerin** (f)	['iːsˌlɛndəʀɪn]
islandês	**isländisch**	['iːsˌlɛndɪʃ]
Espanha (f)	**Spanien** (n)	['ʃpaːnɪən]
espanhol (m)	**Spanier** (m)	['ʃpaːnɪɐ]
espanhola (f)	**Spanierin** (f)	['ʃpaːnɪəʀɪn]
espanhol	**spanisch**	['ʃpaːnɪʃ]
Itália (f)	**Italien** (n)	[i'taːlɪən]
italiano (m)	**Italiener** (m)	[ˌital'ɪeːnə]
italiana (f)	**Italienerin** (f)	[ˌital'ɪeːnəʀɪn]
italiano	**italienisch**	[ˌita'lɪeːnɪʃ]
Chipre (m)	**Zypern** (n)	['tsyːpɐn]
cipriota (m)	**Zypriot** (m)	[tsypʀi'oːt]
cipriota (f)	**Zypriotin** (f)	[tsypʀi'oːtɪn]
cipriota	**zyprisch**	['tsyːpʀɪʃ]
Malta (f)	**Malta** (n)	['malta]
maltês (m)	**Malteser** (m)	[mal'teːzɐ]
maltesa (f)	**Malteserin** (f)	[mal'teːzəʀɪn]
maltês	**maltesisch**	[mal'teːzɪʃ]
Noruega (f)	**Norwegen** (n)	['nɔʁˌveːgən]
norueguês (m)	**Norweger** (m)	['nɔʁˌveːgɐ]
norueguesa (f)	**Norwegerin** (f)	['nɔʁˌveːgəʀɪn]
norueguês	**norwegisch**	['nɔʁveːgɪʃ]
Portugal (m)	**Portugal** (n)	['pɔʁtugal]
português (m)	**Portugiese** (m)	[pɔʁtu'giːzə]
portuguesa (f)	**Portugiesin** (f)	[pɔʁtu'giːzɪn]
português	**portugiesisch**	[pɔʁtu'giːzɪʃ]
Finlândia (f)	**Finnland** (n)	['fɪnlant]
finlandês (m)	**Finne** (m)	['fɪnə]
finlandesa (f)	**Finnin** (f)	['fɪnɪn]
finlandês	**finnisch**	['fɪnɪʃ]
França (f)	**Frankreich** (n)	['fʀaŋkʀaɪç]
francês (m)	**Franzose** (m)	[fʀan'tsoːzə]
francesa (f)	**Französin** (f)	[fʀan'tsøːzɪn]
francês	**französisch**	[fʀan'tsøːzɪʃ]
Suécia (f)	**Schweden** (n)	['ʃveːdən]
sueco (m)	**Schwede** (m)	['ʃveːdə]
sueca (f)	**Schwedin** (f)	['ʃveːdɪn]
sueco	**schwedisch**	['ʃveːdɪʃ]
Suíça (f)	**Schweiz** (f)	[ʃvaɪts]
suíço (m)	**Schweizer** (m)	['ʃvaɪtsə]
suíça (f)	**Schweizerin** (f)	['ʃvaɪtsəʀɪn]

suíço	schweizerisch	['ʃvaɪtsəRɪʃ]
Escócia (f)	Schottland (n)	['ʃɔtlant]
escocês (m)	Schotte (m)	['ʃɔtə]
escocesa (f)	Schottin (f)	['ʃɔtɪn]
escocês	schottisch	['ʃɔtɪʃ]

Vaticano (m)	Vatikan (m)	[vati'ka:n]
Liechtenstein (m)	Liechtenstein (n)	['lɪçtənˌʃtaɪn]
Luxemburgo (m)	Luxemburg (n)	['lʊksəmˌbʊʁk]
Mónaco (m)	Monaco (n)	[mo'nako]

235. Europa Central e de Leste

Albânia (f)	Albanien (n)	[al'ba:niən]
albanês (m)	Albaner (m)	[al'ba:nɐ]
albanesa (f)	Albanerin (f)	[al'ba:nəRɪn]
albanês	albanisch	[al'ba:nɪʃ]

Bulgária (f)	Bulgarien (n)	[bʊl'ga:Rɪən]
búlgaro (m)	Bulgare (m)	[bʊl'ga:Rə]
búlgara (f)	Bulgarin (f)	[bʊl'ga:Rɪn]
búlgaro	bulgarisch	[bʊl'ga:Rɪʃ]

Hungria (f)	Ungarn (n)	['ʊŋgaʁn]
húngaro (m)	Ungar (m)	['ʊŋgaʁ]
húngara (f)	Ungarin (f)	['ʊŋgaRɪn]
húngaro	ungarisch	['ʊŋgaRɪʃ]

Letónia (f)	Lettland (n)	['lɛtlant]
letão (m)	Lette (m)	['lɛtə]
letã (f)	Lettin (f)	['lɛtɪn]
letão	lettisch	['lɛtɪʃ]

Lituânia (f)	Litauen (n)	['lɪtaʊən]
lituano (m)	Litauer (m)	['li:taʊɐ]
lituana (f)	Litauerin (f)	['li:taʊəRɪn]
lituano	litauisch	['lɪtaʊɪʃ]

Polónia (f)	Polen (n)	['po:lən]
polaco (m)	Pole (m)	['po:lə]
polaca (f)	Polin (f)	['po:lɪn]
polaco	polnisch	['pɔlnɪʃ]

Roménia (f)	Rumänien (n)	[Ru'mɛ:nɪən]
romeno (m)	Rumäne (m)	[Ru'mɛ:nə]
romena (f)	Rumänin (f)	[Ru'mɛ:nɪn]
romeno	rumänisch	[Ru'mɛ:nɪʃ]

Sérvia (f)	Serbien (n)	['zɛʁbɪən]
sérvio (m)	Serbe (m)	['zɛʁbə]
sérvia (f)	Serbin (f)	['zɛʁbɪn]
sérvio	serbisch	['zɛʁbɪʃ]
Eslováquia (f)	Slowakei (f)	[slova'kaɪ]
eslovaco (m)	Slowake (m)	[slo'va:kə]

eslovaca (f)	Slowakin (f)	[slo'va:kɪn]
eslovaco	slowakisch	[slo'va:kɪʃ]
Croácia (f)	Kroatien (n)	[kʀo'a:tsɪən]
croata (m)	Kroate (m)	[kʀo'a:tə]
croata (f)	Kroatin (f)	[kʀo'a:tɪn]
croata	kroatisch	[kʀo'a:tɪʃ]
República (f) Checa	Tschechien (n)	['tʃɛçɪən]
checo (m)	Tscheche (m)	['tʃɛçə]
checa (f)	Tschechin (f)	['tʃɛçɪn]
checo	tschechisch	['tʃɛçɪʃ]
Estónia (f)	Estland (n)	['ɛstlant]
estónio (m)	Este (m)	['ɛstə]
estónia (f)	Estin (f)	['ɛstɪn]
estónio	estnisch	['ɛstnɪʃ]
Bósnia e Herzegovina (f)	Bosnien und Herzegowina (n)	['bɔsnɪən ʊnt ˌhɛʀtsə'govina:]
Macedónia (f)	Makedonien (n)	[makə'do:nɪən]
Eslovénia (f)	Slowenien (n)	[slo've:nɪən]
Montenegro (m)	Montenegro (n)	[mɔnte'ne:gʀo]

236. Países da ex-URSS

Azerbaijão (m)	Aserbaidschan (n)	[ˌazɛʀbaɪ'dʒa:n]
azeri (m)	Aserbaidschaner (m)	[azɛʀbaɪ'dʒa:nə]
azeri (f)	Aserbaidschanerin (f)	[azɛʀbaɪ'dʒa:nəʀɪn]
azeri, azerbaijano	aserbaidschanisch	[ˌazɛʀbaɪ'dʒa:nɪʃ]
Arménia (f)	Armenien (n)	[aʀ'me:nɪən]
arménio (m)	Armenier (m)	[aʀ'me:nɪɐ]
arménia (f)	Armenierin (f)	[aʀ'me:nɪəʀɪn]
arménio	armenisch	[aʀ'me:nɪʃ]
Bielorrússia (f)	Weißrussland (n)	['vaɪsˌʀʊslant]
bielorrusso (m)	Weißrusse (m)	['vaɪsˌʀʊsə]
bielorrussa (f)	Weißrussin (f)	['vaɪsˌʀʊsɪn]
bielorrusso	weißrussisch	['vaɪsˌʀʊsɪʃ]
Geórgia (f)	Georgien (n)	[ge'ɔʀgɪən]
georgiano (m)	Georgier (m)	[ge'ɔʀgɪɐ]
georgiana (f)	Georgierin (f)	[ge'ɔʀgɪəʀɪn]
georgiano	georgisch	[ge'ɔʀgɪʃ]
Cazaquistão (m)	Kasachstan (n)	['ka:zaχˌsta:n]
cazaque (m)	Kasache (m)	[ka'zaχə]
cazaque (f)	Kasachin (f)	[ka'zaχɪn]
cazaque	kasachisch	[ˌka'zaχɪʃ]
Quirguistão (m)	Kirgisien (n)	['kɪʀgi:zɪən]
quirguiz (m)	Kirgise (m)	[kɪʀ'gi:zə]
quirguiz (f)	Kirgisin (f)	[kɪʀ'gi:zɪn]

quirguiz	kirgisisch	[kɪʁ'gi:zɪʃ]
Moldávia (f)	Moldawien (n)	[mɔl'da:vɪən]
moldavo (m)	Moldauer (m)	['mɔldaʊɐ]
moldava (f)	Moldauerin (f)	['mɔldaʊə‚ʀɪn]
moldavo	moldauisch	['mɔldaʊɪʃ]

Rússia (f)	Russland (n)	['ʀʊslant]
russo (m)	Russe (m)	['ʀʊsə]
russa (f)	Russin (f)	['ʀʊsɪn]
russo	russisch	['ʀʊsɪʃ]

Tajiquistão (m)	Tadschikistan (n)	[ta'dʒi:kɪsta:n]
tajique (m)	Tadschike (m)	[ta'dʒi:kə]
tajique (f)	Tadschikin (f)	[ta'dʒi:kɪn]
tajique	tadschikisch	[ta'dʒi:kɪʃ]

Turquemenistão (m)	Turkmenistan (n)	[tʊʁk'me:nɪsta:n]
turcomeno (m)	Turkmene (m)	[tʊʁk'me:nə]
turcomena (f)	Turkmenin (f)	[tʊʁk'me:nɪn]
turcomeno	turkmenisch	[tʊʁk'me:nɪʃ]

Uzbequistão (f)	Usbekistan (n)	[ʊs'be:kɪsta:n]
uzbeque (m)	Usbeke (m)	[ʊs'be:kə]
uzbeque (f)	Usbekin (f)	[ʊs'be:kɪn]
uzbeque	usbekisch	[us'be:kɪʃ]

Ucrânia (f)	Ukraine (f)	[‚ukʀa'i:nə]
ucraniano (m)	Ukrainer (m)	[ukʀa'i:nɐ]
ucraniana (f)	Ukrainerin (f)	[ukʀa'i:nəʀɪn]
ucraniano	ukrainisch	[ukʀa'i:nɪʃ]

237. Asia

| Ásia (f) | Asien (n) | ['a:zɪən] |
| asiático | asiatisch | [a'zia:tɪʃ] |

Vietname (m)	Vietnam (n)	[vɪɛt'nam]
vietnamita (m)	Vietnamese (m)	[vɪɛtna'me:zə]
vietnamita (f)	Vietnamesin (f)	[vɪɛtna'me:zɪn]
vietnamita	vietnamesisch	[‚viɛtna'me:zɪʃ]

Índia (f)	Indien (n)	['ɪndɪən]
indiano (m)	Inder (m)	['ɪndɐ]
indiana (f)	Inderin (f)	['ɪndəʀɪn]
indiano	indisch	['ɪndɪʃ]

Israel (m)	Israel (n)	['ɪsʀae:l]
israelita (m)	Israeli (m)	[‚ɪsʀa'e:li]
israelita (f)	Israeli (f)	[‚ɪsʀa'e:li]
israelita	israelisch	[ɪsʀa'e:lɪʃ]

judeu (m)	Jude (m)	['ju:də]
judia (f)	Jüdin (f)	['jy:dɪn]
judeu	jüdisch	['jy:dɪʃ]

China (f)	China (n)	['çi:na]
chinês (m)	Chinese (m)	[çi'ne:zə]
chinesa (f)	Chinesin (f)	[çi'ne:zɪn]
chinês	chinesisch	[çi'ne:zɪʃ]
coreano (m)	Koreaner (m)	[koʀe'a:nɐ]
coreana (f)	Koreanerin (f)	[koʀe'a:nəʀɪn]
coreano	koreanisch	[koʀe'a:nɪʃ]
Líbano (m)	Libanon (m, n)	['li:banɔn]
libanês (m)	Libanese (m)	[liba'ne:zə]
libanesa (f)	Libanesin (f)	[liba'ne:zɪn]
libanês	libanesisch	[liba'ne:zɪʃ]
Mongólia (f)	Mongolei (f)	[ˌmɔŋgo'laɪ]
mongol (m)	Mongole (m)	[mɔŋ'go:lə]
mongol (f)	Mongolin (f)	[mɔŋ'go:lɪn]
mongol	mongolisch	[mɔŋ'go:lɪʃ]
Malásia (f)	Malaysia (n)	[ma'laɪzɪa]
malaio (m)	Malaie (m)	[ma'laɪə]
malaia (f)	Malaiin (f)	[ma'lajɪn]
malaio	malaiisch	[ma'laɪɪʃ]
Paquistão (m)	Pakistan (n)	['pa:kɪsta:n]
paquistanês (m)	Pakistaner (m)	[pakɪs'ta:nɐ]
paquistanesa (f)	Pakistanerin (f)	[pakɪs'ta:nəʀɪn]
paquistanês	pakistanisch	[pakɪs'ta:nɪʃ]
Arábia (f) Saudita	Saudi-Arabien (n)	[ˌzaʊdiʔa'ʀa:bɪən]
árabe (m)	Araber (m)	['a:ʀabɐ]
árabe (f)	Araberin (f)	['a:ʀabəʀɪn]
árabe	arabisch	[a'ʀa:bɪʃ]
Tailândia (f)	Thailand (n)	['taɪlant]
tailandês (m)	Thailänder (m)	['taɪˌlɛndɐ]
tailandesa (f)	Thailänderin (f)	['taɪˌlɛndəʀɪn]
tailandês	thailändisch	['taɪlɛndɪʃ]
Taiwan (m)	Taiwan (n)	[taɪ'va:n]
taiwanês (m)	Taiwaner (m)	[taɪ'va:nɐ]
taiwanesa (f)	Taiwanerin (f)	[taɪ'va:nəʀɪn]
taiwanês	taiwanisch	[taɪ'va:nɪʃ]
Turquia (f)	Türkei (f)	[tʏʁ'kaɪ]
turco (m)	Türke (m)	['tʏʁkə]
turca (f)	Türkin (f)	['tʏʁkɪn]
turco	türkisch	['tʏʁkɪʃ]
Japão (m)	Japan (n)	['ja:pan]
japonês (m)	Japaner (m)	[ja'pa:nɐ]
japonesa (f)	Japanerin (f)	[ja'pa:nəʀɪn]
japonês	japanisch	[ja'pa:nɪʃ]
Afeganistão (m)	Afghanistan (n)	[af'ga:nɪsta:n]
Bangladesh (m)	Bangladesch (n)	[ˌbaŋgla'dɛʃ]

| Indonésia (f) | Indonesien (n) | [ɪndo'neːzɪən] |
| Jordânia (f) | Jordanien (n) | [jɔʁ'daːnɪən] |

Iraque (m)	Irak (m, n)	[i'ʀaːk]
Irão (m)	Iran (m, n)	[i'ʀaːn]
Camboja (f)	Kambodscha (n)	[kam'bɔdʒa]
Kuwait (m)	Kuwait (n)	[ku'vaɪt]

Laos (m)	Laos (n)	['laːɔs]
Myanmar (m), Birmânia (f)	Myanmar (n)	['mɪanmaːɐ]
Nepal (m)	Nepal (n)	['neːpal]
Emirados Árabes Unidos	Vereinigten Arabischen Emirate (pl)	[fɛɐ'ʔaɪnɪgən a'ʀaːbɪʃən emi'ʀaːtə]

Síria (f)	Syrien (n)	['zyːʀɪən]
Palestina (f)	Palästina (n)	[palɛs'tiːna]
Coreia do Sul (f)	Südkorea (n)	['zyːtko'ʀeːa]
Coreia do Norte (f)	Nordkorea (n)	['nɔʁt·ko'ʀeːa]

238. América do Norte

Estados Unidos da América	Die Vereinigten Staaten	[di fɛɐ'ʔaɪnɪçtən 'ʃtaːtən]
americano (m)	Amerikaner (m)	[ameʀi'kaːnɐ]
americana (f)	Amerikanerin (f)	[ameʀi'kaːnəʀɪn]
americano	amerikanisch	[ameʀi'kaːnɪʃ]

Canadá (m)	Kanada (n)	['kanada]
canadiano (m)	Kanadier (m)	[ka'naːdɪɐ]
canadiana (f)	Kanadierin (f)	[ka'naːdɪəʀɪn]
canadiano	kanadisch	[ka'naːdɪʃ]

México (m)	Mexiko (n)	['mɛksikoː]
mexicano (m)	Mexikaner (m)	[mɛksi'kaːnɐ]
mexicana (f)	Mexikanerin (f)	[mɛksi'kaːnəʀɪn]
mexicano	mexikanisch	[mɛksi'kaːnɪʃ]

239. América Central do Sul

Argentina (f)	Argentinien (n)	[ˌaʁgɛn'tiːnɪən]
argentino (m)	Argentinier (m)	[aʁgɛn'tiːnɪɐ]
argentina (f)	Argentinierin (f)	[aʁgɛn'tiːnɪəʀɪn]
argentino	argentinisch	[aʁgɛn'tiːnɪʃ]

Brasil (m)	Brasilien (n)	[bʀa'ziːlɪən]
brasileiro (m)	Brasilianer (m)	[bʀazi'lɪaːnɐ]
brasileira (f)	Brasilianerin (f)	[bʀazi'lɪaːnəʀɪn]
brasileiro	brasilianisch	[bʀazi'lɪanɪʃ]

Colômbia (f)	Kolumbien (n)	[ko'lʊmbɪən]
colombiano (m)	Kolumbianer (m)	[kolʊm'bɪaːnɐ]
colombiana (f)	Kolumbianerin (f)	[kolʊm'bɪaːnəʀɪn]
colombiano	kolumbianisch	[kolʊm'bɪaːnɪʃ]

Cuba (f)	Kuba (n)	['ku:ba]
cubano (m)	Kubaner (m)	[ku'ba:nɐ]
cubana (f)	Kubanerin (f)	[ku'ba:nəʀɪn]
cubano	kubanisch	[ku'ba:nɪʃ]

Chile (m)	Chile (n)	['tʃi:lə]
chileno (m)	Chilene (m)	[tʃi'le:nə]
chilena (f)	Chilenin (f)	[tʃi'le:nɪn]
chileno	chilenisch	[tʃi'le:nɪʃ]

Bolívia (f)	Bolivien (n)	[bo'li:vɪən]
Venezuela (f)	Venezuela (n)	[ˌvene'tsue:la]
Paraguai (m)	Paraguay (n)	['pa:ʀagvaɪ]
Peru (m)	Peru (n)	[pe'ʀu:]
Suriname (m)	Suriname (n)	[syʀi'na:mə]
Uruguai (m)	Uruguay (n)	['u:ʀugvaɪ]
Equador (m)	Ecuador (n)	[ˌekua'do:ɐ]

Bahamas (f pl)	Die Bahamas	[di ba'ha:ma:s]
Haiti (m)	Haiti (n)	[ha'i:ti]
República (f) Dominicana	Dominikanische Republik (f)	[dominiˌka:nɪʃə ʀepu'blik]
Panamá (m)	Panama (n)	['panama:]
Jamaica (f)	Jamaika (n)	[ja'maɪka]

240. Africa

Egito (m)	Ägypten (n)	[ɛ'gʏptən]
egípcio (m)	Ägypter (m)	[ɛ'gʏptɐ]
egípcia (f)	Ägypterin (f)	[ɛ'gʏptəʀɪn]
egípcio	ägyptisch	[ɛ'gʏptɪʃ]

Marrocos	Marokko (n)	[ˌma'ʀɔko]
marroquino (m)	Marokkaner (m)	[maʀɔ'ka:nɐ]
marroquina (f)	Marokkanerin (f)	[maʀɔ'ka:nəʀɪn]
marroquino	marokkanisch	[maʀɔ'ka:nɪʃ]

Tunísia (f)	Tunesien (n)	[tu'ne:zɪən]
tunisino (m)	Tunesier (m)	[tu'ne:zɪɐ]
tunisina (f)	Tunesierin (f)	[tu'ne:zɪəʀɪn]
tunisino	tunesisch	[tu'ne:zɪʃ]

Gana (f)	Ghana (n)	['ga:na]
Zanzibar (m)	Sansibar (n)	['zanziba:ɐ]
Quénia (f)	Kenia (n)	['ke:nia]
Líbia (f)	Libyen (n)	['li:byən]
Madagáscar (m)	Madagaskar (n)	[ˌmada'gaskaʁ]

Namíbia (f)	Namibia (n)	[na'mi:bia]
Senegal (m)	Senegal (m)	['ze:negal]
Tanzânia (f)	Tansania (n)	[tan'za:nɪa]
África do Sul (f)	Republik Südafrika (f)	[ʀepu'bli:k zy:tˌʔa:fʀika]
africano (m)	Afrikaner (m)	[afʀi'ka:nɐ]
africana (f)	Afrikanerin (f)	[afʀi'ka:nəʀɪn]
africano	afrikanisch	[afʀi'ka:nɪʃ]

241. Austrália. Oceania

Austrália (f)	**Australien** (n)	[aʊs'tʀaːlɪən]
australiano (m)	**Australier** (m)	[aʊs'tʀaːlɪɐ]
australiana (f)	**Australierin** (f)	[aʊs'tʀaːlɪəʀɪn]
australiano	**australisch**	[aʊs'tʀaːlɪʃ]
Nova Zelândia (f)	**Neuseeland** (n)	[nɔɪ'zeːlant]
neozelandês (m)	**Neuseeländer** (m)	[nɔɪ'zeːˌlɛndɐ]
neozelandesa (f)	**Neuseeländerin** (f)	[nɔɪ'zeːˌlɛndəʀɪn]
neozelandês	**neuseeländisch**	[nɔɪ'zeːˌlɛndɪʃ]
Tasmânia (f)	**Tasmanien** (n)	[tas'maːnɪən]
Polinésia Francesa (f)	**Französisch-Polynesien** (n)	[fʀan'tsøːzɪʃ poly'neːzɪən]

242. Cidades

Amesterdão	**Amsterdam** (n)	[ˌamstɐ'dam]
Ancara	**Ankara** (n)	['aŋkaʀa]
Atenas	**Athen** (n)	[a'teːn]
Bagdade	**Bagdad** (n)	['bakdat]
Banguecoque	**Bangkok** (n)	['baŋkɔk]
Barcelona	**Barcelona** (n)	[ˌbaʀsə'loːnaː]
Beirute	**Beirut** (n)	[baɪ'ʀuːt]
Berlim	**Berlin** (n)	[bɛʀ'liːn]
Bombaim	**Bombay** (n)	['bɔmbeɪ]
Bona	**Bonn** (n)	[bɔn]
Bordéus	**Bordeaux** (n)	[bɔʀ'doː]
Bratislava	**Bratislava** (n)	[bʀatɪs'laːva]
Bruxelas	**Brüssel** (n)	['bʀʏsəl]
Bucareste	**Bukarest** (n)	['bukaʀɛst]
Budapeste	**Budapest** (n)	['buːdaˌpɛst]
Cairo	**Kairo** (n)	['kaɪʀo]
Calcutá	**Kalkutta** (n)	[kal'kʊta]
Chicago	**Chicago** (n)	[ʃɪ'kaːgo]
Cidade do México	**Mexiko-Stadt** (n)	['mɛksiko 'ʃtat]
Copenhaga	**Kopenhagen** (n)	[ˌkopən'haːgən]
Dar es Salaam	**Daressalam** (n)	[daʀɛsa'laːm]
Deli	**Delhi** (n)	['dɛli]
Dubai	**Dubai** (n)	['duːbaɪ]
Dublin, Dublim	**Dublin** (n)	['dablɪn]
Düsseldorf	**Düsseldorf** (n)	['dʏsəlˌdɔʀf]
Estocolmo	**Stockholm** (n)	['ʃtɔkhɔlm]
Florença	**Florenz** (n)	[flo'ʀɛnts]
Frankfurt	**Frankfurt** (n)	['fʀaŋkfuʀt]
Genebra	**Genf** (n)	[gɛnf]
Haia	**Den Haag** (n)	[den 'haːk]
Hamburgo	**Hamburg** (n)	['hambuʀk]

Hanói	**Hanoi** (n)	[ha'nɔɪ]
Havana	**Havanna** (n)	[ha'vana]

Helsínquia	**Helsinki** (n)	['helsiŋki]
Hiroshima	**Hiroshima** (n)	[hiʀo'ʃiːma]
Hong Kong	**Hongkong** (n)	['hɔŋkɔŋ]
Istambul	**Istanbul** (n)	['ɪstambuːl]
Jerusalém	**Jerusalem** (n)	[je'ʀuːzalɛm]
Kiev	**Kiew** (n)	['kiːɛf]
Kuala Lumpur	**Kuala Lumpur** (n)	[ku'ala 'lʊmpʊʀ]
Lisboa	**Lissabon** (n)	['lɪsabɔn]
Londres	**London** (n)	['lɔndɔn]
Los Angeles	**Los Angeles** (n)	[lɔs'ændʒəlɪs]
Lion	**Lyon** (n)	[li'ɔŋ]

Madrid	**Madrid** (n)	[ma'dʀɪt]
Marselha	**Marseille** (n)	[maʀ'sɛːj]
Miami	**Miami** (n)	[maj'ɛmɪ]
Montreal	**Montreal** (n)	[mɔntʀe'al]
Moscovo	**Moskau** (n)	['mɔskaʊ]
Munique	**München** (n)	['mʏnçən]

Nairóbi	**Nairobi** (n)	[naɪ'ʀoːbi]
Nápoles	**Neapel** (n)	[ne'apəl]
Nice	**Nizza** (n)	['nɪtsaː]
Nova York	**New York** (n)	[nju: 'jɔːk]

Oslo	**Oslo** (n)	['ɔsloː]
Ottawa	**Ottawa** (n)	[ɔ'tava]
Paris	**Paris** (n)	[pa'ʀiːs]
Pequim	**Peking** (n)	['peːkɪŋ]
Praga	**Prag** (n)	[pʀaːk]

Rio de Janeiro	**Rio de Janeiro** (n)	['ʀiːo deː ʒa'neːʀo]
Roma	**Rom** (n)	[ʀoːm]
São Petersburgo	**Sankt Petersburg** (n)	['sankt 'peːtɐsbʊʀk]
Seul	**Seoul** (n)	[ze'uːl]
Singapura	**Singapur** (n)	['zɪŋgapuːɐ]
Sydney	**Sydney** (n)	['sɪdnɪ]

Taipé	**Taipeh** (n)	[taɪ'peː]
Tóquio	**Tokio** (n)	['toːkɪoː]
Toronto	**Toronto** (n)	[to'ʀonto]
Varsóvia	**Warschau** (n)	['vaʀʃaʊ]
Veneza	**Venedig** (n)	[ve'neːdɪç]
Viena	**Wien** (n)	[viːn]

Washington	**Washington** (n)	['vɔʃɪŋtən]
Xangai	**Schanghai** (n)	[ʃaŋ'haɪ]

243. Política. Governo. Parte 1

política (f)	**Politik** (f)	[poli'tɪk]
político	**politisch**	[po'liːtɪʃ]

político (m)	**Politiker** (m)	[po'li:tikɐ]
estado (m)	**Staat** (m)	[ʃta:t]
cidadão (m)	**Bürger** (m)	['bʏʀgɐ]
cidadania (f)	**Staatsbürgerschaft** (f)	['ʃta:tsbʏʀgɐˌʃaft]
brasão (m) de armas	**Staatswappen** (n)	['ʃta:tsˌvapən]
hino (m) nacional	**Nationalhymne** (f)	[natsjo'na:lˌhʏmnə]
governo (m)	**Regierung** (f)	[ʀe'gi:ʀʊŋ]
Chefe (m) de Estado	**Staatschef** (m)	['ʃta:tsʃɛf]
parlamento (m)	**Parlament** (n)	[paʀla'mɛnt]
partido (m)	**Partei** (f)	[paʀ'taɪ]
capitalismo (m)	**Kapitalismus** (m)	[kapita'lɪsmʊs]
capitalista	**kapitalistisch**	[kapita'lɪstɪʃ]
socialismo (m)	**Sozialismus** (m)	[zotsɪa'lɪsmʊs]
socialista	**sozialistisch**	[zotsɪa'lɪstɪʃ]
comunismo (m)	**Kommunismus** (m)	[ˌkɔmu'nɪsmʊs]
comunista	**kommunistisch**	[kɔmu'nɪstɪʃ]
comunista (m)	**Kommunist** (m)	[kɔmu'nɪst]
democracia (f)	**Demokratie** (f)	[demokʀa'ti:]
democrata (m)	**Demokrat** (m)	[demo'kʀa:t]
democrático	**demokratisch**	[demo'kʀa:tɪʃ]
Partido (m) Democrático	**demokratische Partei** (f)	[demo'kʀa:tɪʃə paʀ'taɪ]
liberal (m)	**Liberale** (m)	[libe'ʀa:lə]
liberal	**liberal**	[libe'ʀa:l]
conservador (m)	**Konservative** (m)	[ˌkɔnzɛʀva'ti:və]
conservador	**konservativ**	[ˌkɔnzɛʀva'ti:f]
república (f)	**Republik** (f)	[ʀepu'bli:k]
republicano (m)	**Republikaner** (m)	[ʀepubli'ka:nɐ]
Partido (m) Republicano	**Republikanische Partei** (f)	[ʀepubli'ka:nɪʃə paʀ'taɪ]
eleições (f pl)	**Wahlen** (pl)	['va:lən]
eleger (vt)	**wählen** (vt)	['vɛ:lən]
eleitor (m)	**Wähler** (m)	['vɛ:lɐ]
campanha (f) eleitoral	**Wahlkampagne** (f)	['va:l·kamˌpanjə]
votação (f)	**Abstimmung** (f)	['apʃtɪmʊŋ]
votar (vi)	**abstimmen** (vi)	['apʃtɪmən]
direito (m) de voto	**Abstimmungsrecht** (n)	['apʃtɪmʊŋs·ʀɛçt]
candidato (m)	**Kandidat** (m)	[kandi'da:t]
candidatar-se (vi)	**kandidieren** (vi)	[kandi'di:ʀən]
campanha (f)	**Kampagne** (f)	[kam'panjə]
da oposição	**Oppositions-**	[ɔpozi'tsjo:ns]
oposição (f)	**Opposition** (f)	[ɔpozi'tsjo:n]
visita (f)	**Besuch** (m)	[bə'zu:x]
visita (f) oficial	**Staatsbesuch** (m)	['ʃta:tsbəˌzu:x]

internacional	international	[ˌɪntɛnatsjɔ'naːl]
negociações (f pl)	Verhandlungen (pl)	[fɛɐ'handlʊŋən]
negociar (vi)	verhandeln (vi)	[fɛɐ'handəln]

244. Política. Governo. Parte 2

sociedade (f)	Gesellschaft (f)	[gə'zɛlʃaft]
constituição (f)	Verfassung (f)	[fɛɐ'fasʊŋ]
poder (ir para o ~)	Macht (f)	[maχt]
corrupção (f)	Korruption (f)	[kɔrʊp'tsjoːn]

lei (f)	Gesetz (n)	[gə'zɛts]
legal	gesetzlich	[gə'zɛtslɪç]

justiça (f)	Gerechtigkeit (f)	[gə'ʀɛçtɪç·kaɪt]
justo	gerecht	[gə'ʀɛçt]

comité (m)	Komitee (n)	[komi'teː]
projeto-lei (m)	Gesetzentwurf (m)	[gə'zɛtsʔɛntˌvʊʀf]
orçamento (m)	Budget (n)	[by'dʒeː]
política (f)	Politik (f)	[poli'tɪk]
reforma (f)	Reform (f)	[ʀɛ'fɔʀm]
radical	radikal	[ʀadi'kaːl]

força (f)	Macht (f)	[maχt]
poderoso	mächtig	['mɛçtɪç]
partidário (m)	Anhänger (m)	['anˌhɛŋɐ]
influência (f)	Einfluss (m)	['aɪnˌflʊs]

regime (m)	Regime (n)	[ʀɛ'ʒiːm]
conflito (m)	Konflikt (m)	[kɔn'flɪkt]
conspiração (f)	Verschwörung (f)	[fɛɐ'ʃvøːʀʊŋ]
provocação (f)	Provokation (f)	[pʀovoka'tsjoːn]

derrubar (vt)	stürzen (vt)	['ʃtʏʀtsən]
derrube (m), queda (f)	Sturz (m)	[ʃtʊʀts]
revolução (f)	Revolution (f)	[ʀevolu'tsjoːn]

golpe (m) de Estado	Staatsstreich (m)	['ʃtaːtsˌʃtʀaɪç]
golpe (m) militar	Militärputsch (m)	[mili'tɛːɐˌpʊtʃ]

crise (f)	Krise (f)	['kʀiːzə]
recessão (f) económica	Rezession (f)	[ʀetsɛ'sjoːn]
manifestante (m)	Demonstrant (m)	[demɔn'stʀant]
manifestação (f)	Demonstration (f)	[demonstʀa'tsjoːn]
lei (f) marcial	Ausnahmezustand (m)	['aʊsnaːməˌtsuːʃtant]
base (f) militar	Militärbasis (f)	[mili'tɛːɐˌbaːzɪs]

estabilidade (f)	Stabilität (f)	[ʃtabili'tɛːt]
estável	stabil	[ʃta'biːl]

exploração (f)	Ausbeutung (f)	['aʊsˌbɔɪtʊŋ]
explorar (vt)	ausbeuten (vt)	['aʊsˌbɔɪtən]
racismo (m)	Rassismus (m)	[ʀa'sɪsmʊs]

racista (m)	**Rassist** (m)	[ʀa'sɪst]
fascismo (m)	**Faschismus** (m)	[fa'ʃɪsmʊs]
fascista (m)	**Faschist** (m)	[fa'ʃɪst]

245. Países. Diversos

estrangeiro (m)	**Ausländer** (m)	['aʊsˌlɛndɐ]
estrangeiro	**ausländisch**	['aʊsˌlɛndɪʃ]
no estrangeiro	**im Ausland**	[ɪm 'aʊslant]

emigrante (m)	**Auswanderer** (m)	['aʊsˌvandɐʀɐ]
emigração (f)	**Auswanderung** (f)	['aʊsˌvandɐʀʊŋ]
emigrar (vi)	**auswandern** (vi)	['aʊsˌvandɐn]

Ocidente (m)	**Westen** (m)	['vɛstən]
Oriente (m)	**Osten** (m)	['ɔstən]
Extremo Oriente (m)	**Ferner Osten** (m)	['fɛɐnɐ 'ɔstən]
civilização (f)	**Zivilisation** (f)	[tsiviliza'tsjoːn]
humanidade (f)	**Menschheit** (f)	['mɛnʃhaɪt]
mundo (m)	**Welt** (f)	[vɛlt]
paz (f)	**Frieden** (m)	['fʀiːdən]
mundial	**Welt-**	[vɛlt]

pátria (f)	**Heimat** (f)	['haɪmaːt]
povo (m)	**Volk** (n)	[fɔlk]
população (f)	**Bevölkerung** (f)	[bə'fœlkəʀʊŋ]
gente (f)	**Leute** (pl)	['lɔɪtə]
nação (f)	**Nation** (f)	[na'tsjoːn]
geração (f)	**Generation** (f)	[genɐʀa'tsjoːn]
território (m)	**Territorium** (n)	[tɛʀi'toːʀiʊm]
região (f)	**Region** (f)	[ʀe'gjoːn]
estado (m)	**Staat** (m)	[ʃtaːt]

tradição (f)	**Tradition** (f)	[tʀadi'tsjoːn]
costume (m)	**Brauch** (m)	[bʀaʊχ]
ecologia (f)	**Ökologie** (f)	[ˌøkolo'giː]

índio (m)	**Indianer** (m)	[ɪn'diaːnɐ]
cigano (m)	**Zigeuner** (m)	[tsi'gɔɪnɐ]
cigana (f)	**Zigeunerin** (f)	[tsi'gɔɪnəʀɪn]
cigano	**Zigeuner-**	[tsi'gɔɪnɐ]

império (m)	**Reich** (n)	['ʀaɪç]
colónia (f)	**Kolonie** (f)	[kolo'niː]
escravidão (f)	**Sklaverei** (f)	[sklavə'ʀaɪ]
invasão (f)	**Einfall** (m)	['aɪnˌfal]
fome (f)	**Hunger** (m)	['hʊŋɐ]

246. Grupos religiosos mais importantes. Confissões

| religião (f) | **Religion** (f) | [ʀeli'gjoːn] |
| religioso | **religiös** | [ʀeli'gɪøːs] |

crença (f)	Glaube (m)	['glaʊbə]
crer (vt)	glauben (vt)	['glaʊbən]
crente (m)	Gläubige (m)	['glɔɪbɪgə]
ateísmo (m)	Atheismus (m)	[ate'ʔɪsmʊs]
ateu (m)	Atheist (m)	[ate'ɪst]
cristianismo (m)	Christentum (n)	['kʀɪstəntu:m]
cristão (m)	Christ (m)	[kʀɪst]
cristão	christlich	['kʀɪstlɪç]
catolicismo (m)	Katholizismus (m)	['katolizɪsmʊs]
católico (m)	Katholik (m)	[kato'li:k]
católico	katholisch	[ka'to:lɪʃ]
protestantismo (m)	Protestantismus (m)	[pʀotɛs'tantɪsmʊs]
Igreja (f) Protestante	Protestantische Kirche (f)	[pʀotɛs'tantɪʃə 'kɪʀçə]
protestante (m)	Protestant (m)	[pʀotɛs'tant]
ortodoxia (f)	Orthodoxes Christentum (n)	[ɔʀto'dɔksəs 'kʀɪstəntu:m]
Igreja (f) Ortodoxa	Orthodoxe Kirche (f)	[ɔʀto'dɔksə 'kɪʀçə]
ortodoxo (m)	orthodoxer Christ (m)	[ɔʀto'dɔks]
presbiterianismo (m)	Presbyterianismus (m)	[pʀɛsbyte'ʀɪa:nɪsmʊs]
Igreja (f) Presbiteriana	Presbyterianische Kirche (f)	[pʀɛsbyte'ʀɪa:nɪʃə 'kɪʀçə]
presbiteriano (m)	Presbyterianer (m)	[pʀɛsbyte'ʀɪa:nɐ]
Igreja (f) Luterana	Lutherische Kirche (f)	['lʊtəʀɪʃə 'kɪʀçə]
luterano (m)	Lutheraner (m)	[lʊtə'ʀa:nɐ]
Igreja (f) Batista	Baptismus (m)	[bap'tɪsmʊs]
batista (m)	Baptist (m)	[bap'tɪst]
Igreja (f) Anglicana	Anglikanische Kirche (f)	[aŋgli'ka:nɪʃə 'kɪʀçə]
anglicano (m)	Anglikaner (m)	[aŋgli'kanɐ]
mormonismo (m)	Mormonismus (m)	[mɔʀmo:'nɪsmʊs]
mórmon (m)	Mormone (m)	[mɔʀ'mo:nə]
Judaísmo (m)	Judentum (n)	['ju:dəntu:m]
judeu (m)	Jude (m)	['ju:də]
budismo (m)	Buddhismus (m)	[bʊ'dɪsmʊs]
budista (m)	Buddhist (m)	[bʊ'dɪst]
hinduísmo (m)	Hinduismus (m)	[hɪndu'ʔɪsmʊs]
hindu (m)	Hindu (m)	['hɪndu]
Islão (m)	Islam (m)	[ɪs'la:m]
muçulmano (m)	Moslem (m)	['mɔslɛm]
muçulmano	moslemisch	[mɔs'le:mɪʃ]
Xiismo (m)	Schiismus (m)	[ʃi'ɪsmʊs]
xiita (m)	Schiit (m)	[ʃi'i:t]
sunismo (m)	Sunnismus (m)	[zʊ'nɪsmʊs]
sunita (m)	Sunnit (m)	[zʊ'ni:t]

247. Religiões. Padres

padre (m)	Priester (m)	['pʀi:stɐ]
Papa (m)	Papst (m)	[papst]
monge (m)	Mönch (m)	[mœnç]
freira (f)	Nonne (f)	['nɔnə]
pastor (m)	Pfarrer (m)	['pfaʀɐ]
abade (m)	Abt (m)	[apt]
vigário (m)	Vikar (m)	[vi'ka:ɐ]
bispo (m)	Bischof (m)	['bɪʃɔf]
cardeal (m)	Kardinal (m)	[ˌkaʀdi'na:l]
pregador (m)	Prediger (m)	['pʀe:dɪgɐ]
sermão (m)	Predigt (f)	['pʀe:dɪçt]
paroquianos (pl)	Gemeinde (f)	[gə'maɪndə]
crente (m)	Gläubige (m)	['glɔɪbɪgə]
ateu (m)	Atheist (m)	[ate'ɪst]

248. Fé. Cristianismo. Islão

Adão	Adam	['a:dam]
Eva	Eva	['e:va]
Deus (m)	Gott (m)	[gɔt]
Senhor (m)	Herr (m)	[hɛʀ]
Todo Poderoso (m)	Der Allmächtige	[de:ɐ al'mɛçtɪgə]
pecado (m)	Sünde (f)	['zʏndə]
pecar (vi)	sündigen (vi)	['zʏndɪgən]
pecador (m)	Sünder (m)	['zʏndɐ]
pecadora (f)	Sünderin (f)	['zʏndəʀɪn]
inferno (m)	Hölle (f)	['hœlə]
paraíso (m)	Paradies (n)	[paʀa'di:s]
Jesus	Jesus (m)	['je:zʊs]
Jesus Cristo	Jesus Christus (m)	['je:zʊs 'kʀɪstʊs]
Espírito (m) Santo	der Heiliger Geist	[de:ɐ 'haɪlɪgə 'gaɪst]
Salvador (m)	der Erlöser	[de:ɐ ɛɐ'lø:zɐ]
Virgem Maria (f)	die Jungfrau Maria	[di 'jʊɳfʀaʊ ma'ʀi:a]
Diabo (m)	Teufel (m)	['tɔɪfl]
diabólico	teuflisch	['tɔɪflɪʃ]
Satanás (m)	Satan (m)	['za:tan]
satânico	satanisch	[za'ta:nɪʃ]
anjo (m)	Engel (m)	['ɛŋəl]
anjo (m) da guarda	Schutzengel (m)	['ʃʊts͜ʔɛŋəl]
angélico	Engel(s)-	['ɛŋəls]

apóstolo (m)	Apostel (m)	[a'pɔstəl]
arcanjo (m)	Erzengel (m)	['eːɐts,ʔɛŋəl]
anticristo (m)	Antichrist (m)	['anti,kʀɪst]

Igreja (f)	Kirche (f)	['kɪʀçə]
Bíblia (f)	Bibel (f)	['biːbl]
bíblico	biblisch	['biːblɪʃ]

Velho Testamento (m)	Altes Testament (n)	['altəs tɛsta'mɛnt]
Novo Testamento (m)	Neues Testament (n)	['nɔɪəs tɛsta'mɛnt]
Evangelho (m)	Evangelium (n)	[evaŋ'geːlɪʊm]
Sagradas Escrituras (f pl)	Heilige Schrift (f)	['haɪlɪgə ʃʀɪft]
Céu (m)	Himmelreich (n)	['hɪməl,ʀaɪç]

mandamento (m)	Gebot (n)	[gə'boːt]
profeta (m)	Prophet (m)	[pʀo'feːt]
profecia (f)	Prophezeiung (f)	[pʀofe'tsaɪʊŋ]

Alá	Allah	['ala]
Maomé	Mohammed (m)	['mo:hamɛt]
Corão, Alcorão (m)	Koran (m)	[ko'ʀaːn]

mesquita (f)	Moschee (f)	[mɔ'ʃeː]
mulá (m)	Mullah (m)	['mʊla]
oração (f)	Gebet (n)	[gə'beːt]
rezar, orar (vi)	beten (vi)	['beːtən]

peregrinação (f)	Wallfahrt (f)	['val,faːɐt]
peregrino (m)	Pilger (m)	['pɪlgə]
Meca (f)	Mekka (n)	['mɛka]

igreja (f)	Kirche (f)	['kɪʀçə]
templo (m)	Tempel (m)	['tɛmpəl]
catedral (f)	Kathedrale (f)	[kate'dʀaːlə]
gótico	gotisch	['goːtiʃ]
sinagoga (f)	Synagoge (f)	[zyna'goːgə]
mesquita (f)	Moschee (f)	[mɔ'ʃeː]

capela (f)	Kapelle (f)	[ka'pɛlə]
abadia (f)	Abtei (f)	[ap'taɪ]
convento (m)	Nonnenkloster (n)	['nɔnən,kloːstə]
mosteiro (m)	Frauenkloster (n)	['fʀaʊən,kloːstə]
mosteiro (m)	Kloster (n), Konvent (m)	['kloːstə], [kɔn'vɛnt]

sino (m)	Glocke (f)	['glɔkə]
campanário (m)	Glockenturm (m)	['glɔkən,tʊʀm]
repicar (vi)	läuten (vi)	['lɔɪtən]

cruz (f)	Kreuz (n)	[kʀɔɪts]
cúpula (f)	Kuppel (f)	['kʊpl]
ícone (m)	Ikone (f)	[i'koːnə]

alma (f)	Seele (f)	['zeːlə]
destino (m)	Schicksal (n)	['ʃɪk,zaːl]
mal (m)	das Böse	['bøːzə]
bem (m)	Gute (n)	['guːtə]

vampiro (m)	**Vampir** (m)	[vam'pi:ɐ]
bruxa (f)	**Hexe** (f)	['hɛksə]
demónio (m)	**Dämon** (m)	['dɛ:mɔn]
espírito (m)	**Geist** (m)	[gaɪst]
redenção (f)	**Sühne** (f)	['zy:nə]
redimir (vt)	**sühnen** (vt)	['zy:nən]
missa (f)	**Gottesdienst** (m)	['gɔtəsˌdi:nst]
celebrar a missa	**die Messe lesen**	[di 'mɛsə 'le:zən]
confissão (f)	**Beichte** (f)	['baɪçtə]
confessar-se (vr)	**beichten** (vi)	['baɪçtən]
santo (m)	**Heilige** (m)	['haɪlɪgə]
sagrado	**heilig**	['haɪlɪç]
água (f) benta	**Weihwasser** (n)	['vaɪˌvasɐ]
ritual (m)	**Ritual** (n)	[ʀi'tua:l]
ritual	**rituell**	[ʀi'tuɛl]
sacrifício (m)	**Opfer** (n)	['ɔpfɐ]
superstição (f)	**Aberglaube** (m)	['a:bɐˌglaubə]
supersticioso	**abergläubisch**	['a:bɐˌglɔɪbɪʃ]
vida (f) depois da morte	**Nachleben** (n)	['na:χˌle:bən]
vida (f) eterna	**ewiges Leben** (n)	['e:vɪgəs 'le:bn]

TEMAS DIVERSOS

249. Várias palavras úteis

ajuda (f)	Hilfe (f)	['hɪlfə]
barreira (f)	Barriere (f)	[ba'ʀiɛːʀə]
base (f)	Basis (f)	['baːzɪs]
categoria (f)	Kategorie (f)	[ˌkategoˈʀiː]
causa (f)	Ursache (f)	['uːɐˌzaxə]
coincidência (f)	Zufall (m)	['tsuːˌfal]
coisa (f)	Ding (n)	[dɪŋ]
começo (m)	Anfang (m)	['anfaŋ]
cómodo (ex. poltrona ~a)	bequem	[bə'kveːm]
comparação (f)	Vergleich (m)	[fɛɐ'glaɪç]
compensação (f)	Kompensation (f)	[kɔmpɛnzaˈtsjoːn]
crescimento (m)	Wachstum (n)	['vakstuːm]
desenvolvimento (m)	Entwicklung (f)	[ɛnt'vɪklʊŋ]
diferença (f)	Unterschied (m)	['ʊntəˌʃiːt]
efeito (m)	Effekt (m)	[ɛ'fɛkt]
elemento (m)	Element (n)	[ele'mɛnt]
equilíbrio (m)	Bilanz (f)	[bi'lants]
erro (m)	Fehler (m)	['feːlə]
esforço (m)	Anstrengung (f)	['anˌʃtʀɛŋʊŋ]
estilo (m)	Stil (m)	[ʃtiːl]
exemplo (m)	Beispiel (n)	['baɪʃpiːl]
facto (m)	Tatsache (f)	['taːtˌzaxə]
fim (m)	Ende (n)	['ɛndə]
forma (f)	Form (f)	[fɔʁm]
frequente	häufig	['hɔɪfɪç]
fundo (ex. ~ verde)	Hintergrund (m)	['hɪntəˌgʀʊnt]
género (tipo)	Art (f)	[aːɐt]
grau (m)	Grad (m)	[gʀaːt]
ideal (m)	Ideal (n)	[ide'aːl]
labirinto (m)	Labyrinth (n)	[laby'ʀɪnt]
modo (m)	Weise (f)	['vaɪzə]
momento (m)	Moment (m)	[mo'mɛnt]
objeto (m)	Gegenstand (m)	['geːgənʃtant]
obstáculo (m)	Hindernis (n)	['hɪndɛnɪs]
original (m)	Original (n)	[oʀigi'naːl]
padrão	Standard-	['standaʁt]
padrão (m)	Standard (m)	['standaʁt]
paragem (pausa)	Halt (m)	[halt]
parte (f)	Anteil (m)	['anˌtaɪl]

partícula (f)	Teilchen (n)	['taɪlçən]
pausa (f)	Pause (f)	['pauzə]
posição (f)	Position (f)	[pozi'tsjo:n]
princípio (m)	Prinzip (n)	[pʀɪn'tsi:p]

problema (m)	Problem (n)	[pʀo'ble:m]
processo (m)	Prozess (m)	[pʀo'tsɛs]
progresso (m)	Fortschritt (m)	['foʁtʃʀɪt]
propriedade (f)	Eigenschaft (f)	['aɪgənʃaft]

reação (f)	Reaktion (f)	[ˌʀeak'tsjo:n]
risco (m)	Risiko (n)	['ʀi:ziko]
ritmo (m)	Tempo (n)	['tɛmpo]
segredo (m)	Geheimnis (n)	[gə'haɪmnɪs]
série (f)	Serie (f)	['ze:ʀiə]

sistema (m)	System (n)	[zʏs'te:m]
situação (f)	Situation (f)	[zitua'tsjo:n]
solução (f)	Lösung (f)	['lø:zʊŋ]
tabela (f)	Tabelle (f)	[ta'bɛlə]
termo (ex. ~ técnico)	Fachwort (n)	['faχˌvɔʁt]

tipo (m)	Typ (m)	[ty:p]
urgente	dringend	['dʀɪŋənt]
urgentemente	dringend	['dʀɪŋənt]
utilidade (f)	Nutzen (m)	['nʊtsən]

variante (f)	Variante (f)	[va'ʀɪantə]
variedade (f)	Auswahl (f)	['ausva:l]
verdade (f)	Wahrheit (f)	['va:ɐhaɪt]
vez (f)	Reihe (f)	['ʀaɪə]
zona (f)	Zone (f)	['tso:nə]

250. Modificadores. Adjetivos. Parte 1

aberto	offen	['ɔfən]
afiado	scharf	[ʃaʁf]
agradável	angenehm	['angəˌne:m]
agradecido	dankbar	['daŋkba:ɐ]
alegre	froh	[fʀo:]

alto (ex. voz ~a)	laut	[laut]
amargo	bitter	['bɪtə]
amplo	geräumig	[gə'ʀɔɪmɪç]
antigo	alt	[alt]
apertado (sapatos ~s)	knapp	[knap]

apropriado	brauchbar	['bʀauχba:ɐ]
arriscado	riskant	[ʀɪs'kant]
artificial	künstlich	['kʏnstlɪç]
azedo	sauer	['zauɐ]

| baixo (voz ~a) | leise | ['laɪzə] |
| barato | billig | ['bɪlɪç] |

belo	schön	[ʃøːn]
bom	gut	[guːt]

bondoso	gut	[guːt]
bonito	schön	[ʃøːn]
bronzeado	gebräunt	[gə'brɔɪnt]
burro, estúpido	dumm	[dʊm]
calmo	ruhig	['ʀuːɪç]

cansado	müde	['myːdə]
cansativo	ermüdend	[ɛɐ'myːdənt]
carinhoso	sorgsam	['zɔʀkzaːm]
caro	teuer	['tɔɪɐ]
cego	blind	[blɪnt]

central	zentral	[tsɛn'tʀaːl]
cerrado (ex. nevoeiro ~)	dick	[dɪk]
cheio (ex. copo ~)	voll	[fɔl]
civil	bürgerlich	['byʀgəlɪç]

clandestino	Untergrund-	['ʊntɐˌgʀʊnt]
claro	licht	[lɪçt]
claro (explicação ~a)	klar	[klaːɐ]
compatível	kompatibel	[kɔmpa'tiːbəl]

comum, normal	gewöhnlich	[gə'vøːnlɪç]
congelado	tiefgekühlt	['tiːfgəˌkyːlt]
conjunto	gemeinsam	[gə'maɪnzaːm]
considerável	bedeutend	[bə'dɔɪtənt]
contente	zufrieden	[tsu'fʀiːdən]

contínuo	andauernd	['anˌdaʊɐnt]
contrário (ex. o efeito ~)	gegensätzlich	['geːgənˌzɛtslɪç]
correto (resposta ~a)	richtig	['ʀɪçtɪç]
cru (não cozinhado)	roh	[ʀoː]
curto	kurz	[kʊʀts]

de curta duração	kurz	[kʊʀts]
de sol, ensolarado	sonnig	['zɔnɪç]
de trás	Hinter-	['hɪntɐ]
denso (fumo, etc.)	dicht	[dɪçt]
desanuviado	wolkenlos	['vɔlkənˌloːs]

descuidado	nachlässig	['naːxˌlɛsɪç]
diferente	unterschiedlich	['ʊntɐˌʃiːtlɪç]
difícil	schwierig	['ʃviːʀɪç]
difícil, complexo	schwierig	['ʃviːʀɪç]
direito	recht	[ʀɛçt]

distante	fern	[fɛʀn]
diverso	verschieden	[fɛɐ'ʃiːdən]
doce (açucarado)	süß	[zyːs]
doce (água)	Süß-	[zyːs]
doente	krank	[kʀaŋk]
duro (material ~)	hart	[haʀt]
educado	höflich	['høːflɪç]

| encantador | nett | [nɛt] |
| enigmático | rätselhaft | ['ʀɛ:tsəlˌhaft] |

enorme	riesig	['ʀi:zɪç]
escuro (quarto ~)	dunkel	['duŋkəl]
especial	speziell, Spezial-	[ʃpe'tsɪɛl], [ʃpe'tsɪa:l]
esquerdo	link	[lɪŋk]
estrangeiro	ausländisch, Fremd-	['auslɛndɪʃ], [fʀɛmt]

estreito	eng, schmal	[ɛŋ], [ʃma:l]
exato	genau	[gə'nau]
excelente	ausgezeichnet	['ausgəˌtsaɪçnət]
excessivo	übermäßig	['y:beˌmɛ:sɪç]
externo	Außen-, äußer	['ausən], ['ɔɪse]

fácil	einfach	['aɪnfaχ]
faminto	hungrig	['huŋʀɪç]
fechado	geschlossen	[gə'ʃlɔsən]
feliz	glücklich	['glʏklɪç]
fértil (terreno ~)	fruchtbar	['fʀuχtba:e]

forte (pessoa ~)	stark	[ʃtaʁk]
fraco (luz ~a)	gedämpft	[gə'dɛmpft]
frágil	zerbrechlich	[tsɛɐ'bʀɛçlɪç]
fresco	kühl	[ky:l]
fresco (pão ~)	frisch	[fʀɪʃ]

frio	kalt	[kalt]
gordo	fett	[fɛt]
gostoso	lecker	['lɛke]
grande	groß	[gʀo:s]

gratuito, grátis	kostenlos, gratis	['kɔstənlo:s], ['gʀa:tɪs]
grosso (camada ~a)	dick	[dɪk]
hostil	feindlich	['faɪntlɪç]
húmido	feucht	[fɔɪçt]

251. Modificadores. Adjetivos. Parte 2

igual	gleich	[glaɪç]
imóvel	unbeweglich	['ʊnbəˌve:klɪç]
importante	wichtig	['vɪçtɪç]
impossível	unmöglich	['ʊnmø:klɪç]
incompreensível	unverständlich	['ʊnfɛɐˌʃtɛntlɪç]

indigente	in Armut lebend	[ɪn 'aʁmu:t 'le:bənt]
indispensável	notwendig	['no:tvɛndɪç]
inexperiente	unerfahren	['ʊn?ɛɐˌfa:ʀən]
infantil	Kinder-	['kɪnde]

ininterrupto	ununterbrochen	['ʊn?ʊntɐˌbʀɔχən]
insignificante	unbedeutend	['ʊnbəˌdɔɪtənt]
inteiro (completo)	ganz	[gants]
inteligente	klug	[klu:k]

229

interno	innen-	['ɪnən]
jovem	jung	[jʊŋ]
largo (caminho ~)	breit	[bʀaɪt]
legal	gesetzlich	[gə'zɛtslɪç]
leve	leicht	[laɪçt]

limitado	begrenzt	[bə'gʀɛntst]
limpo	sauber	['zaʊbə]
líquido	flüssig	['flʏsɪç]
liso	glatt	[glat]
liso (superfície ~a)	glatt	[glat]

livre	frei	[fʀaɪ]
longo (ex. cabelos ~s)	lang	[laŋ]
maduro (ex. fruto ~)	reif	[ʀaɪf]
magro	dünn	[dʏn]
magro (pessoa)	abgemagert	['apgə,ma:gɐt]

mais próximo	nächst	[nɛ:çst]
mais recente	vergangen	[fɛɐ'gaŋən]
mate, baço	matt	[mat]
mau	schlecht	[ʃlɛçt]
meticuloso	sorgfältig	['zɔʁkfɛltɪç]

míope	kurzsichtig	['kuʁts,zɪçtɪç]
mole	weich	[vaɪç]
molhado	nass	[nas]
moreno	dunkelhäutig	['dʊŋkəl,hɔɪtɪç]
morto	tot	[to:t]

não difícil	nicht schwierig	[nɪçt 'ʃvi:ʀɪç]
não é clara	undeutlich	['ʊn,dɔɪtlɪç]
não muito grande	nicht groß	[nɪçt gʀo:s]
natal (país ~)	Heimat-	['haɪma:t]
necessário	nötig	['nø:tɪç]

negativo	negativ	['ne:gati:f]
nervoso	nervös	[nɛʁ'vø:s]
normal	normal	[nɔʁ'ma:l]
novo	neu	[nɔɪ]
o mais importante	das wichtigste	[das 'vɪçtɪçstə]

obrigatório	obligatorisch, Pflicht-	[ɔbliga'to:ʀɪʃ], [pflɪçt]
original	original	[ɔʀigi'na:l]
passado	vorig	['fo:ʀɪç]
pequeno	klein	[klaɪn]
perigoso	gefährlich	[gə'fɛ:ɐlɪç]

permanente	beständig	[bə'ʃtɛndɪç]
perto	nah	[na:]
pesado	schwer	[ʃve:ɐ]
pessoal	persönlich	[pɛʁ'zø:nlɪç]
plano (ex. ecrã ~ a)	platt	[plat]

| pobre | arm | [aʁm] |
| pontual | pünktlich | ['pʏŋktlɪç] |

possível	möglich	['møːklɪç]
pouco fundo	seicht	[zaɪçt]
presente (ex. momento ~)	gegenwärtig	['geːgən͜vɛʁtɪç]

prévio	früher	['fʀyːɐ]
primeiro (principal)	hauptsächlich	['haʊpt͜zɛçlɪç]
principal	Haupt-	[haʊpt]
privado	privat	[pʀi'vaːt]

provável	wahrscheinlich	[vaː'ɐ͜ʃaɪnlɪç]
próximo	nah	[naː]
público	öffentlich	['œfəntlɪç]
quente (cálido)	heiß	[haɪs]

quente (morno)	warm	[vaʁm]
rápido	schnell	[ʃnɛl]
raro	selten	['zɛltən]
remoto, longínquo	fern	[fɛʁn]
reto	gerade	[gə'ʀaːdə]

salgado	salzig	['zaltsɪç]
satisfeito	zufrieden	[tsu'fʀiːdən]
seco	trocken	['tʀɔkən]
seguinte	nächst	[nɛːçst]
seguro	sicher	['zɪçɐ]

similar	ähnlich	['ɛːnlɪç]
simples	einfach	['aɪnfax]
soberbo	ausgezeichnet	['aʊsgə͜tsaɪçnət]
sólido	fest, stark	[fɛst], [ʃtaʁk]
sombrio	düster	['dyːstɐ]

sujo	schmutzig	['ʃmʊtsɪç]
superior	höchst	[høːçst]
suplementar	ergänzend	[ɛɐ'gɛntsənt]
terno, afetuoso	zärtlich	['tsɛːɐtlɪç]

tranquilo	still	[ʃtɪl]
transparente	durchsichtig	['dʊʁç͜zɪçtɪç]
triste (pessoa)	traurig	['tʀaʊʀɪç]
triste (um ar ~)	traurig, unglücklich	['tʀaʊʀɪç], ['ʊn͜glʏklɪç]
último	der letzte	[deːɐ 'lɛtstə]

único	einzigartig	['aɪntsɪç͜ʔaːɐtɪç]
usado	gebraucht	[gə'bʀaʊxt]
vazio (meio ~)	leer	[leːɐ]
velho	alt	[alt]
vizinho	Nachbar-	['naxˌbaːɐ]

500 VERBOS PRINCIPAIS

252. Verbos A-B

aborrecer-se (vr)	sich langweilen	[zɪç 'laŋˌvaɪlən]
abraçar (vt)	umarmen (vt)	[ʊm'ʔaʁmən]
abrir (~ a janela)	öffnen (vt)	['œfnən]
acalmar (vt)	beruhigen (vt)	[bə'ʀuːɪgən]
acariciar (vt)	streicheln (vt)	['ʃtʀaɪçəln]
acenar (vt)	winken (vi)	['vɪŋkən]
acender (~ uma fogueira)	anzünden (vt)	['anˌtsʏndən]
achar (vt)	glauben (vi)	['glaʊbən]
acompanhar (vt)	begleiten (vt)	[bə'glaɪtən]
aconselhar (vt)	raten (vt)	['ʀaːtən]
acordar (despertar)	wecken (vt)	['vɛkən]
acrescentar (vt)	hinzufügen (vt)	[hɪn'tsuːˌfyːgən]
acusar (vt)	anklagen (vt)	['anˌklaːgən]
adestrar (vt)	dressieren (vt)	[dʀɛ'siːʀən]
adivinhar (vt)	erraten (vt)	[ɛɛ'ʀaːtən]
admirar (vt)	bewundern (vt)	[bə'vʊndən]
advertir (vt)	warnen (vt)	['vaʁnən]
afirmar (vt)	behaupten (vt)	[bə'haʊptən]
afogar-se (pessoa)	ertrinken (vi)	[ɛɛ'tʀɪŋkən]
afugentar (vt)	verjagen (vt)	[fɛɛ'jaːgən]
agir (vi)	handeln (vi)	['handəln]
agitar, sacudir (objeto)	schütteln (vt)	['ʃʏtəln]
agradecer (vt)	danken (vi)	['daŋkən]
ajudar (vt)	helfen (vi)	['hɛlfən]
alcançar (objetivos)	erzielen (vt)	[ɛɛ'tsiːlən]
alimentar (dar comida)	füttern (vt)	['fʏtɛn]
almoçar (vi)	zu Mittag essen	[tsu 'mɪtaːk 'ɛsən]
alugar (~ o barco, etc.)	mieten (vt)	['miːtən]
alugar (~ um apartamento)	mieten (vt)	['miːtən]
amar (pessoa)	lieben (vt)	['liːbən]
amarrar (vt)	binden (vt)	['bɪndən]
ameaçar (vt)	drohen (vi)	['dʀoːən]
amputar (vt)	amputieren (vt)	[ampu'tiːʀən]
anotar (escrever)	notieren (vt)	[no'tiːʀən]
anular, cancelar (vt)	zurückziehen (vt)	[tsu'ʀʏkˌtsiːən]
apagar (com apagador, etc.)	ausradieren (vt)	['aʊsˌʀa'diːʀən]
apagar (um incêndio)	löschen (vt)	['lœʃən]
apaixonar-se de …	sich verlieben	[zɪç fɛɛ'liːbən]

aparecer (vi)	erscheinen (vi)	[ɛɐ'ʃaɪnən]
aplaudir (vi)	applaudieren (vi)	[aplaʊ'di:ʀən]
apoiar (vt)	unterstützen (vt)	[ˌʊntɐ'ʃtʏtsən]
apontar para ...	zielen auf ...	['tsi:lən aʊf]

apresentar (alguém a alguém)	bekannt machen	[bə'kant 'maxən]
apresentar (Gostaria de ~)	vorstellen (vt)	['fo:ɐˌʃtɛlən]
apressar (vt)	zur Eile antreiben	[tsu:ɐ 'aɪlə 'anˌtʀaɪbən]
apressar-se (vr)	sich beeilen	[zɪç bə'ʔaɪlən]

aproximar-se (vr)	sich nähern	[zɪç 'nɛ:ɐn]
aquecer (vt)	wärmen (vt)	['vɛʀmən]
arrancar (vt)	abreißen (vt)	['apˌʀaɪsən]
arranhar (gato, etc.)	kratzen (vt)	['kʀatsən]

arrepender-se (vr)	bedauern (vt)	[bə'daʊɐn]
arriscar (vt)	riskieren (vt)	[ʀɪs'ki:ʀən]
arrumar, limpar (vt)	aufräumen (vt)	['aʊfˌʀɔɪmən]
aspirar a ...	anstreben (vt)	['anˌʃtʀe:bən]
assinar (vt)	unterschreiben (vt)	[ˌʊntɐ'ʃʀaɪbən]

assistir (vt)	assistieren (vi)	[asɪs'ti:ʀən]
atacar (vt)	attackieren (vt)	[ata'ki:ʀən]
atar (vt)	anbinden (vt)	['anˌbɪndən]
atirar (vi)	schießen (vi)	['ʃi:sən]

atracar (vi)	anlegen (vi)	['anˌle:gən]
aumentar (vi)	sich vergrößern	[zɪç fɛɐ'gʀø:sɐn]
aumentar (vt)	vergrößern (vt)	[fɛɐ'gʀø:sɐn]
avançar (sb. trabalhos, etc.)	vorankommen	[fo:'ʀanˌkɔmən]

avistar (vt)	erblicken (vt)	[ɛɐ'blɪkən]
baixar (guindaste)	herunterlassen (vt)	[hɛ'ʀʊntɐˌlasən]
barbear-se (vr)	sich rasieren	[zɪç ʀa'zi:ʀən]
basear-se em ...	beruhen auf ...	[bə'ʀu:ən 'aʊf]

bastar (vi)	ausreichen (vi)	['aʊsˌʀaɪçən]
bater (espancar)	schlagen (vt)	['ʃla:gən]
bater (vi)	anklopfen (vi)	['anˌklɔpfən]
bater-se (vr)	schlagen (mit ...)	['ʃla:gən mɪt]

beber, tomar (vt)	trinken (vt)	['tʀɪŋkən]
brilhar (vi)	glänzen (vi)	['glɛntsən]
brincar, jogar (crianças)	spielen (vi, vt)	['ʃpi:lən]
buscar (vt)	suchen (vt)	['zu:xən]

253. Verbos C-D

caçar (vi)	jagen (vi)	['jagən]
calar-se (parar de falar)	verstummen (vi)	[fɛɐ'ʃtʊmən]
calcular (vt)	rechnen (vt)	['ʀɛçnən]
carregar (o caminhão)	laden (vt)	['la:dən]
carregar (uma arma)	laden (vt)	['la:dən]

casar-se (vr)	heiraten (vi)	['haɪʀaːtən]
causar (vt)	verursachen (vt)	[fɛɐ'ʔuːɐˌzaxən]
cavar (vt)	graben (vt)	['gʀaːbən]

ceder (não resistir)	nachgeben (vi)	['naːxˌgeːbən]
cegar, ofuscar (vt)	blenden (vt)	['blɛndən]
censurar (vt)	vorwerfen (vt)	['foːɐˌvɛɐfən]
cessar (vt)	einstellen (vt)	['aɪnˌʃtɛlən]

chamar (~ por socorro)	rufen (vi)	['ʀuːfən]
chamar (dizer em voz alta o nome)	rufen (vt)	['ʀuːfən]
chegar (a algum lugar)	erreichen (vt)	[ɛɐ'ʀaɪçən]
chegar (sb. comboio, etc.)	ankommen (vi)	['anˌkɔmən]

cheirar (tem o cheiro)	riechen (vi)	['ʀiːçən]
cheirar (uma flor)	riechen (vt)	['ʀiːçən]
chorar (vi)	weinen (vi)	['vaɪnən]
citar (vt)	zitieren (vt)	[ˌtsiˈtiːʀən]

colher (flores)	pflücken (vt)	['pflʏkən]
colocar (vt)	stellen (vt)	['ʃtɛlən]
combater (vi, vt)	kämpfen (vi)	['kɛmpfən]
começar (vt)	beginnen (vt)	[bə'gɪnən]

comer (vt)	essen (vi, vt)	['ɛsən]
comparar (vt)	vergleichen (vt)	[fɛɐ'glaɪçən]
compensar (vt)	kompensieren (vt)	[kɔmpɛn'ziːʀən]
competir (vi)	konkurrieren (vi)	[kɔŋkuˈʀiːʀən]

complicar (vt)	erschweren (vt)	[ɛɐ'ʃveːʀən]
compor (vt)	komponieren (vt)	[kɔmpo'niːʀən]
comportar-se (vr)	sich benehmen	[zɪç bə'neːmən]
comprar (vt)	kaufen (vt)	['kaufən]

compreender (vt)	verstehen (vt)	[fɛɐ'ʃteːən]
comprometer (vt)	kompromittieren (vt)	[kɔmpʀomɪ'tiːʀən]
concentrar-se (vr)	sich konzentrieren	[zɪç kɔntsɛn'tʀiːʀən]
concordar (dizer "sim")	zustimmen (vi)	['tsuːˌʃtɪmən]

condecorar (dar medalha)	auszeichnen (vt)	['ausˌtsaɪçnən]
conduzir (~ o carro)	lenken (vt)	['lɛŋkən]
confessar-se (criminoso)	gestehen (vi)	[gə'ʃteːən]
confiar (vt)	vertrauen (vt)	[fɛɐ'tʀauən]

confundir (equivocar-se)	verwechseln (vt)	[fɛɐ'vɛksəln]
conhecer (vt)	kennen (vt)	['kɛnən]
conhecer-se (vr)	kennenlernen (vt)	['kɛnənˌlɛɐnən]
consertar (vt)	in Ordnung bringen	[ɪn 'ɔɐdnʊŋ 'bʀɪŋən]

consultar ...	sich konsultieren mit ...	[zɪç kɔnzʊl'tiːʀən mɪt]
contagiar-se com ...	sich anstecken	[zɪç 'anˌʃtɛkən]
contar (vt)	erzählen (vt)	[ɛɐ'tsɛːlən]
contar com ...	auf ... zählen	[auf ... 'tsɛːlən]
continuar (vt)	fortsetzen (vt)	['fɔɐtˌzɛtsən]
contratar (vt)	einstellen (vt)	['aɪnˌʃtɛlən]

controlar (vt)	kontrollieren (vt)	[kɔntʀɔ'liːʀən]
convencer (vt)	überzeugen (vt)	[yːbɐ'tsɔɪgən]
convidar (vt)	einladen (vt)	['aɪnˌlaːdən]
cooperar (vi)	zusammenarbeiten (vi)	[tsu'zamənˌʔaʁbaɪtən]
coordenar (vt)	koordinieren (vt)	[koʔɔʁdi'niːʀən]
corar (vi)	erröten (vi)	[ɛɐ'ʀøːtən]
correr (vi)	laufen (vi)	['laʊfən]
corrigir (vt)	korrigieren (vt)	[kɔʀi'giːʀən]
cortar (com um machado)	abhacken (vt)	['aphakən]
cortar (vt)	abschneiden (vt)	['apʃnaɪdən]
cozinhar (vt)	zubereiten (vt)	['tsuːbəˌʀaɪtən]
crer (pensar)	meinen (vt)	['maɪnən]
criar (vt)	schaffen (vt)	['ʃafən]
cultivar (vt)	züchten (vt)	['tsʏçtən]
cuspir (vi)	spucken (vi)	['ʃpʊkən]
custar (vt)	kosten (vt)	['kɔstən]
dar (vt)	geben (vt)	['geːbən]
dar banho, lavar (vt)	baden (vt)	['baːdən]
datar (vi)	sich datieren	[zɪç da'tiːʀən]
decidir (vt)	entscheiden (vt)	[ɛnt'ʃaɪdən]
decorar (enfeitar)	schmücken (vt)	['ʃmʏkən]
dedicar (vt)	widmen (vt)	['vɪtmən]
defender (vt)	verteidigen (vt)	[fɛɐ'taɪdɪgən]
defender-se (vr)	sich verteidigen	[zɪç fɛɐ'taɪdɪgən]
deixar (~ a mulher)	verlassen (vt)	[fɛɐ'lasən]
deixar (esquecer)	verlassen (vt)	[fɛɐ'lasən]
deixar (permitir)	erlauben (vt)	[ɛɐ'laʊbən]
deixar cair (vt)	fallen lassen	['falən 'lasən]
denominar (vt)	benennen (vt)	[bə'nɛnən]
denunciar (vt)	denunzieren (vt)	[denʊn'tsiːʀən]
depender de … (vi)	abhängen von …	['apˌhɛŋən fɔn]
derramar (vt)	vergießen (vt)	[fɛɐ'giːsən]
derramar-se (vr)	verschütten (vt)	[fɛɐ'ʃʏtən]
desaparecer (vi)	verschwinden (vi)	[fɛɐ'ʃvɪndən]
desatar (vt)	losbinden (vt)	['loːsˌbɪndən]
desatracar (vi)	ablegen (vi)	['apˌleːgən]
descansar (um pouco)	sich ausruhen	[zɪç 'aʊsˌʀuːən]
descer (para baixo)	herabsteigen (vi)	[hɛ'ʀapʃtaɪgən]
descobrir (novas terras)	entdecken (vt)	[ɛnt'dɛkən]
descolar (avião)	starten (vi)	['ʃtaʁtən]
desculpar (vt)	entschuldigen (vt)	[ɛnt'ʃʊldɪgən]
desculpar-se (vr)	sich entschuldigen	[zɪç ɛnt'ʃʊldɪgən]
desejar (vt)	wünschen (vt)	['vʏnʃən]
desempenhar (vt)	spielen (vi, vt)	['ʃpiːlən]
desligar (vt)	ausschalten (vt)	['aʊsˌʃaltən]
desprezar (vt)	verachten (vt)	[fɛɐ'ʔaxtən]

destruir (documentos, etc.)	vernichten (vt)	[fɛɐ'nɪçtən]
dever (vi)	müssen (v mod)	['mʏsən]
devolver (vt)	zurückschicken (vt)	[tsu'ʀʏkʃɪkən]

direcionar (vt)	richten (vt)	['ʀɪçtən]
dirigir (~ uma empresa)	managen (vt)	['mɛnɪdʒən]
dirigir-se (a um auditório, etc.)	adressieren an ...	[adʀɛ'si:ʀən an]
discutir (notícias, etc.)	besprechen (vt)	[bə'ʃpʀɛçən]

distribuir (folhetos, etc.)	verbreiten (vt)	[fɛɐ'bʀaɪtən]
distribuir (vt)	austeilen (vt)	['aʊs'taɪlən]
divertir (vt)	amüsieren (vt)	[amy'zi:ʀən]
divertir-se (vr)	sich amüsieren	[zɪç amy'zi:ʀən]

dividir (mat.)	dividieren (vt)	[divi'di:ʀən]
dizer (vt)	sagen (vt)	['za:gən]
dobrar (vt)	verdoppeln (vt)	[fɛɐ'dɔpəln]
duvidar (vt)	zweifeln (vi)	['tsvaɪfəln]

254. Verbos E-J

elaborar (uma lista)	erstellen (vt)	[ɛɐ'ʃtɛlən]
elevar-se acima de ...	überragen	[ˌy:bɐ'ʀa:gən]
eliminar (um obstáculo)	beseitigen (vt)	[bə'zaɪtɪgən]
embrulhar (com papel)	einpacken (vt)	['aɪnˌpakən]

emergir (submarino)	auftauchen (vi)	['aʊfˌtaʊχən]
emitir (vt)	verbreiten (vt)	[fɛɐ'bʀaɪtən]
empreender (vt)	unternehmen (vt)	[ˌʊntɐ'ne:mən]
empurrar (vt)	schieben (vt)	['ʃi:bən]

encabeçar (vt)	führen (vt)	['fy:ʀən]
encher (~ a garrafa, etc.)	füllen (vt)	['fʏlən]
encontrar (achar)	finden (vt)	['fɪndən]
enganar (vt)	täuschen (vt)	['tɔɪʃən]

ensinar (vt)	lehren (vt)	['le:ʀən]
entrar (na sala, etc.)	hereinkommen (vi)	[hɛ'ʀaɪnˌkɔmən]
enviar (uma carta)	abschicken (vt)	['apˌʃɪkən]
equipar (vt)	einrichten (vt)	['aɪnˌʀɪçtən]

errar (vi)	einen Fehler machen	['aɪnən 'fe:lɐ 'maχən]
escolher (vt)	wählen (vt)	['vɛ:lən]
esconder (vt)	verstecken (vt)	[fɛɐ'ʃtɛkən]
escrever (vt)	schreiben (vi, vt)	['ʃʀaɪbən]

escutar (vt)	hören (vt)	['hø:ʀən]
escutar atrás da porta	belauschen (vt)	[bə'laʊʃən]
esmagar (um inseto, etc.)	zertreten (vt)	[tsɛɐ'tʀe:tən]
esperar (contar com)	erwarten (vt)	[ɛɐ'vaʀtən]

esperar (o autocarro, etc.)	warten (vi)	['vaʀtən]
esperar (ter esperança)	hoffen (vi)	['hɔfən]

espreitar (vi)	gucken (vi)	[gʊˈkən]
esquecer (vt)	vergessen (vt)	[fɛɐˈgɛsən]
estar	gelegen sein	[gəˈleːgən zaɪn]
estar convencido	sich überzeugen	[zɪç yːbɐˈtsɔɪgən]
estar deitado	liegen (vi)	[ˈliːgən]
estar perplexo	verblüfft sein	[fɛɐˈblʏft zaɪn]
estar sentado	sitzen (vi)	[ˈzɪtsən]
estremecer (vi)	zusammenzucken (vi)	[tsuˈzamənˌtsʊkən]
estudar (vt)	lernen (vt)	[ˈlɛʁnən]
evitar (vt)	vermeiden (vt)	[fɛɐˈmaɪdən]
examinar (vt)	erörtern (vt)	[ɛɐˈʔœʁtən]
exigir (vt)	verlangen (vt)	[fɛɐˈlaŋən]
existir (vi)	existieren (vi)	[ˌɛksɪsˈtiːʁən]
explicar (vt)	erklären (vt)	[ɛɐˈklɛːʁən]
expressar (vt)	ausdrücken (vt)	[ˈaʊsˌdʁʏkən]
expulsar (vt)	ausschließen (vt)	[ˈaʊsˌʃliːsən]
facilitar (vt)	erleichtern (vt)	[ɛɐˈlaɪçtən]
falar com ...	sprechen mit ...	[ˈʃpʁɛçən mɪt]
faltar a ...	versäumen (vt)	[fɛɐˈzɔɪmən]
fascinar (vt)	entzücken (vt)	[ɛntˈtsʏkən]
fatigar (vt)	ermüden (vt)	[ɛɐˈmyːdən]
fazer (vt)	machen (vt)	[ˈmaxən]
fazer lembrar	erinnern (vt)	[ɛɐˈʔɪnɐn]
fazer piadas	Witz machen	[vɪts ˈmaxən]
fazer uma tentativa	versuchen (vt)	[fɛɐˈzuːxən]
fechar (vt)	schließen (vt)	[ˈʃliːsən]
felicitar (dar os parabéns)	gratulieren (vi)	[gʁatuˈliːʁən]
ficar cansado	müde werden	[ˈmyːdə ˈveːɐdən]
ficar em silêncio	schweigen (vi)	[ˈʃvaɪgən]
ficar pensativo	in Gedanken versinken	[ɪn gəˈdaŋkən fɛɐˈzɪŋkən]
forçar (vt)	zwingen (vt)	[ˈtsvɪŋən]
formar (vt)	bilden (vt)	[ˈbɪldən]
fotografar (vt)	fotografieren (vt)	[fotogʁaˈfiːʁən]
gabar-se (vr)	prahlen (vi)	[ˈpʁaːlən]
garantir (vt)	garantieren (vt)	[gaʁanˈtiːʁən]
gostar (apreciar)	gefallen (vi)	[gəˈfalən]
gostar (vt)	gernhaben (vt)	[ˈgɛʁnˌhaːbən]
gritar (vi)	schreien (vi)	[ˈʃʁaɪən]
guardar (cartas, etc.)	behalten (vt)	[bəˈhaltən]
guardar (no armário, etc.)	weglegen (vt)	[ˈvɛkˌleːgən]
guerrear (vt)	Krieg führen	[kʁiːk ˈfyːʁən]
herdar (vt)	erben (vt)	[ˈɛʁbən]
iluminar (vt)	beleuchten (vt)	[bəˈlɔɪçtən]
imaginar (vt)	sich vorstellen	[zɪç ˈfoːɐˌʃtɛlən]
imitar (vt)	imitieren (vt)	[imiˈtiːʁən]
implorar (vt)	anflehen (vt)	[ˈanˌfleːən]

importar (vt)	**importieren** (vt)	[ɪmpɔʁˈtiːʁən]
indicar (orientar)	**zeigen** (vt)	[ˈtsaɪgən]
indignar-se (vr)	**sich empören**	[zɪç ɛmˈpøːʁən]
infetar, contagiar (vt)	**anstecken** (vt)	[ˈanˌʃtɛkən]
influenciar (vt)	**beeinflussen** (vt)	[bəˈʔaɪnˌflʊsən]
informar (fazer saber)	**mitteilen** (vt)	[ˈmɪtˌtaɪlən]
informar (vt)	**informieren** (vt)	[ɪnfɔʁˈmiːʁən]
informar-se (~ sobre)	**sich nach ... erkundigen**	[zɪç naːχ ... ɛʁˈkʊndɪgən]
inscrever (na lista)	**einschreiben** (vt)	[ˈaɪnˌʃʁaɪbən]
inserir (vt)	**einsetzen** (vt)	[ˈaɪnzɛtsən]
insinuar (vt)	**andeuten** (vt)	[ˈanˌdɔɪtən]
insistir (vi)	**bestehen auf**	[bəˈʃteːən aʊf]
inspirar (vt)	**ermutigen** (vt)	[ɛʁˈmuːtɪgən]
instruir (vt)	**instruieren** (vt)	[ɪnstʁuˈiːʁən]
insultar (vt)	**kränken** (vt)	[ˈkʁɛŋkən]
interessar (vt)	**interessieren** (vt)	[ɪntəʁɛˈsiːʁən]
interessar-se (vr)	**sich interessieren**	[zɪç ɪntəʁɛˈsiːʁən]
intervir (vi)	**sich einmischen**	[zɪç ˈaɪnˌmɪʃən]
invejar (vt)	**beneiden** (vt)	[bəˈnaɪdən]
inventar (vt)	**erfinden** (vt)	[ɛʁˈfɪndən]
ir (a pé)	**gehen** (vi)	[ˈgeːən]
ir (de carro, etc.)	**fahren** (vi)	[ˈfaːʁən]
ir nadar	**schwimmen gehen**	[ˈʃvɪmən ˈgeːən]
ir para a cama	**schlafen gehen**	[ˈʃlaːfən ˈgeːən]
irritar (vt)	**ärgern** (vt)	[ˈɛʁgən]
irritar-se (vr)	**gereizt sein**	[gəˈʁaɪtst zaɪn]
isolar (vt)	**isolieren** (vt)	[izoˈliːʁən]
jantar (vi)	**zu Abend essen**	[tsu ˈaːbənt ˈɛsən]
jogar, atirar (vt)	**werfen** (vt)	[ˈvɛʁfən]
juntar, unir (vt)	**vereinigen** (vt)	[fɛʁˈʔaɪnɪgən]
juntar-se a ...	**sich anschließen**	[zɪç ˈanˌʃliːsən]

255. Verbos L-P

lançar (novo projeto)	**lancieren** (vt)	[lanˈsiːʁən]
lavar (vt)	**waschen** (vt)	[ˈvaʃən]
lavar a roupa	**waschen** (vt)	[ˈvaʃən]
lavar-se (vr)	**sich waschen**	[zɪç ˈvaʃən]
lembrar (vt)	**sich erinnern**	[zɪç ɛʁˈʔɪnɐn]
ler (vt)	**lesen** (vi, vt)	[ˈleːzən]
levantar-se (vr)	**aufstehen** (vi)	[ˈaʊfˌʃteːən]
levar (ex. leva isso daqui)	**fortbringen** (vt)	[ˈfɔʁtˌbʁɪŋən]
libertar (cidade, etc.)	**befreien** (vt)	[bəˈfʁaɪən]
ligar (o radio, etc.)	**einschalten** (vt)	[ˈaɪnʃaltən]
limitar (vt)	**begrenzen** (vt)	[bəˈgʁɛntsən]

limpar (eliminar sujeira)	putzen (vt)	['pʊtsən]
limpar (vt)	reinigen (vt)	['ʀaɪnɪgən]

lisonjear (vt)	schmeicheln (vi)	['ʃmaɪçəln]
livrar-se de ...	loswerden (vt)	['loːsˌveːɐdən]
lutar (combater)	kämpfen (vi)	['kɛmpfən]
lutar (desp.)	ringen (vi)	['ʀɪŋən]
marcar (com lápis, etc.)	markieren (vt)	[maʁ'kiːʀən]

matar (vt)	ermorden (vt)	[ɛɐ'mɔʁdən]
memorizar (vt)	memorieren (vt)	[memo'ʀiːʀən]
mencionar (vt)	erwähnen (vt)	[ɛɐ'vɛːnən]
mentir (vi)	lügen (vi)	['lyːgən]

merecer (vt)	verdienen (vt)	[fɛɐ'diːnən]
mergulhar (vi)	tauchen (vi)	['taʊχən]
misturar (combinar)	mischen (vt)	['mɪʃən]
morar (vt)	wohnen (vi)	['voːnən]

mostrar (vt)	zeigen (vt)	['tsaɪgən]
mover (arredar)	verschieben (vt)	[fɛɐ'ʃiːbən]
mudar (modificar)	ändern (vt)	['ɛndən]
multiplicar (vt)	multiplizieren (vt)	[mʊltipli'tsiːʀən]

nadar (vi)	schwimmen (vi)	['ʃvɪmən]
negar (vt)	verneinen (vt)	[fɛɐ'naɪnən]
negociar (vi)	verhandeln (vi)	[fɛɐ'handəln]
nomear (função)	ernennen (vt)	[ɛɐ'nɛnən]

obedecer (vt)	gehorchen (vi)	[gə'hɔʁçən]
objetar (vt)	einwenden (vt)	['aɪnˌvɛndən]
observar (vt)	beobachten (vt)	[bə'ʔoːbaχtən]
ofender (vt)	beleidigen (vt)	[bə'laɪdɪgən]

olhar (vt)	sehen (vt)	['zeːən]
omitir (vt)	weglassen (vt)	['vɛkˌlasən]
ordenar (mil.)	befehlen (vt)	[ˌbə'feːlən]
organizar (evento, etc.)	veranstalten (vt)	[fɛɐ'ʔanʃtaltən]

ousar (vt)	wagen (vt)	['vaːgən]
ouvir (vt)	hören (vt)	['høːʀən]
pagar (vt)	zahlen (vt)	['tsaːlən]
parar (para descansar)	stoppen (vt)	['ʃtɔpən]
parecer-se (vr)	ähnlich sein	['ɛːnlɪç zaɪn]

participar (vi)	teilnehmen (vi)	['taɪlˌneːmən]
partir (~ para o estrangeiro)	wegfahren (vi)	['vɛkˌfaːʀən]
passar (vt)	vorbeifahren (vi)	[foˈbaɪˌfaːʀən]
passar a ferro	bügeln (vt)	['byːgəln]

pecar (vi)	sündigen (vi)	['zʏndɪgən]
pedir (comida)	bestellen (vt)	[bə'ʃtɛlən]
pedir (um favor, etc.)	bitten (vt)	['bɪtən]
pegar (tomar com a mão)	fangen (vt)	['faŋən]
pegar (tomar)	nehmen (vt)	['neːmən]
pendurar (cortinas, etc.)	hängen (vt)	['hɛŋən]

penetrar (vt)	eindringen (vi)	['aɪnˌdʀɪŋən]
pensar (vt)	denken (vi, vt)	['dɛŋkən]
pentear-se (vr)	sich kämmen	[zɪç 'kɛmən]
perceber (ver)	bemerken (vt)	[bə'mɛʀkən]
perder (o guarda-chuva, etc.)	verlieren (vt)	[fɛɐ'li:ʀən]
perdoar (vt)	verzeihen (vt)	[fɛɐ'tsaɪən]
permitir (vt)	erlauben (vt)	[ɛɐ'laʊbən]
pertencer a ...	gehören (vi)	[gə'hø:ʀən]
perturbar (vt)	stören (vt)	['ʃtø:ʀən]
pesar (ter o peso)	wiegen (vi)	['vi:gən]
pescar (vt)	fischen (vt)	['fɪʃən]
planear (vt)	planen (vt)	['pla:nən]
poder (vi)	können (v mod)	['kœnən]
pôr (posicionar)	stellen (vt)	['ʃtɛlən]
possuir (vt)	besitzen (vt)	[bə'zɪtsən]
predominar (vi, vt)	überwiegen (vi)	[ˌy:bɐ'vi:gən]
preferir (vt)	vorziehen (vt)	['fo:ɐˌtsi:ən]
preocupar (vt)	beunruhigen (vt)	[bə'ʔʊnˌʀu:ɪgən]
preocupar-se (vr)	sich Sorgen machen	[zɪç 'zɔʁgən 'maxən]
preocupar-se (vr)	sich aufregen	[zɪç 'aʊfˌʀe:gən]
preparar (vt)	vorbereiten (vt)	['fo:ɐbəˌʀaɪtən]
preservar (ex. ~ a paz)	bewahren (vt)	[bə'va:ʀən]
prever (vt)	voraussehen (vt)	[fo'ʀaʊsˌze:ən]
privar (vt)	nehmen (vt)	['ne:mən]
proibir (vt)	verbieten (vt)	[fɛɐ'bi:tən]
projetar, criar (vt)	projektieren (vt)	[pʀojɛk'ti:ʀən]
prometer (vt)	versprechen (vt)	[fɛɐ'ʃpʀɛçən]
pronunciar (vt)	aussprechen (vt)	['aʊsʃpʀɛçən]
propor (vt)	vorschlagen (vt)	['fo:ɐʃla:gən]
proteger (a natureza)	bewachen (vt)	[bə'vaxən]
protestar (vi)	protestieren (vi)	[pʀotɛs'ti:ʀən]
provar (~ a teoria, etc.)	beweisen (vt)	[bə'vaɪzən]
provocar (vt)	provozieren (vt)	[pʀovo'tsi:ʀən]
publicitar (vt)	werben (vt)	['vɛʀbən]
punir, castigar (vt)	bestrafen (vt)	[bə'ʃtʀa:fən]
puxar (vt)	ziehen (vt)	['tsi:ən]

256. Verbos Q-Z

quebrar (vt)	brechen (vt)	['bʀɛçən]
queimar (vt)	verbrennen (vt)	[fɛɐ'bʀɛnən]
queixar-se (vr)	klagen (vi)	['kla:gən]
querer (desejar)	wollen (vt)	['vɔlən]
rachar-se (vr)	bersten (vi)	['bɛʀstən]
realizar (vt)	verwirklichen (vt)	[fɛɐ'vɪʀklɪçən]

recomendar (vt)	**empfehlen** (vt)	[ɛm'pfe:lən]
reconhecer (identificar)	**anerkennen** (vt)	['anɛʁˌkɛnən]
reconhecer (o erro)	**zugeben** (vt)	['tsu:ˌge:bən]
recordar, lembrar (vt)	**zurückdenken** (vi)	[tsu'ʀʏkˌdɛŋkən]
recuperar-se (vr)	**genesen** (vi)	[gə'ne:zən]
recusar (vt)	**absagen** (vt)	['apˌza:gən]
reduzir (vt)	**verringern** (vt)	[fɛɐ'ʀɪŋən]
refazer (vt)	**nochmals tun** (vt)	['nɔxma:ls tu:n]
reforçar (vt)	**befestigen** (vt)	[bə'fɛstɪgən]
refrear (vt)	**zurückhalten** (vt)	[tsu'ʀʏkˌhaltən]
regar (plantas)	**begießen** (vt)	[bə'gi:sən]
remover (~ uma mancha)	**entfernen** (vt)	[ɛnt'fɛʁnən]
reparar (vt)	**reparieren** (vt)	[ʀepa'ʀi:ʀən]
repetir (dizer outra vez)	**noch einmal sagen**	[nɔx 'aɪnma:l 'za:gən]
reportar (vt)	**berichten** (vt)	[bə'ʀɪçtən]
repreender (vt)	**schelten** (vt)	['ʃɛltən]
reservar (~ um quarto)	**reservieren** (vt)	[ʀezɛɐ'vi:ʀən]
resolver (o conflito)	**regeln** (vt)	['ʀe:gəln]
resolver (um problema)	**lösen** (vt)	['lø:zən]
respirar (vi)	**atmen** (vi)	['a:tmən]
responder (vt)	**antworten** (vi)	['antˌvɔʁtən]
rezar, orar (vi)	**beten** (vi)	['be:tən]
rir (vi)	**lachen** (vi)	['laxən]
romper-se (corda, etc.)	**zerreißen** (vi)	[tsɛɐ'ʀaɪsən]
roubar (vt)	**stehlen** (vt)	['ʃte:lən]
saber (vt)	**wissen** (vt)	['vɪsən]
sair (~ de casa)	**ausgehen** (vi)	['aʊsˌge:ən]
sair (livro)	**erscheinen** (vi)	[ɛɐ'ʃaɪnən]
salvar (vt)	**retten** (vt)	['ʀɛtən]
satisfazer (vt)	**befriedigen** (vt)	[bə'fʀi:dɪgən]
saudar (vt)	**begrüßen** (vt)	[bə'gʀy:sən]
secar (vt)	**trocknen** (vt)	['tʀɔknən]
seguir ...	**folgen** (vi)	['fɔlgən]
selecionar (vt)	**auswählen** (vt)	['aʊsˌvɛ:lən]
semear (vt)	**säen** (vt)	['zɛ:ən]
sentar-se (vr)	**sich setzen**	[zɪç 'zɛtsən]
sentenciar (vt)	**verurteilen** (vt)	[fɛɐ'ʔuʁtaɪlən]
sentir (~ perigo)	**fühlen** (vt)	['fy:lən]
ser diferente	**sich unterscheiden**	[zɪç ˌʊntɐ'ʃaɪdən]
ser indispensável	**notwendig sein**	['no:tvɛndɪç zaɪn]
ser necessário	**nötig sein**	['nø:tɪç zaɪn]
ser preservado	**sich erhalten**	[zɪç ɛɐ'haltən]
ser, estar	**sein** (vi)	[zaɪn]
servir (restaurant, etc.)	**bedienen** (vt)	[bə'di:nən]
servir (roupa)	**passen** (vi)	['pasən]

significar (palavra, etc.)	bedeuten (vt)	[bə'dɔɪtən]
significar (vt)	bezeichnen (vt)	[bə'tsaɪçnən]
simplificar (vt)	vereinfachen (vt)	[fɛɐ'ʔaɪnfaҳən]
sobrestimar (vt)	überschätzen (vt)	[y:bɐ'ʃɛtsən]
sofrer (vt)	leiden (vi)	['laɪdən]
sonhar (vi)	träumen (vi, vt)	['tʀɔɪmən]
sonhar (vt)	träumen (vi, vt)	['tʀɔɪmən]
soprar (vi)	wehen (vi)	['ve:ən]
sorrir (vi)	lächeln (vi)	['lɛçəln]
subestimar (vt)	unterschätzen (vt)	[ˌʊntɐ'ʃɛtsən]
sublinhar (vt)	unterstreichen (vt)	[ˌʊntɐ'ʃtʀaɪçən]
sujar-se (vr)	sich beschmutzen	[zɪç bə'ʃmʊtsən]
supor (vt)	vermuten (vt)	[fɛɐ'mu:tən]
suportar (as dores)	aushalten (vt)	['aʊsˌhaltən]
surpreender (vt)	erstaunen (vt)	[ɛɐ'ʃtaʊnən]
surpreender-se (vr)	überrascht sein	[y:bɐ'ʀaʃt zaɪn]
suspeitar (vt)	verdächtigen (vt)	[fɛɐ'dɛçtɪgən]
suspirar (vi)	aufseufzen (vi)	['aʊfˌzɔɪftsən]
tentar (vt)	versuchen (vt)	[fɛɐ'zu:ҳən]
ter (vt)	haben (vt)	[ha:bən]
ter medo	Angst haben	['aŋst 'ha:bən]
terminar (vt)	beenden (vt)	[bə'ʔɛndən]
tirar (vt)	abnehmen (vt)	['apˌne:mən]
tirar cópias	vervielfältigen (vt)	[fɛɐ'fi:lˌfɛltɪgən]
tirar uma conclusão	einen Schluss ziehen	['aɪnən ʃlʊs 'tsi:ən]
tocar (com as mãos)	berühren (vt)	[bə'ʀy:ʀən]
tomar emprestado	leihen (vt)	['laɪən]
tomar nota	aufschreiben (vt)	['aʊfˌʃʀaɪbən]
tomar o pequeno-almoço	frühstücken (vi)	['fʀy:ˌʃtʏkən]
tornar-se (ex. ~ conhecido)	werden (vi)	['ve:ədən]
trabalhar (vi)	arbeiten (vi)	['aʁbaɪtən]
traduzir (vt)	übersetzen (vt)	[ˌy:bɐ'zɛtsən]
transformar (vt)	transformieren (vt)	[ˌtʀansfɔʁ'mi:ʀən]
tratar (a doença)	behandeln (vt)	[bə'handəln]
trazer (vt)	mitbringen (vt)	['mɪtˌbʀɪŋən]
treinar (pessoa)	trainieren (vt)	[tʀɛ'ni:ʀən]
treinar-se (vr)	trainieren (vi)	[tʀɛ'ni:ʀən]
tremer (de frio)	zittern (vi)	['tsɪtɐn]
trocar (vt)	wechseln (vt)	['vɛksəln]
trocar, mudar (vt)	tauschen (vt)	['taʊʃən]
usar (uma palavra, etc.)	gebrauchen (vt)	[gə'bʀaʊҳən]
utilizar (vt)	benutzen (vt)	[bə'nʊtsən]
vacinar (vt)	impfen (vt)	['ɪmpfən]
vender (vt)	verkaufen (vt)	[fɛɐ'kaʊfən]
verter (encher)	gießen (vt)	['gi:sən]
vingar (vt)	sich rächen	[zɪç 'ʀɛçən]

virar (ex. ~ à direita)	abbiegen (vi)	['ap̩biːgən]
virar (pedra, etc.)	umdrehen (vt)	['ʊm̩dʀeːən]
virar as costas	sich abwenden	[zɪç 'ap̩vɛndən]
viver (vi)	leben (vi)	['leːbən]
voar (vi)	fliegen (vi)	['fliːgən]
voltar (vi)	zurückkehren (vi)	[tsuˈʀʏk̩keːʀən]
votar (vi)	stimmen (vi)	['ʃtɪmən]
zangar (vt)	ärgern (vt)	['ɛʁgen]
zangar-se com …	verärgert sein	[fɛɐ̯'ɛʁget zaɪn]
zombar (vt)	spotten (vi)	['ʃpɔtən]

* 9 7 8 1 7 8 4 0 0 8 5 9 8 *